目錄

山之道

五行正心術

卜筮之道

習易之法

醫之道

五行養生術

命之道

五行論命術

太上乾坤姓名學

相之道

五行觀相術

五行陰陽相

卜筮之道

後跋

九天玄女嫡傳五術正宗前言釋道鑑明

大道至簡，易而已矣。

人心執坎，自衍蹇難，此坎也，見障業拘束，乃困縛道也，此人道從業，本以之也，或能捨，則道心成矣；大道不顯，顯道非真，眾人所是，必主迷相，此坤也，見無明蒙業，乃執歧道也，此人性從眾，本以之也，或能覺，則道性成矣。

坎坤成象，乃見師道，師道承業，无妄建成，乃見比道，而圓其行，觀師比坎坤衍象，則明授業之本。

識本質象者，明業也，乃見真，五術之學以之，萬事究從其本，則可以道矣，是師以傳習者，唯授其本也，本立道生，當自衍成矣，人性依賴，不可救藥，唯應行其坎，方得自明其道，乃見實學。

吉也者得也，見吉非吉，執得而肆欲也，此人性自然，難易者也，凶也者失也，見凶非凶，無執私而知捨妄也，此道性衍成，不易者也，禍福本由心，唯神明鑑之。

九天玄女嫡傳五術正宗課程全貌申述指明

九天玄女嫡傳五術正宗所言山醫命相卜，為五術衍成之根基，立其道以化生，成枝葉以廣脈，此見繁華而映神術，乃心之建成，恆復无妄，自見其玄，謂神者，由此也，是言五術正宗。

山醫命相卜依其序而言之：

首論山之道，為《五行正心術》，此見仁之本，以成道性，論五術之始。

醫之道次之，為《五行養生術》，此立身之本，以得行健，論五術之養。

復以命之道，此知性之要，以能行節，論五術之化，為《太上乾坤姓名學》與《五行論命術》。

次為相之道，此觀心之本，以能見性，論五術之虛，為《五行觀相術》與《五行陰陽相》。

末為卜筮之道，此明心之要，以見天道，論五術之主，為《易經文王卦》與《習易之法》並《易道乾坤八法》。

以上所指，為九天玄女嫡傳五術正宗之課程全貌，皆主觀念之築基，存於心者皆能學，能一以貫之者，即易之道，此相應卜筮以成其全，欲求五術之專，則在築基殷實，而後恆復建成，此道唯一，學者必明。

此篇後所論，依山醫命相卜之序分別申述，學者須全學，而後論己之能，擇一以專之。

九天玄女嫡傳五術正宗之公益推廣課程十二道門釋義點明

五術真傳，源於玄女道脈，由鬼谷子直傳佛真以立，歷於今已數千年矣，其本傳已盡異，若應魔道矣。

此人心執坎，私心自用，故為變異，綜觀外道之言，執求依賴，尋機弄巧，追逐玄異，而捨道學之本，惑於無明，癡迷人道，此大道難顯，魔障厲厲，本末世無明應劫，謂天意也，由此故，我九天法船應天命收圓，所接引者，乃天選之緣客也，謂天選者，不應無明劫也，謂緣客者，有孚具信也。

此見十二道門釋義，一心直傳，道脈衍真，樸實不見虛華，至簡不容繁複，明心見性，至道衍成，五術傳習本由此。

十二道門既立，則為全學，欲求精者皆賴己，恆復必得，此十二道門，為玄女道脈循習諸行道法門之嫡傳心法，各道門皆全其旨，乃得至善，以下為十二道門釋義。

安心第一　廣識真

心無安，識神妄，必無學，人心執坎，多疑無行，得失著心，專重名利，如見有道，來往憧憧，唯執我思，是其本象滿，難以虛受人，故從學，見識妄，此心不得安，是此難為道。

執心見坎，唯實以制，此真也，識真乃破疑象，故為安心第一法，言其廣者，週知也，識道明，應有乎也，此週知以明方，循理以有乎，乃全其真，至此得廣明，坎象自盡神識定，此心得安矣，由此能學。

觀心第二　思復明

此心既安，則能觀之，動靜有常，逞欲則妄，循習其常以定，觀欲行義以貞，此見思省，方得應功。是言觀心，即省察也，人心驛馬，循習方引善，循習道无妄，恆復乃全，故既有思也，能復則得明，思復明，心常安，節止欲，動靜皆常，則立恆矣，學成之道由此。

識心第三　見道性

此心恆安矣，道性自養而漸實，實道衍成光輝見，曰復見道性也。

人之建成，原靈入化境，胎成十月水火象，則認虛為實，當全我執，見無私道性違行，自然掩藏，執求人道，其欲逐逐，妄心懸月高，道心自捨盡，此見執妄故，無常道反復，是知輪迴無道，唯執來爾。是知復見道性，乃歸真之直徑，此學道之願，本心之所向，人道之所宗，是明此者，曰識心也，由此為學，必得其正，第三道門，識心既啓，施濟天下之心，乃漸行矣。

此見三道門，安心觀心以至識心，乃正明心見性之全道，末世皆言修行法，乃道行無端，自執崎嶇，見于無明，欲求安則依賴，執于眾見，行不應此心無安，是自處迷道而不知，欲求歸真而行自遠矣，此皆魔道之惑，曰無明之應劫，欲行救助，當見三道門，玄女渡世，大道闢徑，由此首創。

明心第四　正行立

三道門既見性，則當立正行，施濟天下，以圓渡世心願。

正行者，全義也，君子明時應機，以行其宜是也，此為合道，是言正行，得立者，此心光明也，見無無明也，此當無執私，應天至公，自離蒙處，心無迷障，其道自亨，正行即立。

定心第五　破執捨妄

既立正行，唯願施濟，乃見行道之路，震象無端。

人生百年，有時或盡，必衍無常，是能執者，乃應己能也，由此能為專，進而能神，是君子道濟必擇專，五術進學執一，餘成輔相，易道築基，循習衍成，必不可廢者，易道乾坤八法也。

此言破執捨妄，正以定心也，人性務得，乃行無專，故難得全功，此非想致妄也，是知破執者，捨貪欲，則虛受，得真學，捨妄者，無非想，則應實，得明道，定心由此。

乾行第六　執坤受

此心既定，則大志立，乾乾以行，維道以信，恆復徑路，眾緣障業，于心厲厲，皆執坤受。

此應天德也，无妄行至誠，乃實至信，是其道建成之立基，五術之本，乃應天道，以施濟天下，為學者之向志，以全歸真之徑路，是其道也，森羅境象，厲厲魔證，皆必從坎，乃心見邪。執得蹈魔境，悔疑傷自尊，利名鼓障業，遯世心無安，此重重魔障，皆以般實道性，唯心適履，乃應功成，此執坤受也。

乾行第六，為成之始，前門五道，為生之發，念成必衍震行，此心之道也，行道之路由此，回歸真徑既啟，學者必知乾乾。

无妄第七　立至誠

既乾乾以恆復，乃道轉經綸，源源見學，而知我得，行道以之，而證我見，欲求進步，執心不得，乃觀无妄，立至誠。

此精進之方也，學之蹇，乃如實見坎，此執心也，必衍其妄，而見本象滿，難以虛受，故無精進，而觀无妄道，動以乾也，直見天心，虛以受實，至誠為道，乃無執私也，一志唯成，應天濟世，心無求得，道性建成，乃見人道之所宗，是五術之學，目的在此。

无妄第七，為成之蹇，此心見坎，而能具信者，無執私乃見，故能奮有為。

復恒第八　業循習

至誠既立，能大公矣，此心无妄，無捨無得，是應緣業，皆以實受，不建執以益因果，必循習以引至善，此見道行也。

學者求道，必應障業，問之六識，無明自生，故此心生妄，行止非義，此業轉輪迴，在實道心，唯復恆循習，乃見至善，而行止安定，如實見无妄。

復恆第八，為成之習，此心見妄，動行非義，明德受晦，承學不為，此緣障業，唯循習以之，曰業循習。

知守第九　緣業道

障業有臨，此心證之，緣業有道，知守以之。

此為因果道也，濟世必亟心，是必有妄也，應障業乃自求圓，天道以之，見非障業而自應，此造緣，善惡因之，非盡不可為，乃必知守也，世人執性，見善不可得，乃為坎象滿，學者必見，而明進退，是為自重，若亟心以之，則為執魔矣，道行乃退。

知守第九，為成之德，亟心魔考，道者見無明障，唯敬慎心念，識明因果，萬般隨緣是也，此行緣業道。

見真第十　志有孚

由成之始至成之德，乾行而知守，則見真矣，天地合道，萬象澄明，其志得以掌握，具信無疑，乃志有孚。

此見明其道也，捨非想，絕行妄，心得安，性成定，由此觀得自在，履義行仁，無往而不利，乃道般實也。

見真第十，為成之器，明心見性，道行衍真，由此施濟天下，功應眾生以胤無極。

頤德第十一　無明盡

既歷十道門，乃見真矣，當志有方，恆復循習致善，一心正念，無明除盡。

學者求道，必得無明盡，否則不見功，人心執坎，無明生惑，是不得安住，但逢障業，必隨之生妄，此業轉輪迴皆由此，求道以捨業，安住此心而行无妄，復恆建功，此頤德之本，在循習於常，由此衍正行，則無明盡除。

頤德十一，為道之始發，行修者，由此也，頤德於常，應聖賢道，此心自安住，乃般實道性，終見化成，人道至願必見真，此恆定之功也。

道行第十二　緣業引善

道既生發，則應緣業，此道行也，一引道真，維心從善，乃成道功。

仙境修道場，必五行制義，人生諸端際遇，皆緣其業，以觀其作，此圓因果之善道，乃實道性，是應緣業，皆當引善。

言引善者，鑑無執也，汝心他心皆以寬是也，得失無問，善惡無分，皆習坤受乃晉德，此心由此衍正，則道行漸深而輝光，道性之成者，見此也，輝光自無形，然建生直覺，汝心他心皆得受是也，神道濟世，是非分明，乾德中正乃化生，此靈由此道成。

道行十二，為道之究竟，行歸真，由此也，緣業引善，唯證道行，此心正念，乃應天心，仙佛引道，極樂歸真，人生至此，終究圓滿。

此十二道門之釋義，雖全其旨，然為萬象之一隅，學者執一而反，有習則深入，有思必衍得，不可拘束申述字義，玄女嫡傳心法，乃福緣具足方得領受，今藉聖轡傳真，與眾有緣實其修行，輔之山醫命相卜，而明五行真義，證十二道門，而能定心止業，此道實修，日復有功，極樂真實界，當見其本位矣。

學者循習五術為修道之經並天命所指之解析

山醫命相卜五術，乃明五行制義，由此申之於道場諸事皆能有孚於心，是得失進退，皆以端方，是善惡吉凶，皆分明有掌，如此，心能无妄，縱引障業，欲念生發，亦從節度，而知捨無端。

故循習五術，乃實修也，而明究竟，安住心也，道場仙境，原靈入化，此心水火相，復恆決躁，輪迴衍執，無片刻安住，執念紛紛，見欲逐逐，故惑於心，乃行無明，似此為道考，道性般實者乃得自反，或見福緣，仙佛引善，是明能知修者，當天選之子也，循習五術以實修，以證緣業引善之能，而能施濟天下，此則晉之，決天命之子也，乃實仙佛真靈，承命化生也。

學者既入此道，必自明自重，天命之行，重重險道，見仙佛引善，當維心有孚行有尚，不執於坎也，五術演化，明道其重，引善寬執，不言玄異，學者見習，以此為正則，此處心寬，捨見執，乃定心之要，定心乃成咸，天下感知，此道若成，何必衍行推算，見觀諸事，此心皆明矣，以之行道，乃全其能，如實之學，即由此也。

外道所言，必主玄異，此人性衍尚，盲從依附，必見其惑，學者以此，乃執魔道，妄心懸月，豈能究竟，此理當明，如心衍正，大道全真，方是究竟。

以上所言，乃學習五術之方命與道正，亦為因緣之指明，學者道行，當先以之，維心以孚，盡捨無端，由此循習，恆復衍定，即是康莊大道。

五行正心術

山之道為心之始發必證光明乃循歸真之完整申論

靈子化生此地球仙境道場，最終目的為進化，乃證仙靈化成，此為究竟而還真。

得明此道者，乃言覺悟，見離世間迷相，故得仙佛關注引善，而得回歸徑路，此徑路者為五術山醫命相卜，是驗證此心光明或黑暗之道，而全在學者執心之選擇。

得臨觀五術者，必存道行，而為宿世修持，唯道性未全，或更生有執見無明，故輪迴道場以求善機，今於末世，靈子全收圓，不留魔種，故上蒼特許，不拘道行以廣布五術之教化，乃啟正靈識，以實最大數之收圓，故道脈亟心推廣五術之學，而首言此山之道，以證覺悟之始。

道行初步，仁以為始，其心有應天下至公，而見我私之弊，更明大道同心之至利，由此不存私而志一為公，此即山之道之始發也，由此恆復，則心實定，乃不生退轉，故仙佛見，而循機關住引善，是為教化，此即證「識心神」也。

其象不一，或為應心，或為咸感，或以明教，或以通靈，或以障厲，或以苦心，或以鉅災，或以至變；皆必緣學者教化之所需，其引善之法備五行也，乃全八風，見六識，成五惑，證三離，定一心，是此道序，以五行正心而復還真實徑，故言「五行正心術」。

此山之道，見心之始發，乃知覺悟，而明人生所宗，故以世俗之名利得失，皆為虛幻而無執，故以境遇之凶禍困頓，皆為虛擬煆煉而坤受無懼，故人生皆得實證乾行大道，而成智慧擁未來之善機，似此而心證光明，再無疑惑，則道性已成，魔性難侵，正化仙靈，故究竟歸真。

末世明傳之大道，見五術山醫命相卜，而最終目的皆在中正此心，是以山之道為始，復緣醫命相卜以全終，此道圓，皆為明學，有心皆得究竟，學者得此，當知乾乾也。

習易之法第一回主旨：【行道】

第一節、《發心》道不自行為人行道經方年輪第一圈

人生皆為自己之選擇，起心動念，再而積極，累積而成果，此天地之道亙古無改，人居此世間，所為不出因果，為正為邪，為善為惡，所得因緣自有不同，無邪能正，無欲則剛，大公為無私，濟世必亟心，此古今聖賢承仙佛教化，乃循之于易，而得事理之證，故能為準則，而見世人目。

然臨觀眾人，皆具無明相，更於末世，正法難存魔惑猖獗，乃多執迷道，是知正道之欲行，勢必難為矣，學者既志行于天心，則當知此末世之必，而無理會此艱難矣，唯乾乾應之於眾緣，能為者巽命，不能為者擇兌，如此之於末世行道，乃成其全矣，而此臨觀之道皆在易，學者有思，必能知明矣。

復言易之大用，即全「易道乾坤八法」，此為末世行道之準則，皆能自學而自能，得不循依賴，而切實自信於人生掌握自己，此歸真之唯一道徑，乃仙佛之指明，世人已慣於執求，乃不明此道之真，眾有學能識，當捨此無明，乃實得歸真究竟，此「道不自行，為人行道」者也。

循正以動心。乾乾應其必。道行履端方。自性執坤定。

宿業申得證。識離心處安。坎得無明盡。知易胤修真。

此五言八句，為「乾坤大政心法」，學者當熟悉入心，以行正志，此經方年輪第一圈，從此恆復乾乾，乃究竟之道，願與諸學者共勉。

第二節、《五術之本》

山醫命相卜五術，其所根據之學理，盡在五行制義，故學必得五行。

此五行者，乃天地之道，為虛擬世界之建則，一切學術皆必由此，而易之道，更為五行制義之大正，復申人生經營至理與因果之漸道，是知濟人之術皆必由此易，乃言易為五術之本，此亦得仙佛明證，而聖賢有驗，諸有學當得明也。

第三節、《各繫辭之要義》

卦　辭：

各卦文王所繫之辭，直指卦象呈現之環境與建議。

彖　辭：

孔子對卦辭之衍生解釋。

大象：

君子處卦象環境下，孔子所提供之建議。

爻辭：

各爻周公之爻辭，卦象變化主要關鍵之環境呈象建議，須注意所言之事理。

小象：

孔子對爻辭之衍生解釋。

雜卦象傳：

孔子研究六十四卦心得，為卦象論凶之理，亦屬向吉之方，此言雜，乃象無端，學者須悟。

第四節、《皆為取象不為典要之理》

易經繫辭相對於卦意建議之運用，其中包含了各卦文王所繫之辭，與各爻周公之爻辭，還有各卦中孔子之研究，即其中之彖傳與象傳，此象傳即為雜卦與大小象。

這實際的運用方法，於確定所得卦意所指建議之繫辭，即根據此繫辭直接針對占問主題，作取象衍生之思考分析，尋找其關連以確定取象，故此繫辭之含義，學者必要了解，且能對此含義實物具象思考其衍生，這點並不容易，幾乎均要依賴學者之學識與經驗，故無捷徑，唯一輔助之法只有讀易。

目前外界關於易經繫辭之演繹，甚為繁雜多不勝數，大都為作者所執之言，只具參考價值，若執其所是則必為所誤，蓋易不可以為典要，取象萬千，不可能訴諸文字，故聖人之繫辭均從簡而不多為一字，為的是避免執著聖人之意，失卻易為變之旨，故真正習易之方，必由象而理，思考各卦象之五行變化，依繫辭所言以掌握方向，據因果演化之理而判斷占問主題之可能未來，以定吉凶發展。

而學者初習易，必難理解繫辭之所指，也需藉由參考書籍作初階之認識，而此適當之參考書籍必要針對取象而論，才不容易誤導學者。

本門建議學者，先以明朝來知德著述之「來注易經圖解」，配合康熙李光地所編「周易折中」來理解易經繫辭之所言，再藉由實際斷卦經驗，驗證繫辭之所指。

如此反覆，學者就能漸得易經繫辭之意，且必更進一步了解萬事萬物因果相循之理，這才是習易之法，是故習易不離卜筮，卜筮之道即為易之道，學者知此理，明此義，則卜筮之道可成，人生之道，自能圓滿。

本道脈應天命入世，以全易道之正，而首傳聖書行道計六部，皆屬易道五術之正義，學者實修，必可以此，此為末世仙佛之總教化，能明之而道行，則歸真有計，復還有時，仙佛嘉尚，上蒼稱許，是知人道，究竟圓滿矣。

第五節、《無為而為之法》

大道至簡，易本為易，為自然因果變化之法則。

經由六十四序卦之變化，可理解萬事萬物之衍生，而知其方向與規律，只要能配合實際生活體驗，就能明白繫辭之所言，而清楚其中之因果，由因而果，而行預測，此若為用心，則皆可得，此知易道為經世利民之便，而為人生行事之準則，若能實際運用，必「自天祐之，吉無不利」。

如何進入易之道，學易門乾坤，則似無為而為。

大道無為，為永恆之道，無為而為者，在於日行反復，易之理復則无妄，无妄則成習，既已成習，則熟悉入心而為同體，此即入易之道開易之門唯一之心法，而何為實際，即入門之初，於聖人所繫之辭專為持誦，如此即可，此即無為而為之法。

易經中聖人所繫之辭，為六十四卦文王所繫之辭，以及三百八十四爻加乾坤二卦用九用六，總計三百八十六條繫辭，此為周公所繫，再來為彖傳，並卦之大象，各爻之小象，還有雜卦彖傳，此為孔子所繫，這些為持誦所必要之內容。

學者依序卦，乾始未濟終，先由卦辭即文王所繫，再來孔子大象，再來彖傳，再來雜卦彖傳，最後各爻辭並加小象，依此而為六十四卦，作為日常持誦範本，每天至少一次，可早晚分上下二部持誦，只要四十九天後，就能熟悉各爻辭，若再持恆不懈怠，則所有聖人之繫辭均必能入心，這是持誦之明顯成效，如此入門以行易道，皆人人可為，重點在於是否積極而已。

此知入易之門，即是持恆讀易，久之熟悉入心，自有所體悟，研究五術而能為精進只能由此，下好基本功，紮實根基，則各五術之枝葉，自能如實開展而為繁花，此法人人可為，在於是否能堅持耳，學者既有心於此，自該為積極，千百年來，此心法早已失傳，今無私呈現於此，願諸學者皆能學易門乾坤並有為於世，以之成就人生圓滿人生。

習易之法第二回主旨：【乾坤入易道】

第一節、《序卦真義》

由乾坤為始，終既濟未濟，此文王所排序，論六十四卦序，為太極之圓圖，萬事萬物衍生之順序且為循環，前為因，後為果，論相對環境之變化。

由此知，居於乾必繼之以坤，位于既濟，其次為未濟，未濟終則復乾，由此而明萬事萬物衍生之因果，更知事理，故得智慧，識趨吉避凶之道，此為序卦真義。

第二節、《熟悉六十四卦之絕對必要性與學習五術皆必運用即論易道之法門》

既明序卦真義，則知熟記六十四卦之絕對必要性，這於五術山醫命相卜，必如實運用，為習五術之根基，由此入易之道。

諸成卦在取其象義，而得引申體會其中因果事理，人生經營若得證事理，則必道明而履義，故萬事見其亨而此心安住，復能為定，乃得修行之業，而成化生之必，故學修目的必明事理，所有仙佛教化或道場修煉人生諸端境遇，皆在此。

是欲由卦象以得體悟，必當入心方可言能，此為熟悉六十四卦之必要，一旦卦象入心，乃見卦象之名以臨觀人生修行境遇，由此復得聖人之言皆道卦象之理必，故得人生究竟，此即易之道之至用，事理如此，學者必明。

第三節、《錯綜論同體》

易經六十四卦，除乾、坤、坎、離與大過、小過、頤、中孚無綜卦之外，皆備齊錯綜二卦，本卦包含錯綜論為同體，如同對一事件三度空間之描述，以本卦論陽，錯卦為陰，綜卦為全觀，如此而完整，觀卦必知錯綜，以知全貌而不為迷，由此明因果事理。

此本卦、錯、綜三者同體之論，主要用在於申論卦意之思考，以本卦為占問事件之陽面，而以本卦之錯為事件之陰面，如此全事件之陰陽既備，乃復思本卦之綜，以求相應配合之象義。

在日課得卦中，見本卦化為支卦，乃循事理之必而成預測，此日課之本支二卦，皆當論其錯綜以實卦意，而當知日課本卦，為占問事件之現狀，支卦則為占問事件之結果，如此配合八法，當更明吉凶之道，復觀文王卦序，則更得事理之必，學者論卦當由此。

第四節、《習卜之於習易如為一體不可分離乃絕對必要性申論描述》

易之道所言皆因果，皆由事理以衍生分析，然事理之明必賴經驗，人生幾何？百年光景，倏忽一瞬，事理無法全明，若由卜筮，本卦錯綜，而得因果事理，非必要經驗，也能清楚明白。

藉由卜筮以行道，以得他人之閱歷，必豐富人生經驗，如此百年人生足明事理，能知因果，識天地之乾坤，由此入易之門，故知習易之法，在於習卜，不習卜絕難明易之道，此亙古無改，自古聖賢皆由此。

習易經典，以得理明之道，而必復證於經驗，方能如實有孚，為此心真得定，人生得以掌握，故習易配合卜筮，乃得易之全道，如今學者更得「易道乾坤八法」以正論卦方向，是能由此得心之證而不為象所迷，乃自立自學之方，仙佛末世教化之引正，學者能知，當乘福緣也。

第五節、《十翼為易經之研究討論主要在於理解》

十翼相傳，非孔子著述，真實為此，為多人之著述，皆為子曰，為諸聖賢研易之心得，由易皆為取象以入理，知不可為典要，故十翼之心得並非全貌，非為全象，實論一隅，做參考研究重在理解即可，不為圭臬。

此重在易不可為典要之理，若強為注釋解說，則離易之道之旨遠矣，學者必知此，方不入迷途，易之為神者，為心之變，感而遂通：

取象知萬事。乾坤此心中。坎離成既濟。咸恆定觀止。

相得以臨觀。剝復明天道。得失在否泰。巽兌解因緣。

習易之法第三回主旨：【離輪迴要法】

第一節、《道林養性真義》

養性者，制伏此心不妄動也，世間邪氣論八風，皆能動心，養性之義在於八風不動，巍巍然如山停淵峙，處變不驚，善養性者，心性若水，清涼通徹，智慧光明，寂寂然無妄動，如臨八風，隨緣來去，不為著心，此大成者也。

欲修此道，首重少慾，此慾即妄，必生吉凶，然人生不可皆無為，無為難以圓因果，有為以正，專心此執，而無他執，此亦言少慾，如此吉凶單純，八風之來，不易動心，藉此養性，此養性第一，立人生之志，而能為專，必要為正，咸恆反復，志業必成，如此心安，能靜無妄，進而養性，而獲大成，此養性第二，必圓人生之志也。

道林養性，重在無為，必要出世，隱跡山林，所謂入山修道，此先修內果再求外功以達仙道，此必要明師指引，否則必無可為，如今世道更不可能，堅持修道，只在吾心，既已入世，則必圓志業，先行外功再求內果，如此能成，亦為仙道。

易有隨時之義，此環境所為之必然，當然順勢而為方入成就之階，面對真實之世界，不做虛幻非想，衡量自身條件與能力，盡心而為，成就歸于天，得失歸于地，如此隨緣以順心，心自常安，八風吹不動，則養性可成，吉凶不著心。

此為現代道林養性真義，若能由此，乾乾反復，養性修道，待內功外果圓滿之時，自能回歸理天，得觀自在，再無束縛，而為極樂，人生必要積極之處，正是在此，就是人生終極目的。

言養性禁忌在於行惡，若有惡行，不能養性，心不能制，馬脫韁繩，猿離拘束，亟心嗜欲，難言歸期，故養性禁忌行惡，造惡業者必承惡果而積累業障，業障影響情緒改變個性，與養性之道相悖而馳，故養性必守此行，不為惡行。

如此何為惡行?傷害他人者論其一，僅為己私主動介入他人因果者論其二，這二點論主要之惡行，道林養性必先避免此二行，進一步再知因果，而因不妄造，令心容易定靜，如此而成養性之功。

此言養性禁忌，其中不為惡為眾所周知，而介入他人因果之行為，則世人未必知其意，或無意中成此行為，此不知因果所形成之緣由也。

因果之論必為起心動念，若為主動，均屬造因，不論其出發點，若出發點實為私心則視為惡行，若事實上主動介入使他人利益，縱使具備私心也不視為惡，此為有求之善行，這個差別要能分清楚，總之養性之道需能無私，而隨緣應對不為主動，而必知因果不行惡，如此修持，日漸有功，圓滿之日，必有其時。

第二節、《易道直方大不習無不利真義》

天地之道，自然為本，循習者為是，乃見無為而為之妙法，故建習於易成人生之自然乃若不習，然所得者，日日印心且成亨利，此即循習於日常，恆復於易道，則當見其成。

【直者】持誦也，日日反復，持久入心，必有體會，直者亦為前無阻礙，不可生疑惑，必要積極，故能深入。

【方者】緩也，依個人條件，設定學習之範圍，不為急躁，如此而熟悉易知，則覺親切而能持恆，是方者亦為恆，為持恆之法，必能得。

由直而方，皆不生壓力，當作興趣，終必有成。

【大者】廣納也，為比較，分析，研究，無成見，入其理以明其義，如此能為博，故能通。

由直方而大，為學習之要義，必以無為而為，持恆反復，而必能成就，此不習無不利之真義。

第三節、《習易如行道必齊全五術以為濟世之能為如實行道之法》

習易即習五術，齊全五術，總五行，而能為互補除疑惑，得此能，而能為助人利他，此即為行道。

此全山醫命相卜之重要性。【山者】須識醫而為修練，【醫者】須知命故能防而無疾，【命者】須由相以觀人心之變化，【山醫命相】皆必由卜以明未來吉凶，欲精進【卜筮】必藉山之道以通神。

故知五術缺一不可，如此所培之能，能解人生要事，得釋各種疑難，此方能如實行道，真為濟世，有心於此者，必正此目標，只要積極發此心，永恆不退轉，必有機緣相應。

第四節、《乾坤大道為自然宿定為因果五行行預測神機在納音》

自然之道，為陰陽乾坤，為五行正論，為因果宿定，此亙古無改。

陰與陽，為動靜，為氣質，論變化，其結論就是納音，故納音為神機，起因而得果，過程之變化，必由五行推定，成果時機則以納音論斷，此萬事萬物發展衍生之至理，故言乾坤大道。

此相關卜筮，成卦之理由此衍生，由此知事理，解因果，測未來，識吉凶，如此而言：「自天祐之吉無不利」，此孔子之言，為人之要義，為聖賢之道，成聖賢之法，論唯一之道，即在習易。

第五節、《習易申論以證心之思考理會》

【申論第一題】易者為何？如何為易？

《釋題》：此論其道與其用，學者必自思，以理清其中。

【申論第二題】何為行道？因果如何？

《釋題》：行道在乾，因果見坤，此天地之道盡在起心動念所成之事理，何為正邪？何能履義？皆在所執而見分，學者必自思。

【申論第三題】取象要義？

《釋題》：象為像，皆此心自證，故言其道，皆以萬千，如何實得真義？學者必自思。

以上三題申論，乃入易門之法，能見其理通而得其道徑，則已入易之門，言易道至簡，乃實證事理之然，為虛擬世界法則，為世人之日用，能捨機巧，不為邪心所惑，而踏實於自然，則此心當有悟矣。

習易之法第四回主旨：【習易以行道重在正心】

第一節、《綜觀則不入迷途所謂不識廬山真面目即未能綜觀之義之申論與分析並衍生出世觀之絕對重要性》

學術研究必不離於本質，如此方能不偏移而無窮衍生失去本來之樣貌，不忽視這一點，才能做正確的學術研究。

欲求得本質，則必先【出】以觀全貌，依此全貌得其特性，再依同類取象而能了解本質，如此以【進】直入山中，理解內容，研究分析，並衍生思考，確定前因後果，再定結論，此為學術研究最為標準正確之方法。

任何以偏概全，或僅知樣貌不知內涵，均不能得其真實，若依此而行偏執，自然難窺大道，不見本來。

【不識廬山真面目，只緣身在此山中】，這是學術研究最常犯的錯誤，人性必執著深入，容易迷失於歧途，若不知全貌，行道越偏，終難得出，故必知反覆以觀全貌，毋失其本質，如此則明方向且知極限，而無偏執終獲真實，從研究學術之角度，必在理解其中之道理，進而衍生實際之運用，故正確的學術研究方法至關重要。

第二節、《易道直之理在知其然必知其所以然》

【君子學以聚之。問以辨之。寬以居之。仁以行之。】此格物致知之功夫，必由此而見龍在田，行功以利人，若不求甚解，則學習障礙日深，因循苟且，終至茫然無所適從，甚至妄論真義以造因果，此皆亟心之過也。

學習之道，必直、方、大，以簡馭繁，所謂乾以易知，易則易也，由日積月累之功，行反復之道，則築基日深而能更進一步，如此方為學習聖賢之道最正確的方法，故而所習之學術，其前因後果必要能充分理解，則能有功，亦能有親，則賢人之德聖人之業，而人生得以圓滿。

人性執坎，乃多見多疑，若無執理必，則終無能掌握而心生妄，必人云亦云矣，是學易之道，首必正此，皆必循事理而盡其玄，此必賴自證，是學必直，乃實究竟，而終無疑矣，此即坎得，而無明盡捨矣。

第三節、《五術為行道之用必要為正方合天心若偏離正道以五術行邪道必有天譴之嚴厲下場》

五術工作者，能以五術為業，所憑藉的為聖賢之道，不論以何法習得五術，皆為聖賢之栽培，而聖賢之所為，皆為濟世利民，若學者不以聖賢之道為終身之訓，為謀私利，違背大道，甚至以造惡業，不僅辜負聖賢之望，且必獲天譴，所得之惡報，將使學者永墮無邊地獄而無法超生，這是非常嚴重的下場。

菩薩畏因，眾生畏果，因果本為一體，有因就有果，不欲其果就要除因，而五術工作者對他人的思考行為影響更為深遠，所以若造惡因所產生的惡果更為強烈，因此必造善因，而欲造善因，必拋棄名利之心，隨緣勿執，中正守心，積極行善，使內心深植善根，如此則造善因，不得惡果。

而最重要的，在自以為善而亟心大壯，主動介入他人因果且溺而不返，這必造惡因必得惡果，且必迅速回報自身，這是不知隨緣的心態所造成的執念，身為五術工作者必戒慎恐懼，勿忘這個重點，而最重要的忌諱，就是多言，所謂言多必失，吉人之辭寡，躁人之辭多，要獲得緣客尊重，此為重要之原則，學者不可或忘。

第四節、《行道必識人性而知隨緣應對不涉因果之絕對必要性詳述與申論》

行道與人性密不可分，由行道之本在於濟世，要能圓滿濟世必要能知人性，人性之善與惡，即是與非，為其性之所向或為性之所排斥，要能清楚分別這一點才有能力行道，這是非常重要之前提，若忽略這一點以行積極，則為亟心之業必造因果，本來濟世却墮無間，豈不可嘆？

故必知人性以行進退，而此進退必要隨緣，且於行道過程重視人之所向以符人性，助其建立信心，進而圓滿人生，此方為真正之行道，為真正之濟世，此間道理即為其正。

第五節、《若已成宿定不能挽回該重此心如何面對以待將來之絕對態度申論》

或有言，世間萬般皆為定局，則又何為？此為大哉之問，五術工作者，為知因果，故以預測為能，以做他人指引，然所慮之事若已為定，言之又何益？

【比如乘危船，未知彼岸，既知彼岸，則心有異同乎？或知其時，未知其時，於心有異同乎？】由此明白主要在心，心定方能无妄，而能不造業，而能圓果，故由預知所為之指引豈可忽視？

世間至理，一言以蔽之，惟悟而已，為吾之心，曰萬法唯心造，此即人間真相，皆夢幻泡影，瞬間成滅，萬事俱空。

故知事為既定，慮之何益？執之何益？不若無為，端正自守，方為至道，若為無明，辛苦堅持，慮得慮失，必招無常，此無間一到，又有何物所能持？來去兩空，眾人皆識，所謂大智，曰大乘，知未來，是明燈，是解脫之道，故知五術工作者其任之重，欲為指引，必修智慧，不苦執著，隨緣進退，方得堪其任。

習易之法第五回主旨：【修道心法】

第一節、《路平不邪明君御時光映垂敷雄雌相須精氣乃舒坎離冠首伭異難測邪道險阻配合相包不可畫圖四者混沌終入虛無聖人揆度張布為輿六十卦圖心定無妄故能參序元基》

易之一書，為中國希賢希聖之理窟，且為修道立德之根本，儒門之所遵，道門之所則。

黃帝陰符老子道德，皆為易之理，然易之繫辭艱澀難解，難測其端倪視其畔岸，故難覓下手處，此易似非易，易之門既為天地之樞機，則必法天地，心念無私，積極無妄，永不退轉，則易之道入心，則早入易之門，是知此門無徑路，皆須由悟。

伯陽仙翁老婆心多，婆娑世界，萬物之心所造，此世間真相，皆為虛無，縱然一切如實，僅為五蘊五識之作用，世人無知，故反覆輪迴，推諸聖度世之心，由易道而發陰符道德之秘，千百比喻曲盡其說，蓋欲人人成道個個了真，故由認清世間真相，徹悟本來，而入易之道，此路平不邪，心定無妄，故能與天地同，而為真聖，而為真仙。

坎離為冠首，既濟未濟之錯綜，其伭冥難測，此天地間之水火，混沌之象，為孕育造化，爰有奇器，是生萬象，故為冠首，為生命之發生，而有雌雄，此配陰陽而衍生不息，雄雌相須，精氣乃舒，配合相包，此即為正，為自然之道，論陰陽相勝之術，昭昭乎進乎象矣。

太極圓圖，參序元基，而明發生，且論結果，此因果相循之道盡在於此，邪道險阻，若非為正，自有險阻，因果不變，業障迭生，自然意外紛紛，此邪道者，非理，非為道，此為逆，故難為順，非正必有險阻，此為自然，理之所在。

通陰陽兩界，藉天地水火，不可隨意畫圖，此敬慎之舉，法界之律，本即如此，此入虛無之道，通陰陽之術，正在乾坤坎離，皆在混沌，為虛無之界，故為渠道，而為徑路，此自然大道，徹悟人間真相，效法天地以求道，則必明白於此。

聖人揆度，而知妙法，更行變化，陰陽道路，如斯呈現，乃張布為輿，勅符其上，其如律令，符籙道法，六十卦周，其用在此，萬千變化，以此為基。

明君御時為隨時之義，必有所向，而為之次，而此向首，為天地之所發生，自然之呈現，乃無邊之願力，具足百世因緣，隨天時之至而降生，跟隨向首行道天下即明君御時，必有發揮，光映垂敷。

藉陰陽之術而為五行變化，煉神還虛是以成道，亦皆由此，此道在易，此法在神，學易門之乾坤，得神仙之妙法，天時既至，君子知其時，自明積極之處，望諸學者理會。

第二節、《修道必重養生此山之道必賴醫之理之申論與分析》

修身與養氣皆可由易理得知正確之方法，以易之道即為修身之道，此難以言語形容，必由悟，此天地之道，為元亨利貞，為必然之因果，為自然，人處自然之中，體會自然之理而為進退，不執著得失，則吉凶不生，則因果不生，則業障能解，則心能定靜，此即為修身，

以山之道必賴醫之理，成就醫之道必賴山之道，此重在養生必以修道方得實際，故如此言，故知先修道，知所養生而能一生無疾，然能一生無疾之重要前提，必在提前化解業障，否則業障來臨只能呈現不能挽回，而此必賴修道，修道以定心，行功以化業，識因以知果，五術以預測，如此山之道與醫之道配合，故能圓滿。

第三節、《十天魔王之首曰亟心此必造因果之詳述與申論》

有因必有果，此因果相循之理，果必生因，因再生果，循環無盡，是為輪迴，故欲終止輪迴必在於起心動念，唯有斷此念頭，不再生因，則業果終盡以脫輪迴。

然人心為坎，欲斷念乃不得，此為執心，強為斷念非得自然，必終究生妄，以道場修真之要，盡求無私以全至公，此乃應天心而成化生之必，故人心所執能為天下之公，方如實為離輪迴之法，蓋能執無私，則此心得无妄，必能定而無亟心。

心妄者招業，乃執私也，若無執私，則妄心招魔考，是知妄心，乃成因果之必，此即因果勝義也，而妄心之惑，盡在嗜欲，或為歡執，此皆證人性之私乃成亟心，即正十天魔王之首。

由嗜欲、歡執，皆屬人性之私，或為名利，以至愛欲，或為認同，或為成就，或論天命，或屬道業，非必為善惡，只要執著深入即成亟心，而必一切不顧只為此業，故所成之業必然深重而難化解。

學者知此嚴肅性，而知凡事不可深執，絕對要隨緣，方可遏止這顆亟心，所有五術工作者，其所來客皆為業緣，皆為圓果而來，故業為工作，毋須爭取也不用把握，隨緣必至，無緣不可留，這是五術工作者絕對必要之執業態度。

此緣業坤受也，世人受制名利之見，見離緣，則此心厲而憂傷，逢執緣，則此心喜而悅得，由此憂喜在心乃無寬而不知順緣，故此心生妄矣，乃自招業。

若明世間虛擬相，來去得失皆坎離之幻，則知此心何必為悅隨，徒增無安而已，更以之亟心造因果而損道性，則當為大失矣，學者明之，當有所得矣，是知能定心，乃勝一切魔障，實修為此則捨亟心矣，乃明道成。

習易之法第六回主旨：【經營人生真正要義即在行道】

第一節、《有求之善行僅成善緣不生功德此理由之申論與分析並衍生無求善行方能生真功德之詳述與思考理解》

修道之所重本在濟世利民，所為之善行皆屬本分，本即無所求，若為有求之善，此雖結善果，然仍為業，仍在輪迴之中，故知必無求，此修道所必先明白之理，蓋修道之目的，本在脫離六道輪迴，故為輪迴中者皆須謹慎不可造次。

由因果相循之理，起心動念必有結果，發心為善所得為善果，初心為惡則必生惡果，故所謂善行，自然重在發心是否為善，既為善，則不論其行為種類，皆可言之為善行，而所得能為善果，既如此，又何須分辨何者方為真正之善行？

蓋人之心正邪同體，其發心雖為善，然其目的則多為己，此論為私，為有求，為私不正，即為邪，而易深入執著，此善行所得實不可論善果，頂多論善緣，而心執著深入，除造因果業障外又豈能獲得解脫？故知分辨善行是非邪正之絕對關鍵，正在於有求無求之心。

以當世所言之各種善行，如眾人所認為之吃齋唸佛，或參與各式法會，或參與放生，或純粹金錢捐獻，或參加宗教活動，或亟心拉人信教等等難以勝數，此皆該捫心自問自己之目的何在？或求往生西方，或求得功德，或化解業障，或消災解厄，此皆為私，如何為正？入魔之道不正在此？

此皆非真正行善，內心所求愈甚，則更迷惑於此，而失道路，而必更深入執著，聞言不信，如此內心無解，不得自在，正為輪迴之枷鎖，永遠不能滿足，此欲修道而離道更遠，皆無明之故，故言「向外求法必自迷，何況以師當目的」，萬法皆由心，由內心求法，得安心自如，方為正道。

以上所言，必知無求之心所為方論真正之善行，其餘皆為非，而要達無求之心境，則必在於日行反復，如此無妄且能成習，這個觀念反復提出，蓋此為行善之重點，由因知果，而知不正之善行必令內心深入執著，而不離輪迴枷鎖，故該知取捨且不為迷惑，此至理必要用心體會，方不入魔道。

再論有求之善行，為內心有所目標，為此心動，為欲念，為造因，故必生果，此有求本不離因果，而因果衍生自難離輪迴，所為善行必能生善緣，然既有所求，故所得之善果必相應此所求，因果相循本為此理，然此有因有果正是輪迴枷鎖，若有所求絕不離因果之中，本無分善惡，然欲離此六道輪迴必要能無所求。

再言行善欲無求，必要成習性，欲成習性皆由反復，所謂復則無妄，只要反復成習，自然達於無求，必如此功德方生，而後離脫輪迴，世人皆言，行善造功德，念經生功德，此在於內心有求之前提下，不論求功德或求佛渡生極樂，皆必無絲毫功德，此乃真相，必知此心愈求愈執迷，而必難隨緣。

達摩祖師相對梁武帝之公案，已明白揭示無求之重要性，今人無視於此，所為皆有求，而詡然以為必生功德，再加上許多負有盛名之所謂宗教大師，積極鼓吹念經之功德，做法會之功德，放生之功德，且求往生西方，求佛祖超渡，此明顯皆為有求，世人為名師所惑而難明此理，而隨之起舞，因而深入執迷，難以自拔。

此迷相皆為法喜，眾人之所聚，群體氣氛互相感染，而失自我而失本來，佛祖有言，金剛求法，不著外道只在內心。如此失去本來，如何得悟，尋得真實，而知回歸道路，坤之道，即為眾，其義主迷，道理在此。

以上所言為有求善行必不脫輪迴之絕對真相，此與求得乾坤五術為濟世救民，乃符合先天道之義，本為至私，用則至公，而行無為之道，恆常無易，生死相錯，禽之制在炁，而能至私轉無私，有求至無求，故非輪迴枷鎖。

此為聖人之至訓，該為行道天下，濟人水火，而前提在求己能，此合自然之理天道之義，故知行道之心非論有求善行，為地天之泰，為輔相天地之宜，這個道理必要明白，無須迷惑於此，由此該知積極之處，回歸本來之路，即在濟世，即在救民，即在行道之路，為聖賢所傳，即乾坤五術，即九天妙道。

第二節、《自我激勵之絕對重要性》

人必因其所執而衍生各種情緒，這種情緒大都為負面，這對身體之影響甚至於行為，均不論為有利，除了控制情緒，依此避免產生不當情緒，同時要能學習自我激勵，這是能將負面情緒消化而為正面情緒的最佳方法，而激勵重點必在於期待之目標，若能強化這個目標，思考達成目標之成就感，必能為鞭策，而使自己能夠奮發向上，這是以此執去他執之法，是自我激勵所能產生之明顯效果，

故知人生必立志，此志向經自我認定為絕對理想之目標，一旦積極於此，則其中過程必不為所苦，一切情緒也能放下而為正面，如此踏實前行，成就必有其時。

由此確定經營人生首要步驟必先立志，要能正確立志，必以本身能力條件，再配合興趣，即命主所樂意進行之目標，這相對於八字就是用神五行所代表，以此立志最為適當且非常實際。

以上相關於自我激勵之重要性，並實際運用相關於立志之正確方法，實為經營人生之重要前提，若不由此而盲目追尋各種目標，則所出問題可能非自己之所喜，而難以積極持恆故無成就，或者非能力之可為而終究選擇放棄，此亦難有成就，故必理解本身之條件而容易立定志向，進而容易自我激勵，而擁有正確的人生觀，如此人生成就必可期待，此立志之法，依於人性，重視現實，絕對實用，如實體驗，必知非妄，望有緣者珍惜。

第三節、《成就感之創造為經營人生要義絕不能忽視論》必要前提之分析與申論並衍生圓滿人生須藉由此絕無二法之討

《論與思考理解》

成就感來自於內心的滿足，也就是內心的目標，為心之所向，也是命主的執念，能有所得則必有所滿足，如此而為激勵，才可論為實際，而能為鼓勵，而能堅持積極前行，故知創造成就感是邁向終極成功過程中不可或缺之條件。

以滿足內心需求所產生之成就感，對於人性而言，此為最重要之鼓勵，由此而能說服自己必能成功，如此在遭逢困難之時所為之激勵就能為實際，任何立志之目標，過程中若缺乏成就，則必中途退轉而無法堅持，故終無成。

成就感如何創造？必著落在實際經驗，實際經驗方生得失，而其中之得即為成就，由此累積，積小為大，而生自信，如此對於目標終能做正確判斷，而知成功必在眼前，故知此法重在經驗，既定志向，則必求此目標之經驗，而能明白得失，發現條件未足之處，並藉以培養自身能力，如此自能有得，而能滿足內心之期待。

第四節、《易道大正為九天妙道指明》

此法何來由。五行陰陽路。山醫命相卜。扭轉真太極。乾乾行反復。
念念不退轉。勇猛明精進。震龍知無妄。艮虎行風雲。諸邪不為侵。

心魔無紛擾。終能鎮此心。由此行大道。萬法得歸一。是知陰陽理。
幻化真太虛。從此識如來。逍遙真無極。

此五言為「九天五術真實說」，為全求道之徑，為實歸真之法，為仙佛之本傳，為易道之究竟，學者臨觀乃見悟，此言易道大正也，盡在五術之濟行。

必言其玄，則在此心知，必言其妙，則在此心亨，是學者能學，則明道生徑，是學者能知，則理道增輝，故證之修真，則道正精進，故證之盛業，則定心安住，由此是得明回歸真實之道徑，唯在九天妙道。

第五節、《行道終始持恒反復盡在道詩六首為心路歷程始終呈現》

行道之路必定充滿考驗，所謂荊棘遍佈，必重堅持不退轉，必在自心惕勵，而心路之歷程盡在道詩六首。

易之道，乾坤為天地，天主施，地主受，坤厚載物，論學習之道，不離直方大之理，人之一生要能有所成，必在於學習，學習有成，則為化育，而為德性，若為無成，自然漂泊，終於碌碌，而習之道，必先立志，志向既定，則乾乾反復以「直、方、大」。

論「直」真義，為不受阻，為能通，為突破，論深遠，為開拓，為發展，為衍生，再論「方」之真義，為廣闊，為範圍，論漸進，為涵蓋，論方法，掌握方向，後論「大」之真義，為融合，為貫通，為心得，為運用，為變化，為發明，皆為無惑，且為通識，由此學習之道，成就行道濟世之能，此學習過程，必要反復，故為精進，依此道詩六首，自我激勵體會，學者須由悟，行道之路就容易圓滿。

為人立志，必求專一，堅守正道，無視迷惑，執著前行，光明在前，向陽旭日，是為大有同人，為人之道，不正在此？

南陽問路叩仲門。起心動念行積極。行道八方不為難。何方有道即向前。
諸葛耕讀臥龍時。北窗櫺下行自然。十年砥礪成非凡。胸懷高才起縱橫。

抬石壘壩一郎中。歷盡艱難無退縮。累積點滴此心頭。穩健提步開大道。
耳畔終聞虛名聲。人人一語郎中話。風澤有孚遍地來。自此起行駕飛龍。

如魚飲水知冷暖。雖為所向終身業。胸中尚疑不踏實。欲行精進無實方。
嘔心瀝血苦肝腸。白毛已代煩惱絲。時光飛逝難為住。如何此時比他時。

於無聲處聽淵雷。放下執著觀自在。心聲陣陣皆明白。難成心願不能還。
咸恒止觀應有得。我自愚魯夢未覺。人生一趟非其時。不懂隨緣看將來。

亦教亦醫狀元橋。因緣匯聚成時機。福至心靈貴人來。此是願望終成真。
豁然開朗真前程。柳暗花明又一春。昔日南陽書北窗。到此終於逞如意。
舟行擺渡萬重山。燦爛風景不為還。人生此遭機遇全。是為此心恆堅定。
因果得圓成心願。終無罣礙得自在。輪迴枷鎖真離脫。逍遙無極識如來。

學者能觀，則此心必有悟，學者有覺，則此心必得清，學者能思，則此心必有明，學者能臨，則此心必能證，本道脈盡全末世五術之大正，而激勵學者自明其道，皆以乾乾不著依賴，乃為人生之所宗，是明人生之大義，乃自得救贖之必，學者於此末世，魔惑重重而得明道究竟，是知當為珍視也，若更忽之乃成自棄，仙佛必無言矣。

五行養生術第一回主旨：【養生之道在五行正論之契機】

第一節、《專論養生為黃帝內經太素之重要申論與思考討論研究》

自古養生之法，皆來自於黃帝內經太素，由黃帝與岐伯之對話，如實紀錄了正確的養生之道，由此而衍生之醫道理論，自必以黃帝內經為本，故研習醫之道，必由黃帝內經太素以發端，如此方能得其正。

黃帝內經專論養身在第二卷，分順養、六氣、九氣、調食、壽限。

所謂「順養」，入國問俗，問人之所便者也，順其理而行之，揆其中之因果，而知進退，而行趨避，此由知而明順養之法，而「六氣」，包含精、氣、津、液、血、脈，為身體本即具足之物，然人之六識眼耳鼻舌身意之行為，必能損益此六氣，故若知此理，則六氣長存不為衰竭，此即六氣所重。

此順養與六氣能行增益，為陽補之法，另外九氣、調食二項，則屬陰洩之方，由此陰陽配合以突破壽限，先明此理。

再來「九氣」，此即怒、喜、悲、恐、寒、炅、憂、勞、思，心妄則災生，此皆為心之動，以此致百病，必識九氣形成之根由而知避免之法，令九氣不成而疾病不生，此九氣，於人未脫離五行之掌控必有發生，程度之差別而已，故修身以求定靜，其重在此，再論「調食」，此言五味，酸苦甘辛鹹，此五味同五行，各入五臟，且行必專，若為氣，通五臟者此也，此調食之功，能緩病症，漸而根除，此為調食。

最後言「壽限」，黃帝曰：「人之夭壽各不同，或夭或壽或卒死或病久，願聞其道？」岐伯曰：「各如其常故能久長。」故知壽限，個人之所定，非天註定，世人皆以為生死命中注定，此為似是而非之論，人心之所向，衍生之行為習慣無法改變，故形成因果定局，此言註定，而理由在於個人之行為，故若調整習性，知所養身，皆能為高壽，此為壽限之義。

第二節、《五氣和者太極渾圓無傷是言一世無災之衍生申論》

五臟六腑相應五行之氣，最忌失衡，為氣偏勝，由此生疾厄，五氣能和，疾厄不生，故言無災，是知養生重在心平氣和，制約變數。

五臟所指腎、肝、心、脾、肺，而膀胱、大腸及小腸、膽與胃，此僅五項是為六腑，名六腑之理由，在於六為坎，具隱伏之象，不為陽顯，此為六腑共同特性，故依此名，由此知表裡所指，表即臟，為陽顯，腑即裡，論陰伏，臟腑之陰陽能互相配合，而其氣無偏勝非妄動，則令身體平衡，健康無疾，若陰陽失調，臟腑之氣妄動，則必生刑傷，久則生疾，故知臟腑之影響，相對於身體健康必然明顯而直接。

人體為仙佛所造，備乾坤坎離四象，質應進退，氣成水火，水氣就下，火氣旋上，進則陰盛，退則陽生，神識水火，行止乾坤，而稱名為「坎體正形」，見氣機之發生，乃證坎離，見陰陽之化成，乃道乾坤，全靈子之假形，乃啓輪迴，是知正體之用，在行復輪迴之道，旨全道功，以圓道性。

仙佛更立仙境道場以證修行，靈子有功，乃得正形，謂人身難得，而既得人身，為道功迅速演化，必引魔考，而相應此心水火，以乘機殷實道性，是知仙境道場，正不勝邪，為必要之惡，靈子此心無惑，澄明于道者，則道性化實，即見赤兒體，乃圓障業，是不復於輪迴，而得究竟歸真。

此明人生所宗，乃引養生之道，在不受虛擬境遇而動心也，此為情緒之先機，喜怒愛惡欲，五情皆妄，皆必刑傷此坎體正形，是欲養生者必由此也，言五氣和者一世無災，乃信此也。

刑傷若成，必別陰陽，見五臟有病，為顯而易見，論為陽道，見六腑生疾，為隱伏難知，論為陰道，陽者炎之旋，火性發生也，陰者氣之滯，水性就下也，此五情引發，而見九氣，是知欲為復，在定心也，乃寡憂思是也。

復言九氣者，水火之極也，必令身體內之五行氣產生變化而不正常，或為妄動而生刑傷，或為停滯而失其養以致衰弱，或能沉靜而通流順暢，則為旺盛能為發揮，臟腑吉凶，其象如此，九氣無一利，故必制五情以養正也。

更有環境之變，非可引善者，亦在節度惡惡之情緒以平氣，視之魔考，乃如心坤受，而不生妄不引水火之極，更有飲食之惡，不得引善者，乃無食而已，人身坎體，食物求養，實為化氣，是知非必要有食，氣足自能為勁，此在養氣之法，人人循習皆可得也，此不論環境與飲食之刑傷，皆有其治道，而其本，皆在心守正也，以安情緒。

情緒來自於心之所執，為心之所欲，故若能無欲無執，則九氣不發，體內陰陽調和，亦能不懼外在環境之影響，故養身之道必然在此，憂憂然於不可變之環境因素，徒令九氣滋生更為刑害，不如修身養性多為榮衛方能常保安康，此養身之道首重在此，必為修身，馴伏九氣，如此而已。

第三節、《五行於身體相應部位必在臟腑陰陽表裡之影響作用描述與申論》

身體五臟六腑，為人體最重要之器官，失其一則難活，蓋此臟腑為太極之循環，而為生命之動力，缺其一則太極失衡而為崩壞，此即五行作用之理，故知臟腑必有相應五行，故為生命，如太極之運轉，循環不絕，而最怕失衡。

五行正論水木火土金所直接相應之身體臟腑，依此五行之序，水主腎膀胱，木為肝膽，火為心與小腸，土為脾胃，金主肺大腸，而前後論陰陽，互為表裡，所謂五氣和者一世無災，五行所相應之身體臟腑，必因五行氣之偏勝，此即不和而生刑傷，日久而生災。

而五行氣偏勝之理由，首先來自於命主本身之八字組合，其次就是流年納音對身體內部之五行所產生的影響，這二種的影響可論為流年這個時空環境下身體之本質，而其他如居住環境、生活作息、情緒與飲食習慣、房事，對身體五行之影響則論為變數。

因此理解流年之時空環境下之身體本質，而知何五行偏勝，再依此偏勝五行以知當年必受刑傷之臟腑，進行損益補洩此偏勝五行，如此能避免相應臟腑之刑傷，再配合生活作息，知所節制，避免變數，如此人生百歲逍遙無疾。

此等養身之法為黃帝之所言，流傳至今歷數千年，今世人所知早非原本樣貌，又此醫之道非輕易可學，亦牽涉人之性命，故受社會所規範，因此習醫者不為廣泛，蓋多所限制之故，而不習醫則不知養身，不知命亦無以養身，故現代人均只能求醫，無法靠自己，再加上現代環境之誘惑所形成之變數，複雜多變難以衡量，所以醫院林立，供不應求，此亦為末世之呈現。

萬事萬物皆備陰陽，身體臟器自不例外，身體主要構造在於臟腑，缺一則不為生，臟腑既具五行而為太極之循環，此為五行相生，而此陰陽之義在於表裡，如同命局干支，一論質一論氣，由質造氣，以質論長生故氣不竭，如此陰陽配合，五行氣輪轉循環，故能為生命，此亦為臟腑必分陰陽表裡之理由。

偏勝五行而論妄動所相應臟腑之刑傷，所指必為論陽之臟器，故身體之疾病也必由此開始，就算明顯呈現之疾病似乎不屬五臟，其根源也必然在於此，這點先理解，所有重症必有根源，欲知此根源，直接由八字原局之偏勝五行就能迅速判斷，此以醫行道不可不知之法，故知五術之配合缺一不可，如今習醫者五術不習全，如管中窺象不得全貌，是故難為精進，而又多依賴儀器，如同電腦問診，故無為變化，如此以之行醫何能為正？

萬法末劫，正道湮滅，邪盛蔑正，似此為因果之必然，以末世人間為迷途，耳不聞正道，目光怪陸離，食盡汙染毒物，鼻嗅五氣惡濁，過份操持勞身，妄心嗜欲紛紛，故三神俱疲，耗散身形，故屬疾多現，且為蔓延，如此五濁惡世，綻放一絲光明者，必在發心濟世助人而後呈現，此道之行，必識此道方有作為，故知成者在五術，依五術明此道而為實際，學者既發此心，必行積極反復，成就此道，如此有能助他，更能圓滿自己。

第四節、《五行偏勝真義與命主原局八字之偏勝五行分析即身體本質之申論》

養生之道與命之道，乃相循之因果，以命本從宿業，是有既定之方，而為養生之必，此即論五行之生妄，以見養生弱點，為學者必明之處，其必要之詳述如下。

五行偏勝真義，在於同一太極中，呈現妄動五行，此即論偏勝，足以破壞這個穩定太極，此為偏勝真義，由命主八字原局所分析出之最強旺五行，以虛柱納音最強，次為合化之氣，再來方為天干，由此而知命局最強者，此最能成為妄動五行而為偏勝，故直論為身體弱點。

體內之太極，早為穩定平衡，然由環境之納音，必能使命局最強五行呈現偏勝，而破壞這個平衡，由此而知相應臟腑必受刑傷，以此而生疾厄。

故命局中最強旺之五行，可視為身體本質，論為代表，再由身體本質分析最適合之養生之法，即醫之道所言防疾之術，如此本質即弱點，專重其保養即得養生之道，此如實之法，由五行正論，必順其所生而已，如例本質為火，需用土，則以調食而言，食甘物可洩火氣，大約如此，此自然不可過度。

再論原局，既無虛柱納音，亦無化氣，且天干均非旺相，此論無身體弱點，這種身體本質歸於五行之終，論為土，雖不論弱點，但知其疾厄必來自於脾胃，可視為弱點在於此。

至於流年納音如何令身體之氣妄動，自然為生此強旺五行，或者為相同之五行，此自然與八字原局中最強旺五行之本質而有差別。

如例虛柱納音，此本論虛，最忌伏吟填實，故最忌流年納音為相同五行，最能令其氣偏勝，若為化氣，最易呈現妄動，故能生之或為相同五行，皆容易呈現偏勝，若本為天干，本論穩定，故以受生方能呈現偏勝，原局身體無弱點者，即以土代表，故知最忌為納音屬火之流年。

以上所論，即身體本質代表身體弱點所衍生如實養生之法，與相應身體最忌流年納音之判斷，此申論不含變數，由此亦能明八字判斷疾厄之法，必專重此最忌之流年，尤其歲支與日支論直接作用，其中變化學者須能體會，故由八字，此論知命，是知養命之道在此。

第五節、《論藥在君臣佐使以相宣攝合和之真義申論盡在神農本草經》

藥必分七情，有單行者、有相須者、有相使者、有相畏者、有相惡者、有相反者、有相殺者，必依此七情而為相宣攝合和。

當用者乃相須相使，可為君臣佐使，論勿用者，則為相惡相反，不為君臣佐使，而制毒，當用相畏相殺，有毒方治，無毒勿用，蓋制毒必以毒攻，故此類皆為毒，而所謂單行，不宜合和之謂，也非君臣佐使，其用不在治病僅在於補，以上為七情所指藥之特性，而論君臣佐使，而為相宣攝合和，故必明辨藥性之七情，依此原則用藥，則其效立顯，此為神農本草經之重要基礎申論。

藥性之七情亦必由五行分類，配合藥本身之五味，以此確定七情，而此神農本草經已做完整之分類，先據以運用即可，理由不用深究，本草經中所分，為上藥中藥與下藥，上藥為君，中藥為臣，下藥為佐使，故知本草經中所列均為相須相使者，這點先知道即可。

第六節、《習醫之道必知用藥責任須明因果之詳述申論》

任何對於他人之建議必存在因果，這理由在於存在干涉他人因果之行為就是製造因果，尤其主動而為之更屬嚴厲，所以建議之責任必要理解，不可任意而為。

於學者行醫之道，所有病患對於學者之期待必為執著，故若生意外則必生怨，如此而因果牽連，故知行醫非常人可為，既如此，習醫之目的為何？

自然也是濟世助人，然如何濟世而不生此因果，其重要關鍵就是在於建議，首言建議必適當，在於不建生緣客妄執，而能真正引善，然如今世道之醫學，唯建生緣客妄執而已，乃自立心憂而壞正形，是知不可執此，必明理以正立，方能如實引善。

藥者，用以毒也，必不得已而用之，疾者，屬自傷刑也，能安心自養則能自痊，其重乃在定心也，是知用藥，乃得心安，是行大正也，能為此，不落因果，實得建功，而為道行。

以上所論，乃明用藥責任，而不可輕以之，行醫之道，攸關性命，而為用藥，吉凶未必能定，若學者主動而為，則必知責任非為輕，或生意外，則由人性，而知必生嚴厲因果，此學者不可不慎者也，此為重要告誡，必不可或忘。

五行養生術第二回主旨：【醫藥之道須辨陰陽濟世行道須重養性】

第一節、《傷寒論辨太陽病脈證之分析申論與實際運用之討論理解說明》

傷寒論所言，凡外因百病之襲人必先於太陽，太陽主表為一身之外藩，總六經而統榮衛，如表氣虛，則榮衛之氣不能禦外，故邪得而乘之。

此言榮衛，榮為陰，衛為陽，為體表陰陽之氣，如身體之屏障，稱為太陽，故太陽病脈證之意，在於身體屏障有失，而由風邪寒燥入體所引發之各類疾病之統稱，此所指非臟腑所屬病症，皆為平常或屬流行性之速疾，而由榮衛之傷衍生之疾，亦有陰陽之別，而有虛實之論，而其法以陽治陰，以實補虛，或以陰退陽，並以虛洩其實，總之不離陰陽調和，重點在於如何分辨此速疾之陰陽虛實。

此即傷寒論主要申論之重點，關於實際運用，在於傷寒論中所提之桂枝湯方，所有太陽病脈證，皆可由此治癒，此由一方可治百病，故張機聖人名為醫聖，非徒具此名也，以現代社會環境，最經常發生的就是流行性感冒，此於得病之初，不用分其陰陽虛實，皆以桂枝湯方，於一時辰內，每濟間隔三十分鐘，必連服三濟，即可痊癒，此為醫聖真傳，而不為今人所重，真實令人嘆息爾。

此太陽、陽明、少陽、太陰、少陰、厥陰，身體榮衛虛弱而致外邪侵入，既分陰陽則有程度之差別，此六者即將陰陽程度各分三等，以太陽太陰為強，陽明少陰程度中等，少陽厥陰則論弱，如此分類而能對症下藥，故所使藥力也由此分三等，依五行平衡所使之力必相等，不可過與不及，此為自然之理。

學者分明用藥之法，必有乎能掌方可行之，萬法既末，正難為正，眾人所見皆從邪，故欲明其道，則障業紛呈，難為究竟，本道脈所傳五術正道，其用其旨在於明理，而得自救之方，以之行道，亦在申明世間之正，乃諸多實相，以引靈子正行，而自得解救，故拔苦與濟難，僅能為從道，得正其心，方為行道之要，乃全道功，此理學者必先明。

故於傷寒論中相應此陰陽三等，各有不同之藥方，而以太陽病脈證皆為桂枝湯方，其餘則非固定，需視患者呈現之症狀以為變化，如以外邪稱外敵，榮衛為邊防，以榮衛失而敵入，若敵勢甚強，此為太陽，則必出精銳方可肅清，此桂枝湯方即為精銳，是故太陽病脈證皆以之，這也是自然之理，如此陰陽三等必以太陽論性命攸關，而其症狀之反應也必然明顯且必為強烈，此即傷寒論所陳述之之主要重點。

此外邪所證之病，不為內心水火，即情緒之衍生，然榮衛之虛弱，必為內心水火相刑而衍生，是知疾之預者，全在心平與氣和，世間八風，法障邪惡，皆足以妄心，必為養生者，當由此定心也，心能為定，則眾邪難侵，此即養天地之正氣也，能為之，一生無用藥。

至於太陰等五類，此為榮衛有缺而遭敵襲，故針對敵襲狀況以作應對，此非為桂枝湯方不可用此，為小柴胡湯之類，理由如前述，而其陰陽三等之用藥，當由患者所呈現之症狀來作分辨。

學者必知，本文主旨乃申明學理，不在實際運用，欲求精進以執業，唯由世道，而更明本文之理，必有助於執業之行，此學者當能理會也，或為進步，欲決相應之疑，則起日課以觀八法，必能為全矣，此醫之道必配合卜筮，為行醫正法，今「易道乾坤八法」已全，學者當以之也。

復明養生，觀日課以明己之吉凶與五行動妄，亦能以之循善也，乃成自治之道，明理以正行，觀神機以定其變，此能為者，盡在易之道也，稱名之三道全，乃「易道乾坤八法」是也。

第二節、《病理用藥五行必為金此為本質而能衍化不同五行此為特性之分析申論與思考研究》

用藥五行必為金，此蓋言所有藥物之本質，即此藥物之偏勝五行，故與外界五行之相互作用必以金而論。

須先知為何用藥五行必為金，由藥物之作用屬於調食，屬於陰洩之類，重在疏導體內妄動之氣，妄動之氣有五，為水木火土金，土為五氣之終，不論是哪一種妄動之氣，於身體這個太極內，由於五氣皆備，終必轉化為土，故由金以洩其氣，再由金論乾卦，為全陽，以身體疾厄為陰之性，以乾金最能除此陰，而各種湯證，均須化為水，金能生水，其本質最能毫無保留轉化，如此是知用藥五行必為金。

而所謂藥物或為草木土石，或為金水，其內含之五行非僅為一種，此不同之五行自然論為特性，湯方之差別即在於此，此於湯方熬煮過程，所有藥物偏勝五行此即為金必行轉化生水，而特性五行非為偏勝，不論妄動故能留存，如此所成之湯方必無金之屬性，而可能包含其他四種五行，以身體形成表證必代表體內某五行妄動，因此根據表證以確定體內妄動之五行，藉由湯方五行對妄動五行進行剋洩而成治癒之功。

如此由確定身體妄動五行而為湯證，而確定妄動五行之法，皆只能藉由日課，配合把脈必能確定，這其實僅由日課即可得知，至於相應妄動五行之湯證，此由傷寒論中直接依表證即可確定，此為醫聖之心血，一生研究之心得，如實運用即可，其實並非必要確定身體妄動五行，只要依照病理表證，選擇適合之湯方，再起卦確認吉凶，此即為標準的用藥法，先知此即可。

第三節、《囊中術直指投藥必由體質以做應對之絕對重點申論》

本文主申事理，不在應用，學者藉以明者，乃五行正論也，此天地自然之道，乃易之演，學者當思復，以求其悟。

根據傷寒論所指榮衛之失，所導致太陽太陰即陰陽三等之病脈證類，根據患者症狀而確定分類後所建議之投藥，必要觀察患者體質是否特別為消瘦虛弱而必另作應對。

這符合自然之道理，依五行正論，五行極虛無根不受生，反而喜剋洩，以患者消瘦虛弱自然代表其臟腑之氣極虛視為無根，如此論之理由，在於論質之腑若能持續轉化臟之氣，則五臟功能不失，身體不會消瘦虛弱，只有臟之氣無法補充才有這個現象，故知論質之腑不能轉化臟之氣，所以此臟器視同無根。

如此既喜剋洩，則依榮衛論邊防，以敵入用驅敵且肅清也就是助防之法，明顯不適宜，而又該如何根據這個特性做適當之投藥，五行極弱無根，有自我毀滅之傾向，而臟腑之氣絕不可歸於無，無法令其毀滅再求重生，所以真正能做的是補臟腑之氣。

以臟腑本為實體故可補氣，與論虛之五行無根無法受生之理不同，這應該容易理解，故此分辨重點在於該補何臟腑，而這必以患者之身體弱點直接判斷，也就是八字原局象義之偏勝五行。

如此進而思考如何補臟腑之氣，此必根據臟腑五行所能生之五行才做得到，學者的問題既言補為何不是生他，反而是洩他之氣？蓋臟腑之氣極虛，無法直接由外界生之，只能靠自己恢復運作，而五行相生，互為因果，母生子，子亦能生母，此五行反生之理，故如此論。

如此確定投藥之五行，再來就是所用劑量之問題，牽涉用藥均必要謹慎，學者需基礎紮實穩固才能論此，這點不可或忘。本節申論投藥必視體質之重要前提，與患者消瘦虛弱之正確投藥五行之判斷，此為主要重點。

人體本概分為陰陽，此非男女之別，而是煩躁與冷靜之命主個性之呈現，蓋二種不同之個性，必由於體內之氣是否妄動或為沉靜所呈現，故知個性煩躁者其氣本為妄動五行之平衡，以八字命理而言，就是天干有旺盛之五行，若天干五行均不為妄，必代表個性沉靜，體內論沉靜五行之平衡。

由此體質先分陰陽，再以陰陽各分虛實，此為體內五行氣之旺衰，體內氣旺者能通經絡而不易阻滯，若為氣衰則反之，經絡不易疏通而容易阻滯，這是虛實之分辨，由陰陽虛實所呈現的體質差異，必要著重於「補虛洩實」之法。

若為「陽實」，患者氣本妄動而又為實，此非經絡不通阻滯所產生，而是體氣過亢所呈現之疾病，而由於氣過亢，若直接以湯方剋傷必生劇變，故須先洩其實方可為之。

若患者為「陰虛」，氣本非妄動且為虛，如此妄動之氣所形成之表證必非明顯強烈，而大都屬於經絡不通或者阻滯所形成之疾病，故必先由補，使之經絡血脈能通，而後方治妄動之氣。

而其他二種「陽虛」、「陰實」之患者體質，可直接投以湯方，並不需要思考補虛洩實，蓋兩者皆非氣之亟亢。

如此而知體質陰陽虛實相對於湯證所形成之變化，此為臨床投藥優先之考量，故知對體質四象之分辨至關重要，以前面所言，體質陰陽由八字命局即可輕鬆判定，而虛實，此為體質之變化，故不能由八字，這只能由卜筮，方能判定其虛實，由此知五術相輔相成之關係，然若不由此，則由病人之表證也能得到大概，但此必依賴臨床之經驗，此為五術不習全所產生的差別。

再論依補氣者為參類，洋參或人參均可，運用之法，加水至煮沸，飲其水即可，劑量多少無妨，注意煮沸器材同樣須用陶瓷，外界磨粉和水服之法，其實無效用。

此論補洩之法，主要申其理用，不在實際，而本道脈言養生之道也不建議由此，須知補洩本在此心得真，非必著於外物，此理由易，唯悟乃得自明。

此所言食補之法，必乘四時節氣，此世間所論者為正，循其法即可，然人若能自養正氣，此類食補也不需要，同樣常保康泰，此法為易道修真，以得明心見性，則身體正氣沛然，諸邪難侵，此法為至正，學者當乾乾以之也。

第四節、《道不自行為人行道端視經方年輪第一圈》

道者，徑路也，論方向，為目標，即心願，即宿業，人生一切因緣由此，皆在此心發生，為心念，進而為行動，如此而呈現，名之曰「道」，故言道不自行，言為人行道，此道既定，其成必反復，曰年輪者此也，而必得經略，擬具方針，以成此年輪，爾後迴旋無數，其道自顯，最要第一圈必得其正，端視者在此。

人生皆為自己之選擇，起心動念，再而積極，累積而成果，此天地之道亙古無改，人居此世間，所為不出因果，為正為邪，為善為惡，所得因緣自有不同，無邪能正，無欲則剛，大公為無私，濟世必亟心，如何理會此道外之坎險，人性自古難為無私，或有名利則附勢趨炎，或失名利則鳥盡獸絕，必喜錦上添花，難為雪中送炭。

若非為名利，實為正道，為人所不為，言人所未敢言，則攻訐臨身，一生背負，是以賢人多淒涼，為智者不肯為，然為五術之子，承聖賢濟世之大業，縱使行道多荊棘也義無反顧，此為人之道，不正在此。

行道之路，必有艱難，諸般障礙，嚴厲非常，若不能明此，則皆由此而為枷鎖，堅定此道心，擺脫此障礙，必全元亨利貞，待時乘六龍以御天，為經方年輪者也，行道第一圈在發心，既明此道之坎險，是知起心動念，如見龍在田，在日日乾乾，必躍過淵，飛龍在天，而終大顯。

時尚未予者，因緣未熟成也，非我之不能，天地變化，是為乾坤，值此群陰剝陽之時，君子反為群小，在潛龍勿用，然亢必為變，陽終能決陰而為夬，此濟世之甘霖由此呈現，此即君子之所望，正道之大顯，世事如棋，乾坤不可測，此為吾輩中人惕勵之方，何須笑盡英雄？

此天時必至，能趁其時者，必奮勵自強者也，學者何不為此？匡正以除邪，濟世必利民，乾乾行反復，恆定終得時，此脫離輪迴之要法，正在經方年輪濟世行道第一圈，此如實之法，唯有如此。

第五節、《體表榮衛重點申論在黃帝內經營衛氣行之詳述分析並思考理解》

黃帝內經太素，流傳於世之版本，主要差異在編排順序，這邊所用之版本，為清末黃陂蕭延平校正之版本，專論營衛氣行之篇章，已殘脫不完，故由靈樞甲乙營氣篇補入，並非原文，然其理能全，故先為注釋。

黃帝內經卷第十二

黃帝曰：

營氣之道內穀為寶，穀入于胃乃傳之肺流，溢於中布散於外，精專者行於經隧，常營毋已，終而復始，是謂天地之紀，故氣從太陰出注於陽明，上行至面，注足陽明，下行至跗，注大指間與太陰合，上行抵脾，從脾注心中，循手少陰出掖下臂，注小指之端，合手太陽，上行乘掖出前庭內，注目內眥，上顛下項，合足太陽，循脊下尻行，注小指之端。

循足心注足少陰，上行注腎，從腎注心，外散於胸中，循心注脈出掖下，臂入兩筋之間，入掌中出中指之端，還注小指次指之端，合手少陽上行，注胸腔正中並散於三焦，從三焦注膽，出脇注足少陽，下行至跗上，復從跗注大指間，合足厥陰，上行至肝，從肝上注肺，上循喉嚨入頏顙之竅，究於畜門其別者，上額循顛下項中，循脊入骶，是督脈也，絡陰器上過毛中入臍中，上循腹裏入缺盆下注肺中，復出太陰，此營氣之行，逆順之常也。

黃帝曰：

願聞營衛之所行皆何道從行？

岐伯答曰：

營出於中焦，衛出於上焦。

黃帝曰：

願聞三焦之所出，

岐伯曰：

上焦出於胃上口並咽，以上貫膈布胸中走掖，循太陰之分而行，還注陽明上至舌，下足陽明常與營俱行於陽，二十五度行於陰，亦二十五度一周也，故五十周而復，大會於手太陰。

黃帝曰：

人有熱飲食下胃，其氣未定汗則出，或出於面，或出於背，或出於身半，其不循營衛氣之道而出何也？

岐伯曰：

此外傷於風內，開腠理，毛蒸理洩，衛氣走之固，不得循其道，此氣慓悍滑疾，見開而出，故不得從其道，故命曰漏洩。

黃帝曰：

願聞其中焦之所出？

岐伯曰：

中焦亦並胃口出上焦之後，此所謂受氣者泌糟粕承津液，化其精微上注於肺脈，乃化而為血以奉生身，莫貴於此，故獨得行於經隧，命曰營氣。

黃帝曰：

夫血之與氣異名同類何也？

岐伯曰：

營衛者精氣也，血者神氣也，故血之與氣異名同類焉，故奪血者毋汗，奪氣者毋血，故人生有兩死而毋兩生。

黃帝曰：

願聞下焦之所出？

岐伯答曰：

下焦者別迴腸注於膀胱而滲入焉，故水穀者常并居於胃中成糟粕，而俱下於大腸而成下焦滲而俱下，濟泌別汁循下焦而滲入膀胱焉。

黃帝曰：

人飲酒亦入胃，穀未熟而小便獨先下何也？

岐伯答曰：

酒者熟穀之液也，其氣悍以滑，故後穀入而先穀出焉。

黃帝曰：

善，余聞上焦如霧，中焦如漚，下焦如瀆，此之謂也。

以上所言營衛即榮衛，所有相關經脈穴道，行氣之理與陰陽次序，皆在其中矣，學者必明之處，在循理而知正，既得氣行之道，則得榮衛之感，以膚而證厭也，即環境氣候交感，而論心之咸應，必能有所趨避也，能為防則榮衛不失，榮衛不失則外邪無所侵，此養身之法為預防之道，更據此以推疾病之由，是為至善也。

內經所言榮衛氣行之道，內文或有不明處，亦無礙也，學者明理正心即可，總之須專注毛髮皮膚感受到的危厲資訊即可，而必行趨避守心，乃得除邪也。

第六節、《道林養性真義申論與分析》

五行養生術，其本在于養性，性為離坎，情在水火，決動不為靜，欲止妄心，全在道性。

是知道性者，養生之本也，道性呈現，乃無執私，而應天心至公，即行道濟世也，為此以全障業，而道性衍定，人生一遭，道性既成，究竟歸真，何須輪迴反復？此由養生以申道性之義，乃圓全人道而證仙靈化生之必，是知養生者，即修道也。

養真修道性，相關濟世行道是否能圓滿，各種行道過程，或為邪魔誘惑，或生八風障礙，皆足以迷惑道心，而退轉此道心，是必養性以堅定道心，方能圓滿行道之路。

養性者，制伏此心不妄動也，世間邪氣論八風，皆能動心，養性之義在於八風不動，巍巍然如山停淵峙，處變不驚，善養性者，心性若水，清涼通徹，智慧光明，寂寂然無妄動，如臨八風，隨緣來去，不為著心，此大成者也。

欲修此道，首重少慾，此慾即妄，必生吉凶，然人生不可皆無為，無為難以圓因果，有為以正，專心此執，而無他執，此亦言少慾，如此吉凶單純，八風之來，不易動心，藉此養性，此養性第一，立人生之志，而能為專，必要為正，咸恆反復，志業必成，如此心安，能靜無妄，進而養性，而獲大成，此養性第二，必圓人生之志也。

道林養性，重在無為，必要出世，隱跡山林，所謂入山修道，此先修內果再求外功以達仙道，此必要明師指引，否則必無可為，如今世道更不可能，堅持修道，只在吾心，既已入世，則必圓志業，先行外功再求內果，如此能成，亦為仙道。

易有隨時之義，此環境所為之必然，當然順勢而為方入成就之階，面對真實之世界，不做虛幻非想，衡量自身條件與能力，盡心而為，成就歸于天，得失歸于地，如此隨緣以順心，心自常安，八風吹不動，則養性可成，吉凶不著心，此為現代道林養性真義，若能由此，乾乾反復，養性修道，待內功外果圓滿之時，自能回歸理天，得觀自在，再無束縛，而為極樂，人生必要積極之處，正是在此，就是人生終極目的。

心能定靜，而後方言養性，如此為修道，心為五臟，五行屬火，為神識之所居，五臟所屬五行之運轉論穩定之循環，如其中五行有妄動則破壞此平衡而為疾病，這所影響必及於五臟，故知身體若有疾，五臟之五行循環非為穩定，如此心難為靜，而必難養性，而難修道，此言養性必重養身之絕對理由。

道林養性，必重養身，而養身前提在養性，其密不可分，養身養性，實論同體，亦無須分，此即道林養性真實之義。

養真修道性命說

養真修道性。必要思無邪。如如心無妄。來來習自在。八風不為動。

如心現妖精。
唯心得萬象。
疾疾現災凶。
迷心識歸途。
乾乾行反復。
養真以修道。
方是修道真。
欲行真大道。
如此心必安。
如此得究竟。
如此真乘龍。
此心得真實。
枷鎖由此開。
若失難為復。
豈是輕易事。
乾坤陰陽法。
求道有積極。
謹慎細思量。
無有還真時。

鬼祟何為殃。
鼓動眾紛紜。
若能正心思。
從此知定性。
此志當能圓。
以此明白說。
捨此無所為。
只能從此心。
如此心無妄。
如此得解脫。
如此實生義。
養真修道性。
太極輪迴止。
福緣不常隨。
五千年得復。
玄女真實傳。
宿世積道德。
定心修此道。
懇切實言語。

此心不為靜。
此法本自造。
盡除凶惡相。
定性為大道。
以此心能足。
定性識天命。
道者須能悟。
念念定乾坤。
如此心光明。
如此真無礙。
如此實修德。
九天真妙道。
離脫得自在。
有緣得此道。
時機正此時。
九天此妙道。
無為種惡業。
夢醒方自覺。
毋忘此叮嚀。

定靜修性命。
惑亂心自迷。
光明必呈現。
規矩成方圓。
心足方定靜。
人生成志業。
乾坤天地定。
德全無私意。
如此得大畜。
如此真自由。
如此實圓滿。
如此明白說。
疑惑難為行。
莫要不回頭。
渡世本因緣。
盡付眾人說。
是得此善果。
日照醉還真。
條條成道路。

妖魔何所至。
迷途無所適。
具理真實路。
如定生志業。
而能修道性。
再求行道路。
此心恆無靜。
如此心必靜。
如此得大有。
如此真寬闊。
如此實修道。
世人若能悟。
良機轉生滅。
九天傳妙道。
此為玄之玄。
信者足福緣。
累世即為此。
此心夢不覺。
如今在眼前。

此百句五言，若能熟悉入心，則能不受邪魔之惑，不為八風障礙，而能堅定道心，此為本道脈真傳求道之法，非足福緣難得識，學者必知珍惜，積極持誦，且保身體安康，若身有嚴厲宿疾，亦能由此漸除此業，此論神異，世間難求，學者體驗必知，此解脫妙法，專為濟世，若能四海廣傳，必為上蒼施恩，於末日末劫，且證一絲光明也。

第七節、《行醫之道必專注重點不事虛張方能迅速治癒之觀念申論》

以萬事萬物發展必有其規律，而此規律為五行正論，因此必由此以做因果之衍生，如此知識病之法。

已知每個命主必有其身體弱點，故此命主所呈現之任何病症，必由此弱點開始，這就是前因，而弱點產生之理由在於此臟氣妄動，五行氣動必亟心於尋其所生，同樣必生臟器，這以八字原局干支來論，以天干必相生就容易理解這個理由。

而此受生之臟器，由於五行力強化，則必影響原本氣質之穩定平衡，由此而產生問題，這代表身體二種臟器同時產生失衡狀態，因此五臟六腑之太極循環，必於此二種五行中斷，而造成偏勝五行所指臟器之前一個臟器，其氣受阻斷不能相生而無發洩，進而持續累積，此稱為氣流阻滯，所謂阻滯即鬱結，此必生變，如水不流通則必生腐，故病必在此。

由此衍生得知，命主之偏勝五行已知為弱點，但明顯呈現之優先病症並非此弱點，而是生偏勝五行所相應之臟器，然必識此根源方能根本解決此病症，如此由於氣流阻滯所發生之病變，是否必能進一步作衍生而成厲疾，則必視命主之應對態度，自當履義而得善化，此見疾病之因果，乃明皆為自招。

再論由於太極中斷，導致氣無法再行輸入之臟器，此必逐漸呈現虛弱而失其功能，這也是產生病變之處，然而這種呈現為漸進，論隱晦不為明顯，故其影響者必為論質之腑，這個道理先不用深究，總之為同性相求，這等到此論質之腑所生病症明顯呈現，即可論為病入膏肓，難以救藥。

以上大約為識病之因果申論，重點在於明辨根源，皆必為偏勝五行，以及此偏勝五行之所生，為阻斷太極循環之處，而專注此重點而能為迅速治癒，此不事虛張之義，此間道理學者先理解，習醫之道，不僅在於治病，且要能識病，知前因後果而對變化知所應對，以此行醫之道方能得其正，此學者不可不知者也。

掌握重點而調整內心對此事件之態度，以做適當之應對，如此在整個事件發展過程中，能獲得最佳之控制，而除了既定之結果外，不至於產生其他意外不利之結果，此若以卜筮而言，這就是最重要的趨吉避凶建議。

如何做到這一點，關鍵在於事件既定結果之判定，根據事件之本質，配合學者經驗，大約能推測此事件之發展方向，但對於結果則只能猜測，並無法確定，如此關鍵無解，難以掌握重點，因此並不容易避免意外事件之產生，如能藉由卜筮，則必得結果，且能由所得卦迅速掌握重點。

故知卜筮運用之重要性，人生各種意外，大都來自於忽視事件之重點，就算經由各種歷練，累積了豐富經驗，仍未必能完全掌握所有重點，這是自然現象，蓋所謂變數為不可測，非經由歷練可得，而此不可測之變數，存在於自然之玄機，不離因果之變化，必能由卜筮明確掌握，此專注重點之法，即在於此。

此來自於易之道，若學者有此心，必有時機因緣，人生皆為自己選擇，要呈現怎樣的人生，只能靠自己積極成就，此所謂【道不自行，為人行道】者也，經方年輪第一圈，有了開始必有成果呈現，反復乾乾，即成就之道。

第八節、《咸恆有道定靜而證言為養性之始》

咸以止定，恆以緣業，止定方能言，緣業立正行，咸恆所以養性，乃修道之始。

此心水火相，時時念動妄，欲得其定，唯執志方可，而志在于公，乃能無執得失，是能緣業，而心止定，故能為正言，是以行道，故能立正行，是以圓業，能為此者，乃道性得證且不退也。

世人修法，皆執功果，論此心證，當下無心，若有境界，此心若證矣，傾刻有心，現實紛擾，此心無證矣，此證與不證，傾刻從變，唯證心妄，何來功果？此末世外道之執修，約從此也，必明心之本相，循性以引善，方得正功，執有心無心之證，是未知本來也，亦不明世道真相也。

人心不能無執，坎之性也，人心能明乃安，離之性也，是以執而見解，則道明而安住，故由此能定心矣，修道唯此爾，何必言其他？

而執有私者，邪欲其中，乃入魔之徑，而執有公者，天心在上，乃成聖之道，是知執心為本性而志有別，而佛魔由此分，是知修道必執公，乃如實之功果，不在此心自證境界也。

末日天啓，無明應劫，妄法惑世，正道難為功，咸恆之道，定心有靜乃證言，復執外道者，求自省也，此心傾刻也，是否皆盡無端矣，外道理邪無明，乃益心安，由此必可知矣，正道理正能亨，乃益心定，由此必可知矣，學者求道，見執為法障，惑心所由，當以虛心方受實也，此正明坎離道，養性至善之乾坤，學者足福緣，必得以之也，見天心，即得證道也。

五行養生術第三回主旨：【內經太素之學術研究詳論】

第一節、《黃帝內經之證乃五行水火而必行易之申論簡述》

黃帝內經為養生之必，自古以來，聖賢從之以驗證，故為世人之則。

其主言者，五行正論，引申坎體正形氣動之機，而全在水火之象形：

動行升降以為活。水火清淨無事生。
氣凝不調以為病。炎上不制以為刑。
陰陽無和以證疾。陰陽相契一世安。
炎上有節刑可免。氣凝順受病不生。

此乃證體內水火之作用，總在心平則氣和，自然一世無災，學者循習，先知此理，必有所得矣。

理明則道義，方能氣平，鑑知則理明，方能道義，習易以鑑知，方能理明，是能至善者，同在易之道，如實方徑，為諸學者指明，學者當以具信，方成乾乾，乃得應功矣。

若言循習易道，皆在心得註釋，學者能明，必由心發，仙佛提點，盡捨無明，末世之習易，唯由此。

第二節、《內經太素第十九卷知古今知要道知方地知形志所宜知祝由知鍼石知湯藥之真義申論與分析並討論思考理解衍生實際運用》

所為欲能圓滿者，皆在明事理，必明事理，方知因果，而得趨吉避凶之道，此為本節之重點，故必理解陳術之內容以作體悟。

知古今

黃帝問於岐伯曰：

為五穀湯液及醪醴奈何？

岐伯對曰：

必以稻米炊之，稻薪稻米者完，稻薪者堅，曰此得之天之和高下之宜故能至完，伐取得時故能至堅。

黃帝問於岐伯曰：

上古聖人作湯液醪醴，為而不用何也？

曰：

上古聖人作為湯液醪醴者，以為備耳。夫上古作湯液故為而弗服，中古之世德稍衰也，邪氣時至，服之萬全。

曰：

今之世不必已何也？

曰：

當今之世必齊毒藥攻其中，鑱石鍼艾治其外形。

弊血盡而功不立者何也？

曰：

神不使。

何謂神不使？

曰：

鍼石者道也，精神越志意散，故病不可愈也，今精壞神去，營衛不可復收。何者，視欲無窮而憂患不止，故精氣施壞，營澁衛除，故神去之而病之不愈者也。

知要道

黃帝曰：

余聞九鍼九篇，余親受其調頗得其意。夫九鍼者始於一而終於九，然未得其要道也，夫九鍼者小之則無內，大之則無外，深不可為下，高不可為蓋，恍惚無窮流溢亡極，余知其合於天道人事四時之變也，然余願聞雜之豪毛渾束為一可乎？

岐伯曰：

明乎哉問也，非獨鍼焉，夫治國亦然。

黃帝曰：

余聞鍼道非國事也？

岐伯曰：

夫治國者，夫唯道焉，非道何可小大深淺雜合而為一乎哉？

黃帝曰：

願卒聞之。

岐伯曰：

日與月焉，水與鏡焉，鼓與響焉，夫日月之明不失其彰，水鏡之察不失其形，鼓響之應不後其聲，治則動搖應和盡得其情。

黃帝曰：

窘乎哉，照照之明不可蔽也，其不可蔽者，不失陰陽也。合而察之，切而驗之，見而得之，若清水明鏡，不失其形也。五音不彰，五色不明，五藏波蕩，若是則外內相襲，若鼓應桴響之應，聲影之似形也，故遠者司外揣內，近者司內揣外，是謂陰陽之極，天地之蓋，請藏之靈蘭之室，弗敢使洩。

知方地

黃帝問於岐伯曰：

醫之治病也，一病而治各不同皆愈何也？

岐伯曰：

地勢使然。

故東方之域，天地之法始生也，魚鹽之地，濱海傍水，其民嗜魚而食鹹，皆安其處美其食，魚者使人熱中，鹽者勝血，故其民皆黑色踈理，故其病皆為癰瘍，其治宜爍石，故爍石者亦從東方來。

西方者，金玉之域，沙石之處也，天地之所收引也，其民陵居而多風，水土剛強，其民不衣而疊篇，其民笮食而脂肥，故邪不能傷其形體，其病皆生於內，其治宜毒藥，毒藥者亦從西方來。

北方者，天地所閉藏之域也，其地高陵，居風寒冰凍，其民樂野，處而乳食，藏寒生病，其治宜灸乾草，灸乾草者亦從北方來。

南方者，天地所養長陽氣之所盛處也，其地污下，水土弱，霧露之所聚也，其民嗜酸而食胕，故其民緻理而色赤，其病攣痺，其治宜微鍼，故九鍼者亦從南方來。

中央者，其地平以濕，天地所生物色者眾，其民食雜而不勞，故其病多痿厥寒熱，其治宜導引按蹻，故按蹻亦從中央出。

故聖人雜合以治各得其所，故治所以異而病皆愈者，得病之情知治之大體也。

知形志所宜

形樂志苦，病生於脈，治之以灸刺，形苦志樂，病生於筋，治之以熨引，形樂志樂，病生於肉，治之以鍼石，形苦志苦，病生於咽喝，治之以藥，形數驚恐，筋脈不通，病生於不仁，治之以按摩醪藥，是謂五形。

故曰刺陽明出血氣，刺太陽出血惡氣，刺少陽出氣惡血，刺太陰出血氣，刺厥陰出血惡氣，刺少陰出氣惡血，陽明多血氣，太陽多血少氣，少陽多氣少血，太陰多血氣，厥陰多血少氣，少陰少血多氣。

足陽明太陰為表裏，少陽厥陰為表裏，太陽少陰為表裏，是謂足之陰陽也，手陽明太陰為表裏，少陽心主為表裏，太陽少陰為表裏，是謂手之陰陽也。

凡治病必先去其血去其所苦，伺之所欲，然後寫有餘補不足。

知祝由

黃帝問於岐伯曰：

余聞古之治病者，唯其移精變氣，可祝由而已也，今世治病，毒藥治其內，鍼石治其外，或愈或不愈何也？

岐伯曰：

往古民，人居禽獸之間，動作以避寒，陰居以避暑，內無眷慕之累，外無申宦之形，此恬惔之世，邪不能深入也，故毒藥不治其內，鍼石不治其外，故可移精祝由而已也。

當今世不然，憂患琢其內，苦形傷其外，又失四時之逆，順寒暑之宜，賊風數，至陰虛邪朝夕，內至五藏骨髓，外傷空竅肌膚，故所以小病必甚，大病必死者，故祝由不能已也。

黃帝曰：
善。

知鍼石

黃帝問岐伯曰：
天覆地載，萬物悉備，莫貴於人，人以天地之氣生四時之法，成君王眾庶，盡欲全形，形之所疾，莫知其情，留淫日深，著於骨髓，心私患之，余欲以鍼除其疾病為之奈何？

岐伯曰：
夫鹽之味鹹者，其氣令器津泄，弦絕者其音嘶，敗木陳者其葉落，發病深者其聲噦，人有此三者，是謂壞府，毒藥毋孌治，短鍼毋取，此皆絕皮傷肉血氣爭異。

黃帝曰：
余念其病，心為之亂惑反甚，其病不可更代，百姓聞之為殘賊，為之奈何？

岐伯曰：
夫人生於地，懸命於天，天地合氣，命之曰人，人能應四時者，天地為之父母，荷主萬物者，謂之天子，天有陰陽，人有十二節，天有寒暑，人有虛實，能經天地陰陽之化者，不失四時，能知十二節之理者，聖智不能欺，能存八動之變者，五勝更立，能達虛實之數者，獨出獨入，呿吟至微，秋豪在目。

黃帝曰：
人生有形，不離陰陽，天地合氣，別為九野，分為四時，月有小大，日有短長，萬物並至，不可勝量，虛實呿吟，敢問其方？

岐伯曰：
木得金而伐，火得水而滅，土得水而達，萬物盡然不可勝竭，故鍼有懸布天下者五也，黔首共飲食莫知之也，一曰治神，二曰治養身，三曰知毒藥，藥為真，四曰制燥石大小，五曰知輸藏血氣之診，五法俱立各有所先，今末世之刺，虛者實之，滿者洩之，此皆眾工所共知之，若夫法天則地，隨應而動者，知之者若響，隨之者若影，道無鬼神，獨往獨來。

黃帝曰：
願聞其道？

岐伯曰：
凡刺之真必先治神，五藏已定，九候已備，迺緩存鍼，眾脈弗見，眾凶弗聞，外內相得，毋以形先，可梲往來，迺施於人，人有虛實，五虛勿近，五實勿遠，至其當發，間不容眴，手動若務，鍼燿而眴，靜意視義，觀適之變，是謂冥冥，莫知其形，見其烏烏，見其稷稷，從見其飛，不見其雜，伏如橫弩，起如發機。

黃帝曰：

何如而虛，何如而實？

岐伯曰：

刺虛者須其實也，刺實者須其虛也，終氣以至，慎守勿失，深淺在志，遠近若一，形如臨深淵，手如握虎，神無營於眾物。

黃帝曰：

願聞禁數？

岐伯曰：

藏有要害，不可不察，肝生於左，肺藏於右，心部於表，腎治於裏，脾為之使，胃為之市，鬲肓之上，中有父母，七節之傍，中有志心，順之有福，逆之有咎。

黃帝曰：

願聞九鍼之解，虛實之道？

岐伯曰：

刺虛則實之者，鍼下熱也，滿而洩之者，鍼下寒也，宛陳則徐之者，出惡血也，邪勝則虛之者，出鍼勿按也，徐而疾則實者，徐出鍼而疾按也，疾如徐則虛者，疾出鍼而徐按之也，言實與虛者，寒溫氣多少也，若無若有者，疾不可知也，察後與先者，知病先後，為虛與實者，工守勿失其法，若得若失者離其法，虛實之要，九鍼最妙者，為其各有所宜，補寫之時者與氣開閉相合也。

九鍼之名，各不同形者，鍼官其所之當補寫，刺其實須其虛者留鍼，陰氣降至迺去鍼也，刺其虛須其實者，陽氣降至鍼下熱迺去鍼也，降之已至，慎守勿失者勿變更，深淺在志者，知病之內外也，近遠如一者，深淺其候等也，形如臨深淵者，不敢墮也，手如握虎者，欲其壯也，神毋營於眾物者靜志，觀病人毋左右視也，義毋邪下者，欲瞻病人目制其神，令氣易行也，所謂三里者，下膝三寸也，所謂付之者，舉膝分易見也，巨虛者搖喬足，足三里穴獨陷者也，下廉者陷者也。

黃帝問岐伯曰：

余聞九鍼上應天地四時陰陽，願聞其方，令可傳於後世，而以為常？

岐伯曰：

夫一天二地三人，四時五音六律，七星八風九野，人形亦應之鍼，各有所宜，故曰九鍼，人皮應天，人肉應地，人脈應人，人之筋應時，人聲應音，人陰陽合氣應律，人齒面目應星，人出入氣口應風，人九竅三百六十五絡應野。

故一鍼皮，二鍼肉，三鍼脈，四鍼筋，五鍼骨，六鍼調陰陽，七鍼益精，八鍼除風，九鍼通九竅，除三百六十五節氣，此之謂也，各有所主也，人心意應八風，人邪氣應天地，人面應七星，人髮齒耳目五聲，應五音六律，人陰陽脈血氣應地，人肝目應之九，九竅三百六十五。

人一以觀動靜，天二以候，五色七星應之以候，髮毋澤也，五音一以候，宮商角徵羽，六律有餘不足應之，二地一以候，高下有餘，九野一節，輸應之以候閉，三人變一分候，齒洩多血少，十分角之變，五分以候緩急，六分不足，三分寒關節，人九分，四時節，人寒溫燥溼，四時一應之，以候相反一，四方各作解。

黃帝問岐伯曰：
有病頸癰者，或石治之，或以鍼灸治之，而皆已，其真安在？

岐伯曰：
此同名異等者也，夫癰氣之息者，宜以鍼開除去，夫氣盛血聚，宜石而寫之，皆所謂同病異治者。

知湯藥

黃帝問岐伯曰：
法病之始生也，極微極精，必先舍於皮膚，今良工皆稱曰，病成名曰逆，則鍼石不能治也，良藥不能及也，今良工皆持法守其數，親戚兄弟遠近，音聲日聞於耳，五色日見於目，而病不愈者，亦可謂不蚤乎？

岐伯曰：
病為本，工為標，標本不得，邪氣不服，此之謂也。

黃帝問曰：

其病有不從豪毛生，而五藏傷以竭，津液虛廓，其魂魄獨，孤精於內，氣耗於外，形別不與衣相保，此四亟，急而動，中是氣，巨於內而形施於外，治之奈何？

岐伯曰：

卒治權衡，去宛陳，莖微動中四亟，溼衣繆處，以復其形，開鬼門，潔靜府，精以時，服五湯，有五疏修五藏，故精自生形，自盛骨肉，相保巨氣迺平。

黃帝曰：

善哉。

以上節錄內經太素之所言，為衍生治病之義，或以治國或為修身，必因地制宜順時而行，總而言之，道法自然也，虛擬世間，五行制義，得明五行正論，則善法皆成，此為全文之祕，重點在此，實之者，易之道也。

第三節、《眼前道路未來夢反復乾乾終有時》

此心成志，乃執於未來，夢想成全，必在乾乾。

由太陽表證第一課桂枝湯方，為群方之首，也論為百病之源，故知此為研究身體受外邪入侵，其衍生規律之明白道路，透過表證以定湯方，此論為湯證，而此僅為基礎未為變化，中醫乃針對個人非為群體，每個人有不同之體質條件，縱使表證相同，也須根據個人條件考慮合併之湯方，或對相應之湯方做劑量之加減。

這個道理本為自然，然能合併之湯證，其引起身體表證之妄動五行必然相同或者論相剋，才能這麼做，而這些湯證醫聖並未明言，於條文中出現「其外不解者」或「外證不解」，均可確定必為合併之湯證，此必先解外證方能治裏證，這是合併湯證之重點。

而亦必研究其來由，方能理解其變化，而此眼前之明白道路就是桂枝湯證，必由此入手，必要熟悉理解後再理解下一個湯證，且必要思考二者間之因果關係，並投此湯方能完全治癒之理由，必如此步步踏實才能實踐行醫之道，學者只要乾乾反復，此未來之夢終有成就之時，此為本節重要之申論，習醫之道必由此開始，絕不可輕忽。

第四節、《太陽病脈證其分類方法分析》

分析這個疾厄分類，主要在於選擇湯證之確定，分類之法同性以相求，而不為誤判，此為重要目的，太陽病脈證之分類，分上中下篇，以各湯方相應特定之病脈證而行分類，上篇計十八證，中篇有二十八證，下篇八證，總計五十四證。

於傷寒論之內容，各湯方前面之申論就是病脈證，患者為相同病脈證者就是用此湯方，所以只須識得此病脈證，就能得知正確之投藥，而進一步該注意的，自然是為劑量，此為進一步之申論，學者先不用深究，先熟悉此病症之判斷，也要針對相應之湯方，理解能治病之理由，如此才能知其變化而知應對。

這個部分其內容均在傷寒論中，先留給學者自行研究，關於其中之藥方，必配合神農本草經，如此思考治病之理由，並參考內容之集註，如此學者就能有所體會。

本文主要申述其醫理，非執此業之學者，不著于實用，而在理論之領會。

第五節、《古代經方譜新章青燈古卷夜思長學術衍生必不離本質之重要申論詳述理解》

經方學者，本由表證尋湯方，專研病症與藥理之對應關係，然不由五行，專注統計研究，故必複雜紛紜，自古以來，內經、經方兩派學者，所存在之根本爭議即在此五行，甚至有著名之經方學者，直論五行配五臟為錯誤之申論，而這必然是無知醫道本為五術之中故有此論。

五行之道即自然，萬事萬物不離乎此，何況於身體五臟？內經中之記載，清楚明言五行五臟之關係，怎能對此無視而發此困惑之言，研究經方單以病症藥理相應之角度而不由五行，必難譜出新章，蓋變化無窮無盡如何徹底研究？

這是方向錯誤偏離正道所繞行之遠路，伏義聖人以八卦象萬物，由簡而繁，以易馭變，萬物之理已在其中，八卦即五行配合方位之衍生，五行之理即在其中，同樣必能以五行之道理解世間萬象之變化。

青燈古卷夜思長，細細思量此天地五行自然之道，辨其陰陽與虛實並五行特性之進退，由此理會表證相應之湯方，其中五行作用能為治癒之理由，如此才能真正理解古經方之真義，欲譜出新章必要由此，要見識全新的世界，執著己身之成見必不可得，枷鎖為執念，欲除枷鎖必無執，要得寬廣，自由無拘束，自必尊崇自然以天地為準，以五行為真實道路，則人生無迷惑。

五行正論，為自然之中五行變化，為自然天地之道，萬物衍生發展不離於此，元亨利貞，在於乾乾，五行終離，此自然之理，事物之本質衍生必不離此，而養真以修道性，而成仙道，真實之法，即為九天妙道，此九天妙道五千年一傳道，於此時因緣際會再傳，在【九天妙道真實說】，諸學者必具足福緣方得識此，必知珍視。

五術依五行。缺一不圓滿。太極陰陽轉。化生須兩儀。陰陽分四象。
成卦是為八。時空具萬象。變化在五行。水木火土金。因果即相循。
大道皆在此。毋須費猜疑。五行立五術。本來不相離。太極無所缺。
運轉由咸恆。咸恆達大道。坎離成既定。陰陽復如是。乾坤亦如一。
反復又乾如。五德真化成。元亨以利貞。赤兒終練成。五行終離脫。

世界自由行。此為成道路。妙法現此中。人人皆能悟。離脫五行中。
此道難言道。此名亦無名。山醫命相卜。唯獨此心中。萬法具萬象。
同在此心中。九天真妙道。明白說如此。

以上五言詩為神仙秘傳，即【九天妙道真實說】，學者能習五術必有因緣，多為求道宿世心願，有緣聞此道，必要能珍視，福分絕非輕，為道行所轉化，行必正，無偏移，積極反復，為成就之重點前提，此間道理學者須自行體悟，用心以觀，就能得知真切，道不可道，盡在於此。

第六節、《太陽表證第一課所論湯證為桂枝湯方之申論與分析詳述衍生對前人知識之理解仰望》

經方第一證為桂枝湯方，於傷寒論中為最優先陳述之病脈證，這個安排必有其重要意義，而此為始，即為初，可論為百病之源，由此衍生其後排列之次序，必由此根源衍生，也就是第一課之表證，屬於第二課表證之根源，而第二課之表證，即為第三課表證之根源，此即為因果之論，欲理解傷寒論必由此著手。

而相對於各病脈證所投之湯方，也必由此因果進行推演而得，而所用之方法同屬五行特性，謂五行正論，這是內經學者所堅持，本即是如此，有些學者認為傷寒論之藥理，乃經驗累積偶然而得，屬於統計，而此多為經方學者，甚至質疑五行相應於五臟之合理性，這是以今人之角度看待先人，以為先人無文化，知識不充足，此井蛙之角度，如夏蟲不知冰，如何語之，殊不知先人之成就，今人實難以企及，這類實證往後必一一浮現，足令世人驚愕。

由此傷寒論，首論太陽病脈證，已知首證桂枝湯方治百病之根源，故由病之始，大約可由此獲得治癒，若患者呈現之症狀已非首證，則以相應湯證為之，如此獲得治癒，這是傷寒論之運用，其中包含病人體質與症狀呈現之程度而該為之藥劑增減，這必要臨床經驗或者進行卜筮方能確認，此知卜筮為彌補經驗不足之法，為五術行道所必備，學者不可不知此。

第七節、《不識廬山真面目只緣身在此山中學術研究之思考角度綜合申論與分析理解討論》

入世不以出世觀，終迷歧途不為還，學術研究即如是，同樣道理不為難。

人間此道失迷途。此是本來真樣貌。通曉本質勿自迷，謹慎規矩圓道路。
中正實在行微步。逐日功成名就塔。靜心定性且反復。磨劍十年方可期。
令心無妄無急躁。咸恆止觀乾乾行。砥礪自性履堅冰。欲習無惑直方大。
或躍過淵以堅決。得失由天是福緣。無成有終堪為喜。無咎無譽雖平凡。
因果不雜這世間。同樣圓滿真大道。乘龍在天實大業。名利具現足誘惑。
不為黃裳不元吉。若逞亢龍必有悔。此時戰龍生于野。不再為首行永貞。

既圓此業不為執。無邊逍遙是乾坤。世間大道在此間。若知理會得此道。人生必有圓滿日。無私無欲無貪求。心終不妄終定靜。百年反復回本來。

此為臨學申道，計三十二句七言，名之為「九天真實解」，為學者修行乾坤五術之心法，乃晉階仙道之徑，世間無傳，於末法之際明列於此，能為引善定心之道，學者持誦入心，當能无妄而殷實道性，末世天劫，其招禍者，皆在不能定心也，能自制於此，則災劫可避，是知九天真實解，亦末世救贖之一法也。

世界末期，不足百年，人間靈子，猶不識末日真相，復日日追逐於名利成就間，不知死之將至，仙佛言之諄諄，無奈世人聽之藐藐，學者既有緣聞此真相，亦當以定志矣，所能為者，收拾虛執，明佈世間真相於眾，此當證于道性，而實助仙佛者也。

復言學術，學術研究必不離於本質，如此方能不偏移而無窮衍生失去本來之樣貌，不忽視這一點，才能做正確的學術研究，欲求得本質，則必先「出」以觀全貌，依此全貌得其特性，再依同類取象而能了解本質，如此以「進」直入山中，理解內容，研究分析，並衍生思考，確定前因後果，再定結論，此為學術研究最為標準正確之方法。

任何以偏概全，或僅知樣貌不知內涵，均不能得其真實，若依此而行偏執，自然難窺大道，不見本來，不識廬山真面目，只緣身在此山中，這是學術研究最常犯的錯誤，人性必執著深入，容易迷失於歧途，若不知全貌，行道越偏，終難得出，故必知反覆以觀全貌，毋失其本質，如此則明方向且知極限，而無偏執終獲真實，從研究學術之角度，必在理解其中之道理，進而衍生實際之運用，故正確的學術研究方法至關重要，學者必要能理會，此間道理必要由悟。

衆為迷相，學術本質在於此，若為迷途而深入，為失其道，必無法自行復反，故須以達觀，不為偏邪，方能不入歧途。此由學術研究體會人間真象，重點均在理解本質，而後知極限，而後知不可勉強之處，而能為實際，而能有成，如此無偏執，不為非想，成敗得失歸於天，如此知隨緣，自能逍遙。天地寬闊，如實自由，井困拘束，所為在己，得失亟心，必要迷失，因果相隨，業身枷鎖，不離輪迴，此間至道，即是真相。

第八節、《東瀛漢方重千金國人棄之若敝屣人性在手不珍視若悔失途誰可及自失其福堪愚痴力行挽回嘆無期》

近代百年以來，中華領導人物崇洋媚外之風甚熾，大都沉溺西方思想教育，崇尚西方科學，視傳統文化為落伍，積極除舊，強烈進行改革，致使流傳數千年之中華傳統文化，遭到嚴重之破壞，此論文化革命，實為中華民族之浩劫。

此為會運因果之必然，有生則滅，然而歷代聖賢諸多心血付之一炬，心中悲痛又豈是言語所能形容，雖由易之理終必有始之義，然待天時，茫然不知何時方能重現。

如今既歷百年，為易道所言變異之數，時空環境展開新的循環，似乎曙光重現，然一切面目早已相異，相關於人性之要求已無倫理道德，隨心所欲毫無忌憚，強化人權無限引申，是以天地亂象層出無窮，此由啟蒙之始，人格教育不由師道，而尊崇西方思想教育，即種下此亂世之根源，諸如此類之明證不需贅言早非新聞。

以鄰近謂東瀛之國度，為亞洲國家論最早西化之一，然依其強烈之民族性，亦無自棄其固有之文化，而是將外來文化去蕪存菁而利益國民，甚至進一步求得精進更勝外來，相較於此，身為中華民族實愧對祖先，必自覺汗顏，人生所重者在於傳承，以此濟世，立言立行，立功立德，而為後人榜樣，以建來世之太平，所為能如此，自不為人性所迷惑，而能分得輕重知所取捨，而知所重者既為正，積極反復於此必能光大發揚，如此人生可曰不枉。

東瀛漢方值千金，國人棄之若敝屣，為他人之珍寶，事已至此，傷春悲秋無用，唯重新再造或能挽回，此賴諸學者重現五術之正，散發成道之種子，如此遍地開花，必有其時。

此本門之重要使命，是為亟心之願，匡正以除邪，此天時已至，為九天妙道現世之機，諸學者必能見證。

第九節、《養生至善必在養心之正論簡述》

養生則尚醫藥，欲動活則主健身，此為世人之見執，長久以來，乃不得申辯矣。

仙佛所造坎體正形，其妙者，乃行復皆自全，不依從于外，唯定心于水火，則常保如新，是明醫藥，為不得已之手段，非救急者，不輕以之也，復明健身，為悅心之手段，蓋動心有利，則情快也，能除心滯，故為動活，然若此心能保清淨，其心無滯，則不在健身，亦全動活。

是明善養者，必養心也，不在見執於眾觀，所有寬緩之疾，人體皆能自除，只要正心以定，無自妄作，理明水火之氣機，制九氣之濫觴，則體自全矣。

五行養生術第四回主旨：【養性修道在情緒降伏】

第一節、《情緒之五傷與疾厄因果之詳述並節制情緒之正法申論》

情緒概分五類，憂傷脾，恐傷腎，怒傷肝，悲傷肺，亟心之喜能傷心。

此黃帝內經所明言，情緒為神識之表現，其始發均為心，可稱為意念，意念之陰陽，分主動與被動，能為主動者，乃氣之導引，必從仙法也，世人難為學，是意念之發而變氣之機，皆為被動矣，能為者，明理定心而已，此必習易，而明人間事理因果，更明人生所宗正志，則情緒之發，縱障業牽引，亦必能有所節矣，此為定五氣之實方，有心皆能得也。

復言情緒之燥妄與身體疾厄之因果，情緒五行，各傷五臟，五臟必行于表，乃榮衛之毀，是外邪得以侵，乃証其疾，人體之太極自成渾圓，唯由內刑，方成其毀，是外邪之侵乃應其機而已，全因皆在己，乃情緒自傷也，是知能為節且善引，則人體太極固正，病災無所由也，此養生之絕對，諸子當明也。

由此以衍，世人之醫道，已多行反錯也，雖言預防道，然人心自憂，乃自傷也；而行治療法，乃刑太極，實更傷也，此世人深執信，已無能言也。

由以上所言，主論情緒與疾病之重要關聯，由此衍生而得養身之道在於情緒之控制，此為養性修道，本即相關聯，此間道理學者必要理會，也必要重視不適當情緒之破壞性而知節制，而能學習穩定情緒，凡事均能輕鬆面對，這是最必要之態度。

欲控制情緒，首重在於此心執念之理解分析，蓋情緒均為執念所生，執念深之處，情緒必容易引動，執念若為淺或非所執，大都能輕鬆看待而不影響情緒。

由此知控制情緒之法在於思考此執念之根源，並能理解執念之正與邪、是與非，對能引動情緒之各項事件，要能分析實際上之利害得失，若能論吉者自然不應產生不當情緒，若為論凶者，則思考改進，此作情緒之檢討，也能避免產生不當情緒，如此反覆演練，則能將情緒之引動皆轉化理智，更能由此生智慧，或能為激勵自己上進，此皆有所得。

故由此可知，我執重者必小心翼翼，恐懼刑傷，若遇相害，則情緒必受引動，必要能分析這些事件之吉凶影響，而以相應吉凶之態度進行檢討改進，如此情緒必得控制，此為主要學習之法，深具實效，此賴學者親自體驗。

至於開智慧，能理解分析因果，能隨緣自在，不生嗔怒、喜悲、恐懼，此屬養性修道，為修身之日常功夫，當然亦有助於此，然修道未能成就之前，仍受五行掌控，難捨情緒，必藉此法學習控制情緒，此法至為重要，學者必要能運用，且積極演練，以求熟悉掌握。

學者匡扶五術正道，於此魔道紛紜之世代必為艱難，而能引動情緒之事件也必無窮無盡，此皆論學者之考驗，必要能輕鬆看待，必藉此衍生智慧，而得控制情緒之法，此非易與，然必要由此磨練，孟子所言：天將降大任於斯人也，必先苦其心志者此也。

第二節、《情緒之來由詳述與申論與思考理解》

情緒來自於我執，此為真實來由，相關於我執，即論宿業，為業障，故言情緒可論業報，為情緒真象。

由控制情緒之法，大約能處理多數之情緒，然必有少部分，縱使能分辨結果之吉凶，而以控制情緒之法仍然難以釋懷，甚至易為激動，這種狀況學者必有如實經驗，此論非一般之情緒，必屬於學者之潛意識，可論潛意識遭到引動，這必屬於學者之宿業，或者長期不能滿足之缺憾，白話而論，皆可歸類於尊嚴，故比較難以理智看待。

這種最佳解決之法，還是一樣理智分析，這種尊嚴對於所重之執是否有利益，而思考其取捨，基本上尊嚴必對學者志業產生傷害，但能藉此尊嚴激發向上之動力，學者若能適度之運用則皆為福，故知情緒皆可視之為吉，必要強化深植這個觀念，人生才能不斷進步，此間道理必要能理解，且必學習激勵之運用。

執之道，為人心之必，知不可捨，故為去執，只能以執化執，而執以正，能無私而應天心，乃大道之正行，人生之所宗，仙佛教化盡為此，故臨澤于天下，以正施濟，乃如實之修真，而無執私之求得，乃得寬情緒，而妄行有所節，此法在明道行易，必要有學，而正有心，則人人可為。

此以去執之法，而得解不適當之情緒，更藉之以成定心之功，此成道性之必，乃實證人生意義，學者聞此，必當有思矣。

第三節、《有效之激勵必在於成就感之創造此理之詳述申論》

由於執念可造成情緒受引動，大都可論為負面，這對身體之影響甚至於行為，均不論為有利，除了控制情緒，依此避免產生不當情緒，同時要能學習自我激勵，這是能將負面情緒消化而為正面情緒的最佳方法。

而激勵重點必在於期待之目標，若能強化這個目標，思考達成目標之成就感，必能為鞭策，而使自己能夠奮發向上，這是以此執去他執之法，是自我激勵所能產生之明顯效果。

人生必立志，此志向為理想之目標，一旦積極於此，則其中過程必不為所苦，一切情緒也能放下而為正面，如此踏實前行，成就必有其時，這是自我激勵之實際運用，故知立志為激勵自己之前提，然如何立志，或所立志向是否理想，此必為絕對重點，否則不僅難為激勵，更足以破壞自信，所以必要能正確的立志。

基本上由命主本身之能力條件，這包含環境、人際關係、家庭教育以做衡量，此方為實際，所立之志方能正確，而事實上也必要為命主所樂意進行之目標，才可能積極持恆，而能真正成就。

成就感來自於內心的滿足，為心之所向，是命主的執念，由基本人性，能有所得則必有所滿足，如此而為激勵，才可論為實際，而能為鼓勵，故能堅持積極前行。

以滿足內心需求所產生之成就感，對於人性而言，此為最重要之鼓勵，由此而能說服自己必能成功，如此在遭逢困難之時所為之激勵就能為實際，任何立志之目標，過程中若缺乏成就，則必中途退轉而無法堅持，故終無成。

以人心離坎之設計，最大成就感之來源，即是獲得眾人之依賴，即為眾人之所需，而得引領眾人邁向圓滿之境界，古今聖賢，所為如此，雖應其心之私，然全大公之行，為應天道之心，實證仙佛本事，故道性得全，而見仙靈化生之必。

學者由此，人生經驗縱使挫敗，亦能逐步踏實而得心定，故一生傳道，可為人生究竟志業，傳仙佛真，正是回歸理真之捷徑，由此激勵人生，必得證乾坤大道，而於情緒能自有節，不復為八風刑傷，亦不復見九氣自毀，是得養生之正也。

此由立志于天下圓滿，而為最佳激勵以養自性，而得履道義以節情緒，此為仙佛本傳，人生之真實目的，深願學者皆能以之也，末世究竟，皆靈子自得，仙佛引善，乃待世人自成也。

第四節、《情緒必來自於業障之絕對理由申論》

所謂業障為宿世累積之業果，為不得圓滿之處，或欠他人之債，或未完成之心願，或為恩仇，或屬積怨，夾帶此業障而入世而成八字，是知八字命盤所呈現者為因果，以命主必有其所執，此真實為業障，行之於八字即為用神，本心之所向，明顯為心之所執，而此執者即為情緒之所發生，為放不下之處，故行為受此拘束制縛，不得自由。

以八字用神所受流年納音之影響，而生力量強弱之變化，而此用神強弱代表命主是否能夠發揮，發揮則能順氣，否則必為抑鬱，由此情緒自然不同，此為情緒來自於業障之絕對理由，重點僅在執與不執之間，是知放下吾執，則情緒難發，而此道在真相能明，以申正人生之志，此皆易道之所言，聖賢之行，仙佛之願，即為公而忘私，施澤于天下，為真正寬執之法。

今人不明於此，尋機弄巧，執私而求得，此積極方向錯誤，自然越偏離正道，或者行善必帶條件，是為有求，雖生善果，然不能化宿業，一旦業障討報，不能減輕或避免，所為努力盡付流水，如此反覆輪迴之人生，正是在於不明此理，由此知發心濟世助人之必要性，為脫離輪迴之唯一前提，即五行正心術，要能解除不適當之情緒，讓人生圓滿順利，即在於此。

第五節、《身體內部氣流阻滯與可能衍生病症之申論與描述》

阻滯之氣為艮，其錯為兑，必為破壞，故身體內部氣流阻滯之處必有病變，而此病變所呈現之表證，必然是體表身體相應之處，其中至關緊要者，自然在於五臟六腑以及頭部，其餘部分氣流阻滯所產生之症狀，大都為痠痛搔癢，此皆容易解決，非五臟六腑頭部之重要性。

如為五臟六腑之氣流阻滯，這自然是妄動五行所產生，所呈現之表證，必先出現相應部位氣色之變化，必為加深，而漸呈暗黑，故臉部氣色灰暗大都論災厄，蓋身體五行出現妄動有意外之象，故能如此論，而氣色惡化，則代表此臟腑疾病已生，此時相應部位之氣色必失光澤而為粗糙，再進一步，相應部位必生變化，或為浮腫，或為凹陷，此時相應之臟腑功能已出現問題，這是氣流阻滯所令臟腑必然產生之變化。

若為頭部，血依氣行，頭部之血管甚細，因此氣流阻滯容易造成血管阻滯而為腦中風，這是直接的症狀，較無徵兆，可論速疾，而此成因大都與肝臟有密切關聯，理由在於肝主血，論筋骨，可為血脈，故問題在於肝，以肝論震卦屬木，而頭為乾卦屬金，金本剋木，故頭部之血管多細，也代表容易出問題，若肝論弱則血管論虛，自然由此出問題。

以上所申論，為氣流阻滯所形成之身體各表證，而是否因氣流阻滯而再衍生其他病症，這實屬必然，阻滯所造成的身體五行不平衡，必然造成此相同太極之其他部位失衡，以上包含了面相之觀點，也是五術上配合之運用，是知五術習全之重要性，學者必知此理，往後必能體會。

五行養生術第五回主旨：【治病之本論陰陽滅疾之法存乎心志】

第一節、《軒窗夜話話半夏是非成敗一念間人生得失在于自己之選擇絕非宿命之重要道理申論詳述》

起心動念以為積極，持恆累積終得成果，此為因果之宿定，萬事萬物化成之理，亙古皆無改，要能成就一生必由此理，絕非命定，若以為八字所論即為一生呈現，則必為其所誤矣。

人生路途之各項選擇，大都為心之所向，即心之所執，由此而有得失之別，所謂吉凶之論，成就關鍵，即在於人之所執是否論正確，而能在環境條件、行為能力、主要人際，均能支持個人之所執，如此方可能為成就，認清這一點才有機會成功，若無視於此，則人生之選擇難免由於業力之牽引而為錯誤，甚者難以挽回而一生黯淡。

是非成敗一念間，軒窗夜話話半夏，尋得正確的人生目標，集中精力於此，日月積累，積沙成塔，自然漸而能成，此人生選擇絕非宿命，然必要具備積極經營人生之心態，如此而能重視這個選擇，方能找到正確的目標，這是邁向成功的第一步。

此以定志之理，而得正心，乃心無所妄，故五行能安，體內五氣和平，是得養生之正，問養生之法最如實者，即在立志，若明人道之所宗，乃申中心願，正應天心，則仙佛庇佑，自當一世無災。

人生經營得失，全在心之所向，本一己之選擇，執障深者不能恆志，皆在此心動妄故，乃證為坎，必生隳惰，是終自棄，此實見疑也，故心動妄不定，此疑即障業，應內心無明故，聖賢多言無明，乃從易循知，為君子大道也，是人不能無學，乃啟智慧菩提之徑，欲復本來，回宇宙真實境，亦必由此也。

復論宿命者，本魔道之惑，世人執信深，乃受拘束於障業，故凡事言福報，有為論功德，求未知之來世，而厲厲於一生，故執於迷道：

寧信上師，而不求真理。
問心悔懺，而不行正業。
妄而求佛，而不以定心。
肆欲伸志，而不循道義。

諸子臨觀，皆為世人具象，末世無明劫蓋言此也，是知欲得救贖於末世，唯賴自明也，欲能無惑而心定，唯賴自學也，此自明自學之道，其徑由悟，而如實者，皆本在易之道也。

此由正志，而得定心，以成養生之道，復除無明，而能全志，終捨行妄，乃得人道之所宗，而圓人生真義，此道理真，皆得亨利，人生夢一場，諸子當明之也。

第二節、《九氣之論相關情緒對身體之嚴重影響分析與申論並衍生實際運用》

內經論九氣，皆屬情緒所發，必令五氣不和，持久必生疾病，此九氣為【怒、喜、悲、恐、寒、炅、憂、勞、思】，尤其以怒喜悲恐憂思這六種最為直接，最為嚴重，剋應最速，最須避免，而自必由控制情緒方能避免九氣發生，上回已言情緒控制之法，本節專論此六種九氣所能影響之臟腑與相應疾病之原由。

《第一》先論怒

怒則氣上，此氣論離火，氣上論妄動，以火必洩木氣，故損者為木，而益者為土，然妄動足以破壞平衡，故火土所屬五臟成為弱點，而木所屬肝必優先受傷，此具洩木氣之象，同時也有阻滯之象，故為衰弱加鬱結，如此出現之疾病自然嚴重，以現代所產生者大都為肝腫瘤或肝癌，這與現代之生活環境有關，毒素過多也有關，要預防這種疾病必要能控制怒這個情緒，是知怒必傷肝。

《第二》論喜

亟心之喜能傷心，然喜則氣緩，如何而為亟心，其實此論為興奮，具強烈期待而引起之情緒，大約可論為此，氣既緩再加上興奮，為上下氣不接，如同發生中斷現象，興奮之情緒心臟必快速跳動，而又上下氣不接，長期發生必令心臟乏力，心臟主全身血脈之運行，故心臟乏力所造成之身體影響為全面性，所以五臟皆論，而以傷心來做代表，是知亟心之喜能傷心。

《第三》論悲

悲傷肺，其氣消，氣消為洩，為氣衰弱，肺為氣之運轉，長期氣衰弱，肺之功能必為弱化，所以必傷肺，此理由單純，依此知悲傷肺。

《第四》即恐

恐傷腎，恐則氣下，此氣同為離火，氣下為坎象，如同收斂，類似阻滯不通，以腎為仰盂，最容易承此氣下之離火，而造成腎盂之阻滯，故直接傷腎，此理由單純，依此知恐傷腎。

《第五》為憂

憂傷脾，憂則氣亂，氣亂離象，此氣本為離火，故論為散，氣散不為聚，氣不聚則心不定，如此生心煩意亂，直接傷害脾胃，蓋心與脾一火一土，可論因果相連，所以如此論，是知憂傷脾。

《第六》論思

思也傷脾，思則氣結，氣結論停滯，思由心，停滯之氣在心，心之氣停滯必然傷心，傷心亦傷脾胃，不直言傷心而言傷脾，是因為脾受傷並不易呈現，故論傷脾而知警惕，是知思傷脾。

由以上六種九氣所申論對五臟之嚴重影響，欲為養身必能理解調整情緒之重要性，也能由此衍生各種嚴重疾病發生之主要理由，就是錯誤情緒之影響，既如此論，則於現代環境中，包含飲食生活環境各類毒物，對於嚴重疾病所扮演的角色又為何？

以這些毒物而言，絕大部分在健康的身體之下，透過五臟之運作，都能自行排除，所以不論為主要重點，然而若五臟之功能不健全，必有加速惡疾產生之狀況，以現代人多不重視情緒之控制，由此惡疾橫生，這是最真正的理由。

自古養生之法，著重心平氣和，故論清心寡欲，故論寬宏大量，故論隨緣知足，故知其行莊重有節，其行斂藏忌盛，其行緩步無亟，其行應乎自然，如此而知養身，故能一生無疾，此間至理，必能體會，現代多數人之問題，大約在此。

習醫之道，能治未病者，皆在於除九氣，必先明白這個道理，方能於疾厄之未生而能予以遏止，而此法必重情緒之抑制，如何做到，必由事理進行叮嚀勸說，如此而已，能否由此接受而改變，必只能隨緣，這點先理解，故知習醫者，須明衍生情緒之事理，此必由易之道方能透徹，此為習醫必習易之重要理由，學者必知此。

第三節、《走進半部傷寒論如今方恨識君遲》

人之所重者，財情運體四項，其中身體一旦有所發生，則其餘皆無益，是無健康則無一切，由傷寒論明言疾病因果，若能據之而為養身，則人生能為精彩，不為疾病所困，今人對於健康之觀念，大約皆賴藥物控制，且依賴醫生之言語，對於養生之道並不重視，或者雖明健康之重，然無正法，不知如何養生，皆由他人之言，既知身體攸關性命，何可輕易假手他人？故必要學習以明白，方得如實經營人生。

持誦傷寒論即為學習之正法，而何為正確持誦，即由傷寒論中各湯證之條文，反覆熟悉表證所相應之湯方，而能似有所感各湯證之因果理由，進而理解其中之規律，依此規律為準則而行變化之方。

這個道理該屬自然，然於實際之運用難為踏實，畢竟攸關人命故必躊躇，行醫之道，其絕對困難在此，而相關於體質之變化或隱藏之惡疾，或人之將亡，此非盡然能由表證得之，諸如此類，純由醫之道必有所失，而若能藉由卜筮，則此類疑惑皆有辦法解決，行醫靠經驗，同時在絕大程度上依賴運氣，此不可得知之變數，必然嚴重影響行醫之道，不可不慎者此也。

所謂病非必皆能治，心死者無救藥，自死者無救藥，死期至者無救藥，因果業力無救藥，此必要由卜筮才能如實判定，此知五術必相成，縱使熟透傷寒論，不由卜筮仍必有所失，此走進半部傷寒論，未知卜筮，而明識君遲之憾恨，此理清楚明白，學者習醫必由此，必習卜筮方能容易圓滿，大幅度減少意外發生之機率，而成就於此。

第四節、《天地之道即為陰陽為萬物之綱紀論治病之本之申論》

治病之本在于陰陽，為五氣調和，節度損益，損有餘補不足，妄動以剋洩，阻滯必疏通，皆由此以除疾，故須知有餘不足者何，妄動阻滯者何，方能掌握治病之方，此即陰陽之道，為自然之理，故言此治病之本在陰陽。

黃帝曰：

陰陽者天地之道也，萬物之綱紀，變化之父母，生殺之本始，神明之府也，治病必求於本，故積陽為天，積陰為地，陰靜陽躁，陽生陰長，陽殺陰藏，陽化氣陰成形，寒極生熱，熱極生寒，寒氣生濁，熱氣生清，清氣在下則生飧泄，濁氣在上則生䐜脹，此陰陽反作病之逆從也，故清陽為天濁陰為地，地氣上為雲，天氣下為雨，雨出地氣，雲出天氣，故清陽出上竅，濁陰出下竅，清陽發腠理，濁陰走五臟，清陽實四支，濁陰歸六府。

此環境陰陽變化之道，必分清濁，衍生于人體之徑路皆必如此。

水為陰火為陽，陽為氣陰為味，味歸形，形歸氣，氣歸精，精歸化，精食氣，形食味，化生精，氣生形，味傷形，氣傷精，精化為氣，氣傷於味，陰味出下竅，陽氣出上竅，味厚者為陰，薄為陰之陽，氣厚者為陽，薄為陽之陰，味厚則泄，薄則通氣，薄則發泄，厚則發熱，壯火之氣衰，少火之氣壯，壯火食氣，氣食少火，壯火散氣，少火生氣，氣味辛甘發散為陽，酸苦涌泄為陰，陰勝則陽病，陽勝則陰病，陽勝則熱，陰勝則寒，重寒則熱，重熱則寒，寒傷形熱傷氣，氣傷痛形。

以上為陰陽之論，此相對於人體陰陽氣之變化與呈現之表證，均能由此推論，其間之道理，均不離陰陽乾坤之性，學者對於這一點需理解而能體悟，而以熟記為目標，此必賴學者積極，此為認識表證之基礎，絕不可忽視。

要能明白此陰陽之道，仍在於熟悉入心而已，古來習醫正宗，內經傷寒論，持誦所必須，藉由日日持恆反復以行體會，現代習醫者並不重此，實言難以圓滿，故難精深，此崇洋之誤，世道如此，也無可奈何，只能積極發揚此醫道以待天時，此真實為救世，為我輩中人所為亟心者也。

第五節、《黃帝內經卷五五臟命分專指精氣神之重要含義申論》

黃帝問於岐伯曰：

人之血氣精神者，所以奉於生，而周於性命者也，經脈者，所以行血氣，而營陰陽濡筋骨，利關節者也，衛氣者，所以溫分肉充皮膚，肥腠理司關闔者也，志意者，所以御精神收魂魄，適寒溫和喜怒者也。

是故血和，則經脈流行，營覆陰陽，筋骨勁強，關節滑利矣。衛氣和，則分解滑利，皮膚調柔，腠理緻密矣。志意和，則精神專直，魂魄不散，悔怒不至，五藏不受邪氣矣。寒溫和，則六府化穀，風痺不作。

經脈通利，支節得矣，此人之常平也，五藏者，所以藏精神，血氣，魂魄者也，六府者，所以化穀，而行津液者也，此人之所以具受於天也，愚智賢不肖，毋以相倚也，然其有獨盡天壽，而毋邪僻之病，百年不衰，雖犯風雨卒寒大暑，猶不能害也，有其不離屏蔽室內，無怵惕之恐，然猶不免於病者何也，願聞其故？

岐伯對曰：

窘乎哉問也，五藏者，所以參天地，副陰陽，而連四時化五節者也，五藏者，固有小大，高下，堅脆，端正，偏傾者，六府者，亦有長短，小大，厚薄，結直，緩急者，凡此二十五者各各不同，或善或惡，或吉或凶，請言其方。

心小則安，邪弗能傷，易傷以憂，心大則憂不能傷，易傷於邪，心高則滿於肺，中意而喜忘，難開以言，心下則藏外，易傷於寒，易恐以言，心堅則藏安守固，心脆則喜病消癉熱中，心端正則和，利難傷，心偏傾操持不壹，無守司也。

肺小則少飲，不病喘喝，大則喜病胸，痺喉痺逆氣，肺高則上氣肩息欲欬，肺下則居賁迫肝善脇下痛，肺堅則不病欬上氣，肺脆則善病消癉易傷，肺端正則和，利難傷也，肺偏傾則胸偏痛也。

肝小則安，無脇下之病，肝大則逼胃迫咽，迫咽則喜鬲中且脇下痛，肝高則上支賁切脇急為息賁，肝下則安胃脇下空，空則易受邪，肝堅則藏安難傷也，肝脆則喜病消癉易傷也，肝端正則和，利難傷也，肝偏傾則脇下偏痛也。

脾小則安，難傷於邪也，脾大則善湊食而痛，不能疾行，脾高則食引季脇而痛，脾下則下加於大腸，加於大腸則藏外善受邪，脾堅則藏安難傷也，脾脆則喜病消癉易傷也，脾端正則和，利難傷也，脾偏傾則喜瘈喜脹。

腎小則安，難傷也，腎大則喜病腰痛，不可以俛仰，易傷以邪也，腎高則善背膂痛不可以俛仰，腎下則腰尻痛不可以俛仰為狐疝，腎堅則不病腰背痛，腎脆則喜病消癉，腎端正則和，利難傷也，腎偏傾則喜腰尻偏痛。

凡此二十五變者，人之所以喜常病也。

黃帝曰：

何以知其然也？

岐伯曰：

赤色小理者心小，粗理者心大，無胸骬者心高，胸骬小短舉者心下，胸骬長者心堅，胸骬弱以薄者心脆，胸骬直下不舉者心端正，胸骬倚一方者心偏傾也。

白色小理者肺小，粗理者肺大，巨肩反膺陷喉者肺高，合掖張脇者肺下，好肩背厚者肺堅，肩背薄者肺脆，好肩膺者肺端正，脇偏竦者肺偏傾也。

青色小理者肝小，粗理者肝大，廣胸反骹者肝高，合脇菟骹者肝下，胸脇好者肝堅，脇骨弱者肝脆，膺腹好好相得者肝端正，脇骨偏舉者肝偏傾也。

黃色小理者脾小，粗理者脾大，揭脣者脾高，脣下縱者脾下，脣堅者脾堅，脣大而不堅者脾脆，脣上下好者脾端正，脣偏舉者脾偏傾也。

黑色小理者腎小，粗理者腎大，高耳者腎高，耳後陷者腎下，耳堅者腎堅，耳薄不堅者腎脆，耳好前居牙車者腎端正，耳偏高者腎偏傾。

凡此諸變者，持則安，減則病。

黃帝：

善哉，然非余之所問也，願聞人之有不可病者至盡天壽，雖有深憂大恐，怵惕之志，猶不能感也，甚寒大熱弗能傷也，其有不離屏蔽室內，又無怵惕之恐，然不免於病者何也，願聞其故？

岐伯曰：

五藏六府者邪之舍也，請言其故，五藏皆小者少病，善焦心愁憂，五藏皆大者，緩於事難使憂，五藏皆高者，好高舉措，五藏皆下者，好出人下，五藏皆堅者無病，五藏皆脆者不離於病，五藏皆端正者和利得人，五藏皆偏傾者邪心喜盜不可以為人，平反覆言語也。

以上所言為五臟六腑二十五種吉凶善惡，為人體與生俱來，主要著重在這種變化之吉凶呈現與變別善惡之法，其中並不言及六腑變化，此於內經中亦有明言，在此略而不述。

本節主要在令學者理解，此五臟六腑之形狀也分善惡吉凶，而與人之情緒與可能病症相關連，而這也必與五行之特性關聯，且必由五行之理推演而出，這是學者該思考理解之處。

第六節、《五臟六腑先天二十五變吉凶皆可由日課以明斷之簡述衍生運用》

依五臟而言，為小、高、堅並端與正論為善，而六腑則以長、小、厚並結還有緩論善，這臟腑二十五變所呈現之吉凶，於內經中皆有明白之描述，故重點在於如何分辨人體內五臟六腑之形狀善惡，而這個方法於內經中亦有描述，然不甚清楚，就算明白內經之含義，缺乏臨床經驗，也必無法確認，真實要能辨別這一點，還是只能藉由卜筮。

於醫之道中卜筮之運用可謂相當頻繁，在各種難以斷定之資訊，皆能藉由卜筮以如實確定，可不依賴儀器驗證，為至易之法，能對應急切之需求，故知卜筮之重要性，而由卜筮不僅能清楚辨別五臟六腑之善惡，也能清楚分辨五臟六腑之善惡所呈現之尅應，故知習醫最好由卜筮著手，如此配合臨床經驗，必容易理解身體疾病之各類相關來由，事實上魏晉南北朝前行醫之人均先習卜，此本為學習之正道，這道理清楚明白無庸贅述。

由以上所言，臟腑之善惡變化，皆可由卜筮確認，故知臟腑二十五變其實大約理解即可，醫之道中卜筮之運用為絕對必要，可由文王卦作完整判斷，或由日課作關鍵病因與未來發展之判斷。

而行醫乃掌握重點不事虛張，故建議學者行醫以日課為主即可，主要在於能完全確定卦意，除此外，主要重點也要放在養身而非治病，養身實為治未病，最為重要，此亦為習醫基礎，紮實這個根基才能精進，之後必要配合卜筮，則行醫之道必能成就，此為實在之明白道路，學者宜深思。

五行養生術第六回主旨：【求道之方必煉氣行辟穀】

第一節、《求道必練氣之重要理由申論與分析實際運用之描述》

練氣之主要方法，著重在此心能定靜且無雜念，要能做到這一點，必要做觀想，由靜坐以練氣，兩眼閉或不閉，腦中觀想太虛圖，此為一個圓圈，除圓圈外一切皆空。

初時必仍有旁騖，然久之腦中所見者即為無，心中自無雜念亦為無，如此氣自行而通經絡，而能強化氣走脈絡，乃達健體目的，以之求道，心得正氣，自難為動妄，故不以從邪，恆復定志，而終得道。

此乃仙法也，末世已無存，欲得其正，必成艱難，或仙佛教者，則應其緣，非人人可得，而以求道主在正心，是知非必由此也，能體世間真相，而明人生大願乃施澤天下，則此心無私而全正矣，此「五行正心術」也，乃人人可得，但由此心自決也，由此得道之易。

世間末劫。仙佛救世。盡在引渡。不在施濟。
光明一盞。道化無盡。諸子能辨。化劫正渡。

如今人人可求道，亦當求道，無執玄異，不須艱難，止觀于正心，願澤天下，即此可足矣。

第二節、《內經所言運氣要訣此相關練氣方法與求道之真實運用》

太虛者太極也，太極本無極，故名曰太虛，對待者數，流行者氣，主宰者理，五運陰陽者，天地之道也，萬物之綱紀，變化之父母，生殺之本始，神明之藏府也，治不法天紀地理，災害必至，不知行年氣之盛衰陰陽虛實，不可以為成就。

故知陰陽五行之特性變化，即運氣之行，為行事之絕對重點，欲為醫而不知此，欲其無失者鮮矣，此為習醫前提。

五行陰陽之變化，必有定理，此為五行正論，依此正論成此歌訣：

天地陰陽生五行。各一其質各一氣。質具於地氣行天。五行順布四時序。

木火土金水相生。木土水火金剋制。亢害承制制生化。生生化化萬物立。

此五行正論歌訣，主在五行之必然作用描述，為貪生忘剋之理，為生剋相錯，為盜洩之機，所論即五賊，論五行之掌控，故若得而能識，此謂五賊在心，施行於天，則知宇宙在乎手，人生命運自此由自己掌握，是知萬化生乎身，是在立天之道，以定人也，此陰符經所言，實在五行正論。

太虛理氣天地陰陽歌

無極太虛氣中理。太極太虛理中氣。氣分動靜轉陰陽。陰陽之分為天地。未有天地氣生形。已有天地形寓氣。從形究氣曰陰陽。即氣觀理曰太極。

此太虛理氣天地陰陽歌，主在陰陽分辨，且明指宇宙由無而有即循化生之理。

太者，極其至大之謂也，虛者，空虛無物之謂也，蓋極大極虛，無聲無臭之中，具有極大極至之理氣焉，理氣未分而混沌者太虛也，太虛曰無極者，是主太虛流行之氣中主宰之理而言也，太虛曰太極者，是主太虛主宰之理中流行之氣而言也。

無極者論理天，太極者為氣天，此一陰一陽，理論陽，氣為陰，理天為仙佛所居，氣天為六道眾生所屬，即三界，三界所具各象，即眾生之象，此象無極限，乃妄動之氣之真實呈現，此齊聚五行，曰五行正論，故名之為道，此即道所不可道者也。

周子曰：太極動而生陽，靜而生陰，不曰無極動而生陽靜而生陰，蓋以無極專主乎理，言理則無動靜，太極兼主乎氣，言氣有動靜故也。

陰陽之分為天地，謂陰陽流行相生不已，積陽之清者為天，積陰之濁者為地，故周子曰，分陰分陽，兩儀立焉，論未有天地，惟太虛中之一氣，以化天地之形，已有天地，而太虛之氣即已寓於天地之形，是以天得之以資萬物之始，地得之以資萬物之生。

乾坤天地之道即在於此，為陰陽化成，為自然合和，為乾行無妄，論無為大道，故永恆無盡，此五行循環相生之理亦然，從形究氣就在此陰陽，故知此陰陽者，論五行之陰陽，論理中流行之氣，再由此陰陽之氣回歸其理，正是太極。

此即太虛理氣天地陰陽歌之申論，由此以明五行正論之學術理論，於五術研究中，此為最重要之基本前提，文辭略為艱澀，然用心以觀必有真切，此學術理論基礎，需反復熟悉以求入心，於醫之道以至於五術之發展，必有明顯之幫助，學者必積極于此。

第三節、《行住坐臥起居之重要養生妙法言居處法之描述與申論其運用》

「凡人居止之室，必須周密，勿令有細隙，致有風氣得入，小覺有風，勿強忍之久坐，必須急急避之，久居不覺，使人中風，古來忽得偏風，四肢不隨，或如角弓反張，或失音不語者，皆由忽此耳，身既中風，諸病總集，邪氣得便，遭此致卒者，十中有九，是以大須周密，無得輕之，慎焉，慎焉，所居之室，勿塞井及水瀆，令人聾盲。」

以上所重者，專指睡眠、休息、靜坐，不可任由風吹拂身體，這指的是直接受風，若為間接則無妨，直接受風，人必中風，此為百病之源，必要謹慎，不可忽略，至於令人聾盲之主要理由，就是房間濕氣過重，此聾盲非僅表面之意，其衍生者為無智無明，人言不信，因此濕氣過重常導致身體與財運均不佳，此為臥室最主要之重點。

現代人之臥室，大都有濕氣過盛之問題，這是因為主臥室均加上了衛浴設備所造成，這種設計為現代所流行，而人不知其嚴重性，故不知為預防，此對於古人之智慧不知重視而任意為之，此僅為其一，現代人觀念之錯亂是非繁不勝數，言者諄諄，聽者藐藐，又有何可為也？

「凡家中有經像，行來先拜之，然後拜尊長，每行至則峻坐焉，凡居家不欲數沐浴，若沐浴必須密室，不得大熱，亦不得大冷，皆生百病，冬浴不必汗出霢霂，沐浴後不得觸風冷，新沐髮訖，勿當風，勿濕縈髻，勿濕頭臥，使人頭風眩悶，髮禿面黑，齒痛耳聾，頭生白屑，飢忌浴，飽忌沐，沐訖，須進少許食飲乃出，夜沐髮，不食即臥，令人心虛，饒汗，多夢。又夫妻不用同日沐浴，常以晦日浴，朔日沐，吉，凡炊湯經宿，洗人體成癬，洗面無光，洗腳即疼痛，作甑畦瘡，熱泔洗頭，冷水濯之，作頭風，飲水沐頭，亦作頭風時行病。新汗解，勿冷水洗浴，損心包不能復。」

此段重點在於沐浴，用水沖洗身體言沐，身體泡澡曰浴，沐浴之禁忌，最主要在於不可受風，尤其沐浴後若直接受風最為嚴重，而且沐浴所用之水溫不可過冷，也不可大熱，如此皆必生百病。

再來注意睡覺前，必要重視身體外表，不可有任何潮濕，尤其頭部若潮濕而臥，必中頭風，剋應為眩悶，運勢不順，再來飢忌浴，飽忌沐，且注意沐浴完後飲少許溫水，以避免中風邪氣，而夜間最忌洗頭，或者空肚子睡覺，這是感覺飢餓之意，這容易造成心虛，長期影響自信，且多夢魅。

夫妻間養生之道中，特別講夫妻晦日浴朔日沐則吉，其實指的是房事，所謂晦日即是日辰納音論水之日，而所謂朔日，則是日辰納音論金，以晦朔之日皆可行房事，理由先不用深究，再看夫妻不用同日沐浴，這個意思主要講的是浴，日辰納音為水，則腎氣相引，易過洩，故須有節。

凡炊湯經宿，指的是洗澡洗太久，也是必生百病，最後注意新汗解勿冷水洗浴，這就是運動完後切忌洗冷水，如此必傷心包經，必難復原。以上所言沐浴禁忌與重要注意事項，也是現代人所不注重，百病由此而來，不適當的個性也由此而來，這是非常重要之重點。

「凡居家，常戒約內外長幼，有不快即須早道，勿使隱忍，以為無苦，過時不知，便為重病，遂成不救，小有不好，即按摩挼捺，令百節通利，泄其邪氣。」

此兼顧心理與身理，主論家庭生活，若有小事不愉快，需要能排除，不可累積不顧，比如身體四肢，有何不順必要能按摩使百節通利，此為防範未然之法。

「凡人自覺十日以上康健，即須灸三數穴以泄風氣，每日必須調氣補瀉，按摩導引為佳，勿以康健便為常然，常需安不忘危，預防諸病也。」

這邊所謂灸三數穴先不用深究，此非初階課程，重點在於調氣補瀉兼按摩導引，而必保持心情愉快，注重本篇所言之重點，即居處法之大要，孫思邈真人所論養身之道，為養身要訣，只要積極於此，必能一生無疾，學者當有理會。

以上所言行住坐臥起居各種重要注意事項，若能遵守，則身體宿疾易解，速疾難生，亦不發厲疾，此為孫思邈真人直傳，具信者足福緣，以當今五濁惡世，身體易出厲疾，嚴重影響人生，一旦身體有所發生，則一切歸無，故亟需避免，而能如實解決之法，正是在此。

第四節、《求道之法在五行正心術此重要前提之詳述申論與思考理解衍生醫之道必為運用之範圍與條件》

求道之法與養生之道為密切相關，是養生即養性，養性為修道性，此論求道，故知互為因果，是知【求道在養生，養生在求道】，此必由五行正心，蓋皆重定心方可論成就，五行正心術所論者在山之道與醫之道，而重在正心之法，此正心之法即在願力，所謂願力能敵業力者此也，端在正心。

由山之道所言，經由神識而能與仙佛直接溝通，此論通天如意大法，修煉此法之前提必要五行正心，方能與仙佛締結契約而論成就，進而真實邁向求道之路，此得道根一炁，為得道成仙之前提，是知求道之法在五行正心術。

而其中在醫之道之運用，則在於五氣調和，所謂五氣和者一世無災，為五行正心術所必能為之成就，醫之道所言，皆在陰陽五氣調和則疾病不發，此自然相關情緒，而情緒所發生，皆在於執，必要去執，方不生情緒，而此即五行正心術所專言，故雖必發願與恆行，然實為必備條件，蓋由此而真得无妄，方能盡至誠于天下，此山而後能醫之正理，成就醫之道，必先五行正心，重點在此。

此專論五行正心術，由此能有效暫緩業力對人生之影響，而能於求道過程不受牽累，如此而能積極行道以化業，故終必圓滿，此圓滿之道，前提即在五行正心，化解宿業，能離六道，成仙了真，不在三界，也必要五行正心術，此真實獲得道根一炁之法，即成就識心神，同樣必由此，人生大業，如實成就，盡在五行正心。

此篇所論，屬於上古求仙之法，今已不存，然「五行正心術」得上蒼旨意特准留存，而見之於山之道，學者當用心者，必在於此，於末世行道，自立端正，建成道性，皆本五行正心為始終，則人生究竟圓滿，而得回歸真實，學者必知乾乾也。

第五節、《求道之方突破壽限盡在辟穀五步驟服茯苓第一服松柏脂第二服松柏實第三服酒骨散第四服雲母為第五之實際運用與思考理解與可信度之分析判斷》

辟穀之法，今人所不言，在於神異，為世人難信，論匪夷所思，世人對於所未能見聞者，皆懷疑難信，此為人性，故時至今日，辟穀法也只當神話看待，純粹以為古人之想像，而此真實為孫思邈真人所傳，詳細紀載於千金翼方，為突破人類壽命之極限之最有效且能實際運用之方法，藉此五步驟能漸漸達到金剛不壞之身，由此延長壽命，此絕非虛言，聖賢真傳，世人不信，徒呼負負。

心存定見。自無轉折。聞言難信。必無機緣。具信無疑。成就之本。理性分辨。方得真切。

現代人對目前科技之成就頗為自得，視古人之成果如無物，這種井蛙之見，由民國肇始以來充斥這個社會，這自然也是教育使然，西風東漸，國人漸喪失自信，崇尚西方，以為傳統文化不科學，不符合時代之需要，加上主政者皆受西方思想教育影響，而積極顛覆傳統文化，包含政經制度與教育，皆以西方主義為標竿，殊不知人種文化性情各有別，一股腦學習西方文化的結果，豈能不為支離，所習四不象，而又拋棄傳統，能剩下的又該是甚麼？

運會使然，歷史文化淹沒於時代洪流，實屬因果必然，雖令人扼腕，然本為始終之義，始必有終，終則有始，於此紛亂之世道也必將綻放一絲光明，積極面對傳統，研究其真切，眼下為最重要之時機。

回頭論辟穀之法，這最主要之作用是清腸胃，道者所言：「欲要不死，腸中無屎」，凡人飲食，腸中穢物不可免，然必靠飲食吸收養分維持生命，故不可不飲食，此辟穀法即是實際能兼顧之法，不僅能吸收養分維持生命，也能清除腸胃之雜物，能有此功用之理由無法深究，只能實際體驗方知其妙，欲行此法必有前提，這個前提與年紀有關，必要五十歲起至六十歲，這個年歲時段內才能產生作用，理由也無法深究，這皆屬於神仙所秘傳，學者若有志於此而能發心，也必能得此因緣。

此辟穀法於孫思邈真人所傳之法具五步驟：

第一服茯苓，必完成第一步驟，即服茯苓已經成就，而成就之意，即是七天內不感到飢餓，而且極具精神，能維持這種狀況至少要半年，須注意這期間，除了服茯苓之法所用藥材外均不可食用。

再來進行第二步驟，為服松柏脂，同樣需服松柏脂成就，這必使外在形象年少化，這也必要維持五年以上，注意不可復行老化，期間內也不可食用其他。

再來進行第三步驟與第四、第五，到達這三步驟是否能夠突破，則須視條件與福分，此與個人修持相關，如能突破而成就，論辟穀法成，如此陽壽不滅，即人不死，陰曹除名，自己決定飛升時機，前提自然是因果業障均圓滿才能飛升。

以上所申論為辟穀法之正確步驟，此為孫思邈真人之所傳，絕對真實，能具信者乃深具福緣，至於如何進行，則必在五十歲至六十歲之間，而不得超過六十一歲，才能進行，由第一步驟服茯苓，根據千金翼方之服茯苓方，其中之一為茯苓粉五斤，白蜜三升，再依照其下所列之方法，製作成茯苓丸，此方於現代論最容易製造，原料最容易取得，屬於最實際之方法，學者若有此心，可積極著手進行。

至於服食之法，有緣再論，然必要決心，端視學者是否願拋棄世間美食之誘惑，而願為堅持，求道必修辟穀，在除五瘴氣之害，此心方易靜，求道之功方容易成就，學者須知此，必要能下此決心，如實成就仙道，脫離輪迴，超乎三界，此人生終極目標在此，此法既公開，剩下的全在於學者自己。

第六節、《正確立志之絕對重要性在於人生是否圓滿之詳述申論與思考理解》

人生能夠成就，在於能夠維持積極樂觀之態度，如言八字貴格，命主皆有此特性，確定人生方向，積極前行，持恆不懈怠，日月積累，故有成就，是知若能積極持恆，任何事業皆有成就之日，如此可知維持積極樂觀，就是人生成功之前提。

如何做到這一點，則必注重心之所向，任何事業要能長期經營而不懈怠，必要能於此過程中產生樂趣，而能滿足心之需求，如此而能積極，如滴水穿石，必能排除任何困難而成功達到目的。

這說明了人生方向必須為心之所執，才能真正長久，此即為執念，八字之用神，是為志向，然而心之所執非必一般，可為志向者何其多，而必要能做正確之選擇方能真正成就，這自然決定於本身條件這個重點，必藉以做正確立志。

已知個人之環境條件、行為能力、主要人際，均為正確立志之主要參考關鍵，如何正確分析個人條件即為重要前提，此為五術所能為，為命，為相，為卜，若不藉由五術，自然容易流於主觀而難做正確之選擇，五術能利他者在此，然而要能正確地運用五術，完成對他人立志之建議，這就必要對於人生各事之因果明白透徹，才能真正做到，沒有深厚之根基絕難為之。

因此論正確立志，最實際之方法還是由己，心之所執自己最能清楚，培養能夠分析本身相對之能力條件，與相關環境、人際之各項優缺，如此尋找真正可行之人生道路，如此為正確立志。

子曰三十而立，非必三十歲後方能立志，而是三十歲後此志向該為穩定，志向須循發展過程而可能為修正，易數三十，為成數第三變化，屬離象，離為文采，為輝光，為展現，為綻放，為孕育，故以三十而為立，故若知及早立志，對於所定之人生方向必有熟悉，而能因環境變化而知修正，如此而三十知變，而為發揮，自此人生有成。

由以上之所言，正確立志必與人生成就得失有絕對之關聯，要圓滿人生，必要成就，成就關鍵於立志，正確立志必配合本身條件，要能分析條件，必培養本身之能力，無法靠他人，以積極成就之心，為自己尋找出路，萬法皆為心，唯此心能創造，必要相信自己一定能成功，則人生道路縱使荊棘遍佈也能柳暗花明，此「道不自行，是人行道」者也，人人皆可為之，只要積極、樂觀、有為，不管任何先後天條件，人生皆能圓滿，皆能成就。

此至理為易之所言，為天地乾坤，為元亨利貞，乾卦天行健，君子以自強不息，此之謂也，序卦之首，以乾健為始，未濟為終而為定，天地萬物之有為者，必是主動積極由乾為始，此自然大道，亙古無改，人生如一瞬，積極把握此成就要義，從此人生不枉，願與諸學者共勉。

五行養生術第七回主旨：【習醫目的在濟世行道五術正宗是九天妙道】

第一節、《藉由持誦讀易以行易道之絕對方法詳述》

持誦讀易以行易道，乃無為而為之法，藉由日常持誦而反復入心，為體悟之正法，學者無須猶疑，能行以具信，必知其大用。

易經中聖人所繫之辭，為六十四卦文王所繫之辭，以及三百八十四爻加乾坤二卦用九用六，總計三百八十六條繫辭，此為周公所繫，再來為彖傳，並卦之大象，各爻之小象，還有雜卦象傳，此為孔子所繫，這些為持誦所必要之內容。

學者依序卦，乾始未濟終，先由卦辭即文王所繫，再來孔子大象，再來彖傳，再來雜卦象傳，最後各爻辭並加小象，依此而為六十四卦，作為日常持誦範本，每天至少一次，只要四十九天後，就能熟悉各爻辭，若再持恆不懈怠，則所有聖人之繫辭均必能入心，這是持誦之明顯成效，如此入門以行易道，皆人人可為，重點在於是否積極而已。

根據上述所言方法，製作持誦範本最為理想，起初持誦不必要全六十四卦，此可由心念，欲持誦幾卦就幾卦，往後自能逐漸進步而全六十四卦，而持誦之時，也可由心誦念，非必要發出聲音，此即持誦正法，重在日日持誦，只要實際經驗必有體會，持恆既久，則對各種人間事理，必能明確認識，或生直覺，可斷吉凶，或生感應，智慧增益，或能頓悟，捨棄我執，明心見性，觀得自在，此法之妙，只能親身體驗，建議學者積極於此。

第二節、《五術正道備齊山醫命相卜皆在濟世行道之詳述介紹與研究思考其可能之衍生實際運用》

當今所言五術，與五術原貌皆相差甚遠，其濟世救民之宗旨，早不為人所重，取而代之者，為求名利之用，皆由己私，罔顧聖賢之至訓，是此皆非為正，為魔之道。

於山之道不修道性，卻速求靈通，大言神異，於醫之道，不重養生治未病，卻重醫病所得利益，再於命之道，不重除執化業，而重預測，強調宿命，至於相之道，不論此心之為用，而行機巧，妄言風水，強化執念，卜筮之道，不重事理建議，追求神斷，妄論真義，此為五術於現代之呈現，真實言末法之時期。

所言五術正道，皆屬神仙密傳，根源在於本【元君天乙太上乾坤道脈】，專在濟世救民，為本門藉以行道之法，齊全山醫命相卜，為五行圓滿，為完整太極循環，以山為始，而後醫命相卜，再輪迴至山，所能為者，為道之所達者皆為是，實言無窮盡，人之一生所重者，皆必能由五術正道而輔助圓滿，必能如實濟世助人真正行道，且為化業立功，離輪迴枷鎖。

論五術正道，以山為始，次則為醫，再來為命，命而後相，終則為卜，山之道所言者為【求道之法】如今為【五行正心術】，醫之道為【五行養生術】，【五行論命術】為命之道，還有【太上乾坤姓名學】，相之道包含【五行觀相術】、【五行陰陽相】此即風水之論，卜筮之道則包含【易經文王卦】與【日課】，此即五術正道，學者發心濟世助人必培養此能，此為行道前提，此根據本門所傳之五術課程，即必能成就。

第三節、《五術習全之絕對必要性分析與申論並研究思考討論理解確認真正重點在習易為不二之法而僅在持誦即是無為而為之道》

五術習全之目的，在於輔助與配合，而能於行道之時更加圓滿順利，且由此精進五術，蓋五術之道，一以貫之，皆在易之理，五術雖各有其所專指，此論不同面相，相異之角度，以觀察事物，由此而得各種體會，進而理解深入，故必習全五術。

山醫命相卜五術，齊備水木火土金五行，五行為自然之循環，是為太極，是為天地，是為大道，於物質界中，齊聚五行方能圓滿，而為平衡，而為穩定，是為永恆，五行循環相生，動而不靜，是有為也，而為穩定，若無為也，是此有為若無為即永恆之道，故知五術必要習全，如此行道方能永恆而為圓滿。

山醫命相卜皆為相輔特性，順序前後皆為因果，五術若為分，實則為同體，依此道理而後五術能成，若缺一，則五術道路必生障礙不能圓滿，故學者該以習全五術為目標，這必非容易，然皆由心，是由此心創造，只要能夠積極，心之所向均為無限之可能，學者依此自勉，必要深具信心，成就必不為遠，以下「五術行道逍遙遊」四言詩，為五術修道之目標，望學者謹記，以惕勵自己必以脫離輪迴為目標，時刻不忘。

行道之方。齊聚五術。大道無為。永恆無止。人生圓滿。在於行道。解宿世業。了結因果。離脫輪迴。不存枷鎖。如此逍遙。無極自在。五術正道。即在於此。

此四言道詩，為習五術之重要目的，所言清楚明白，熟悉入心能得中正不為偏移，而更知精進以求解脫，此明白道路必要積極者也，切勿猶疑自誤也。

習全五術之重要前提，即為習易，蓋易即五術真實之面貌，必由易之道方能連貫山醫命相卜，而能實現互為輔助之作用，雖言五術缺一不可，然得實易道，則必生體會，是五術僅立基，亦能為運用，是知習易為最重，學者必以乾乾也。

如何習易？已知入門在於持誦，持誦之目的在於熟悉易經各繫辭，無形中入心而能熟記，而進一步則需藉由卜筮以明卦象，配合占問事件之各種現象，理解事件發展之前因後果與繫辭所指之建議，而終能體會易道萬象之變化，並聖人繫辭所指之要義，此為易道基礎，紮實這個根基，則再進一步，體會各卦文王繫辭、彖傳、孔子大象，並孔子研易心得，各卦論凶之理由，即雜卦象傳，與相關人事契合之道理，而能依序卦推測其未來之發展並預知其終點。

到這個階段，人事物之各種現象，皆能得其卦象，而知其前因後果，此謂之通神，為易道之進階，如此要能再進一步，需視個人了悟之程度，或知未來，或明生死，或體自然，或識天地，或成大道，如此言易道之成，而知易之道，實即成道之功夫，欲為修道，必由習易著手。

以上為習易入門至成就之階段，由此而習易，更藉由五術體會易之道，而令易道精進，如此進一步強化五術之功力，這是習全五術並能精進五術之唯一實際方法，學者有此發心，此明白道路為必要積極之處，只要日行反復，長期積累，則成就之日必可期待，學者切勿躊躇不進，時光荏苒，人生一瞬，必要如實把握，人生方能不枉。

第四節、《醫道修習正宗在於內經傷寒論之詳述申論》

由以上六堂課所申論之內容，主要重點在於養生，此為習醫基礎，必先紮實此基礎且能正確的養生，能令自己避免疾病，方有資格行醫之道，如此再進一步研習醫之道，此方為習醫最正確之步驟。而醫道修習正宗之法，必在持誦內經傷寒論，使之熟悉入心自然體會，此論妙法，就是無為而為。

如此理解真正修習方式為修己後能利他，故知該積極之處，實際在於修身養性，其他所謂湯證理論，均先了解即可，事實上也難為積極，這點要能理解，否則習醫之道必為退轉，本節後論此重點關鍵，學者必不可或忘。

如此言實際運用，自然在於修身養性之功夫，必讀易以知修身養性，此不二之法，必賴學者積極，實際方法就是如此不須疑惑，真切體驗必知其妙，此言語無法形容，皆只能靠學者自己。

五術本由易，回歸本來方得真切，道理本來在此，還望學者乾如反復永不退轉，必以成就為目標，本門期待與諸學者再續此緣，反覆此言，實為珍重，因緣難得，故有此話，諸學者既與本門有緣，自然期待諸學者能為成就以濟世利民，如此圓滿人生，進而離此輪迴之束縛此終極目標，如此不亦快哉，為大丈夫者也。

欲成醫之道，藉此修習正宗必能有成，然前提在於養性，故在修道，此山而後醫之理，而養性論養生，其理唯一，皆在情緒，情緒能不發生，則養性成就，能得養生，是知所言養生之法，重在控制情緒，此為道林養性之所重，故知養生必重修道。

控制情緒之法，言之容易，為之則難，蓋情緒所在必為亟心，心既妄動則理智不存，則控制情緒之法無用，所以甚難，而道林養性，由知因果，由明是非，而無疑惑，心自能安，故無妄動，故理智常存，而必能有效控制情緒，此實為智慧，養性修道，為除無明，而行般若，終得智慧，無無明，則觀世間俱得真相，而能不執，必能隨緣，終無情緒，佛言三毒，貪嗔癡者皆為此。

由以上所言，知養生必修道，此為五術山與醫必屬密切相關，學者必先知此，醫道之成必先由山，此為絕對重點，否則養生不成自顧無暇，如何言行醫？此自然之理，學者當能理會。

第五節、《五術正宗在元君天乙太上乾坤道脈之簡述與本門重要師訓之詳述介紹》

五術起源，為九天玄女，在本道脈，本即正宗，所傳之法，歷五千年之久，早為失傳，今以天時之至，再度呈現，為天降末劫之際，為收圓之法船，皆由自身福緣以為之渡，具信者為是。

本道脈簡介如下

首論創脈祖師，為九天玄女無極元君，為本門開山祖師：

先天神女。上世仙姑。莊嚴妙相。常現娑婆世界。清淨法身。早登梵剎瑯嬛。玄都天界。繫玉腰金。員嶠方壺。蒸沙煮石。放無極之神光。普照群生。運玄元之道氣。化成萬物。功垂今古。德配乾坤。位列九天。掌造化之樞機。靈通三界。司雷霆之號令。慈悲廣大。變化無窮。手持寶劍。斬魔王於斗垣之下。

以上為祖師簡介，詳見於《九天玄女救世真經》。

再論本門師訓，為祖師所提，總計七條，以下申論其義。

第一條　君子必習易。

第二條　君子必備元、亨、利、貞四德。

第三條　君子必中正自守。

第四條　君子必成就他人。

第五條　君子必直、方、大，行反復之道。

第六條　君子必制心猿，鎖意馬。

第七條　君子必利濟眾生勇於承擔，積極向善以圓滿因果。

以上之祖師訓誡，皆為本門弟子所必遵守，其中義理清楚明白，皆屬圓滿人生之道。

第六節、《濟世助人為習醫目的此重要原則必不可忘之叮嚀若貪求名利則難圓滿或造因果之告誡》

五術正道皆在濟世，終極目的在此，此本重要原則，若貪求於名利，則在於至私，必難為公正，而易迷於歧途，不圓滿者此也，至於其中尋機弄巧為求增益，此必造嚴厲因果，而為天地所不容，此重要前提目的之叮嚀與不得貪求名利之嚴厲告誡，學者絕不可或忘。

神仙所傳善法，如實用之以行道，則為立功化業，可為歸真，若以之為惡，妄求名利，則無間地獄列管，待福報用盡，瞬間直達，永不超生。

此間後果，善惡分明，其中差異天地之別，學者既具足福緣，得識五術正道，必知為宿世修行所致，必具道行，故需潔身自愛，勿為名利所惑，自毀根基，願諸學者皆能圓滿，成就一生。

五行論命術第一回主旨：【釋疑】

第一節、《子平術與五行論命術之差別分析申論》

命之道，乃申宿世之障業，故緣化生虛擬道場之五行作用勝機以定命局，此命局為靈子入虛擬世界之五行藉體真實數據，必直接影響靈子之心識而全證其性。

靈子之行為思考模式，在未教化之前提下，必申其性而緣業於道場環境中，故其得失在於是否履義，得當者能亨，失義者自否，由此以鑑心而證自覺。

是知同命局者，其性本無相異，而人生成就無同者，皆在環境與教化也，此環境教化，自必相應緣業也，其中更有仙佛引善干涉，以全靈子之修圓，故命之道乃成萬象，而人生得證，是習命之道為五術，以循性引善，進而正心，是明障業之發端，而得履義應道行，如此無惑，得心安住，即為命之道之大用。

由此而言五行論命術，即五行藉體之真實數據解析，自依五行正論，此為五行自然之作用，為發展之既定因果原則，故由此衍生，以相應環境五行變化，而得推測命局之未來發展。

是知相較於現代子平術所論，已悖離五行作用之原則，而專重五行取象，故以命局複驗過往經歷，皆能得其證，蓋取象本像也，唯心自証，又以之推測命局未來，則失之毫釐差之千里，蓋難立基於環境教化因素，而全見學者心証成象，取象本萬千，若應善緣或為準，如應障業自成支離也。

如今習子平術之學者，不明五行正論，而執深於子平術中之所言，乃忽略人生正理，而以宿命為的論，視命局為靈子人生之全部劇本，而亟思解析其密，此實自蒙也，更以之惑世人皆執無明，似此為大過矣，故直證為魔道，學者當知悔也。

由以上申論，為命之道之正義，能明學術之源由，方能正其道行而得正心之本，學者當明之也，如此是非得辨，求術得正矣。

第二節、《五柱根苗花果命真義》

【年柱為根】

為最早發生，必為祖上，為業障，為陰陽宅，為遷移，為本命，為財源，為突破，為隱藏變化或為根基，或為先天，或為所執，或為宿世累積之果，故必以坎為根之代表。為命主少年之庇護與教育發展，故代表一歲開始，男命至十六歲，女命至十七歲大致之發展狀況。

【月柱為苗】

為命主兄弟，同伴朋友，貴人小人，福報人際與五十歲前之事業，以苗之含義為根進一步之呈現，故以震卦而為代表。苗之義，必與眾存，而能互榮，此為男命由十七歲開始至三十六歲，女命十八歲開始至三十九歲大致上之發展。

【日柱為花】

為命主形象，為長相，為氣質，為個性，為身體疾厄，為感情，論夫妻，論成家，亦言福報，以此花之取象，再由花為苗所出，故知取艮。

【時柱為果】

為命主之所生，故必為子孫，且為一生成就，因此而論事業，不分五十歲前後均需參看，故論成果，故言老運，亦言福報，且言貴賤，代表之經卦只能為乾。

【胎柱為命】

為宿因，為入世之因緣，由此知前世，而為三世因果，其取象經卦也為乾。

原局各宮位所代表命主資訊皆由此而來，欲衍生無窮之變化，必要由此根苗花果命具象衍生，配合各自代表之經卦就能衍生完整，而涵蓋人生大小事，這個觀念於五行論命術中極為重要。

第三節、《流年行運只看納音即知吉凶尅應》

五行論命術之行運看法，根據納音以定吉凶方向。

即依流年納音與原局五柱納音之生、剋、伏吟關係，論原局五柱能量為增或減或牽制，配合命主用神喜忌，如流年納音與原局五柱為喜用納音作用者，以生之論吉，剋之論凶，若與忌閒納音作用者則反之，如為伏吟論牽制則皆論凶。

如此直斷流年行運之吉凶得失。這個分析非常單純，由各柱含義能迅速理解命主流年行運之相關成象。

第四節、《日主強弱絕對看法必知十二長生僅為取象》

五行正論十二長生，必知僅僅為取象，絕非實際之作用，日主之強弱，不以十二長生判斷。

以命局中之干支，天干為氣，地支為質，質必能化氣，在同一太極環境中，故能以地支為天干之根，十二地支五行即天干相同五行之根，不離十二長生之論，自然清楚明白。

而原局地支作用，必能使地支之根呈現強弱或者消失之現象，由此影響天干之旺衰，只要確定了地支作用，就能確定日主強弱，進而也必能確定日主之用神。

第五節、《八字所能言之極限》

八字命局，代表命主體內五行之組合，為命主這個太極，由此分析外在環境包含時空變化，命主所有人生各事件之選擇傾向，選擇為因，衍生為果，如此而已。

八字所能為之極限，必不超乎命主之選擇判斷，而全為命主內心各種現象之呈現，故八字可論命主人生之所有發展傾向，也就是命主人生之各項抉擇所產生之各項因果。

故知入世因緣，蓋此為命主心之所執，故衍生可知命主與父母還有子女共論三世之宿世因緣，故知命主之福報衍生之人際、事業、成就並財富，甚至於命主之感情喜好衍生之遷移、住家等等食衣住行之資訊，大約僅能如此，至於藉由取象而得之各項資訊，均只為可能發生，而非必然，只能論臆測，難為學術。

入世不以出世觀。終迷歧途不為還。
學術研究本如是。同樣道理不為難。

外道學者所論，皆屬人生劇本，而見宿命之論，故言得失於未來，乃不申理之所由，故言吉凶之究竟，乃惑人心以憂厲，故言發展之泰否，乃誘人性以循機，此皆非仙佛教化，皆主魔道也，學者當正以自明，必勿從邪也。

五行論命術第二回主旨：【格局神煞用神】

第一節、《干支五行之真實作用》

依照外界所言之干支五行作用，大都為正確，錯誤之處在於地支六合化之條件與刑破，以及天干五合化之條件，以下直接提供這些正確資訊，這與外界所言皆不同，孰是孰非難以申辯。

天干五合

五合是否能化，須看月令條件，且此五合根據月令條件所化成之五行非只一種，又若五合局中包含日主，則時支必要為辰，再由月令條件判斷是否能化，所以五合化局可謂複雜，以下直接申論，五合真化之條件。

《甲己化局》

可能化土或化火，於巳月、申月、子月，此三月化土，而於卯月、戌月，此二月化火，剩下七個月均只合而不化。

《乙庚化局》

可能化金或化水，必於辰月、巳月、酉月、戌月、子月，此五月化金，而於丑月必然化水，其他六個月均合而不化。

《丙辛化局》

丙辛只能化水，可於卯月、辰月、巳月、午月、未月、申月、酉月、亥月，此八月能化水，剩下四個月均合而不化。

《丁壬化局》

此局所化最多，能化水木火，於辰月、子月必化水，且於寅月、卯月、未月、申月、酉月、亥月，此六月化木，另午月、戌月則化火，剩下巳、丑二月合而不化。

《戊癸化局》

此能化火或化水，於卯月、巳月、午月、戌月必化火，而只有申月能化水，其餘七個月均合而不化。

地支六合

六合局形成之條件只看月令，原局包含胎元只要符合月令條件即能合化，合化之五行皆固定，此言六合真化條件，如下。

《寅月》寅亥化木、卯戌化火、辰酉化金、巳申化水。

《卯月》寅亥化木、卯戌化火、辰酉化金、巳申化水。

《辰月》子丑化土、卯戌化火、午未化火。
《巳月》子丑化土、寅亥化木、午未化火。
《午月》子丑化土、寅亥化木、巳申化水。
《未月》子丑化土、卯戌化火、午未化火。
《申月》寅亥化木、卯戌化火、辰酉化金、巳申化水、午未化火。
《酉月》巳申化水、午未化火。
《戌月》子丑化土、寅亥化木、巳申化水、午未化火、卯戌化火。
《亥月》子丑化土、巳申化水。
《子月》子丑化土、寅亥化木、卯戌化火、巳申化水。
《丑月》寅亥化木、卯戌化火、巳申化水。

地支之破

此破為刑之先，若地支關係為刑又為破，則僅論破而不論刑，此論實際作用關係，若僅論關係之取象含義照論，若同時具備比破為優先之關係，也自然以此優先關係論實際作用，而論此動作帶破，這個觀念極其重要，以下即為地支之破。

《子》破酉。
《丑》破亥。
《寅》破卯、辰、戌。

《卯》破丑。
《辰》破子。
《巳》破寅、申。
《午》破子、卯、辰、戌。
《未》破子、卯、辰、巳、申。
《申》破丑、寅、卯、辰、巳。
《酉》破丑、未。
《戌》破辰、巳、申、亥。
《亥》破寅、卯、辰、午。

地支之刑

《子》刑卯。
《丑》刑卯、辰、戌。
《寅》刑子、申、亥。
《卯》刑辰。
《辰》刑丑、未。
《巳》刑卯、酉、亥。
《午》刑午。
《未》刑卯。

《申》刑寅、巳。
《酉》刑辰、午、酉。
《戌》刑丑。
《亥》刑丑、巳、未、亥。

上面所傳天干五合條件與地支合化條件，並各五行作用，必有其作用之優先順序，此參照干支理化作用簡表，由上而下即為此，原局干支作用演練即用此表。

第二節、《神煞分析與釋義衍生我執與修行》

神煞必論定局為最重執念，相同命盤皆必具神煞所指特性，由神煞字義即能清楚神煞真義，再藉由取象理解對命主之影響。

此即我執之作用，人生修行重點在去我執，命帶神煞者，既知我執深重，而知修行遇關卡，此關卡不除，人生難成，此即神煞真義，欲除關卡，決無二法，必發心濟世助人，並請仙佛見證，而能持恆不退轉，如此人生際遇大不相同，此命帶神煞之要義，即在於必要修行。

第三節、《日主為命主之理》

八字原局包含四柱與胎元，以各種五行力量，經五行作用之過程而終成為一穩定循環，此為太極，而此太極之性，即呈現於外在之五行，名之為命主。

即欲判斷穩定之五行循環，所必然出現之代表五行，必知此代表五行為最妄動即最不穩定而必為陽顯，由此知必為天干。事實以根苗花果之取象而論，已清楚指出必為日主，然此理由必要根據。

以年月日時四柱，為胎兒一出母體其當下時空環境之五行力量，這些五行同時進入胎兒體內而開始作用，其中年柱與月柱呈現之五行，均為當下之時空環境有所積累之五行，依五行必求穩定之特性，故知此二柱呈現之五行必然較為穩定，非最妄動，故不為命主，而剩下之日時二柱，以日柱呈現之五行相較於時柱，力量必明顯較強，而累積時段均未過一日，均未能穩定，故論最為妄動者，必為力量較強之日主。

由以上申論，必能理解這個理由，如此能不惑，而知前賢論命之理，非人云亦云，如此治學方能精進。

第四節、《用神確定與論實論氣論虛釋義與行運吉凶速斷》

由日主之旺衰，必能確定用神，確定之法在能取用者僅在三處，一為原局呈旺相之天干，一為胎元納音所生之陰用神，一為局外虛神，以日主旺衰分三等。

若為旺相：

自需剋洩，天干有用先用，但如為實，必參看陰用神，以能剋受生之五行為真用，但需配合日主之喜好，如為氣，則直接取為用，若二種氣局以上，同樣以能剋受生者為用，若原局皆無用，必取局外虛神，配合月令條件，僅需分日干五行，皆為定則。

如日主衰弱有微根：

此須生扶，天干有用之條件看法如前，天干若無用，同取局外虛神，也是相同看法，皆為定則。

若日主論極弱無根：

此必要從，不能取局外虛神，天干有用者，同樣只有實與氣，為氣者直接取用，論實者再看陰用神，如天干無用，必直接取陰用神。

如此確定用神，不生疑惑，以用神分實氣虛，重點在行運之用神表現，實與氣同論，兩者差別一陰一陽，一速一緩，速緩所論為得失，行運直接看流年納音，此納音生或同用神五行，論用神能發揮，若剋用神五行，則用神受制難發揮，至於用神五行所生或剋之流年納音，吉凶參半，前半年論用神能發揮，後半年則難。

真正流年吉凶看法，在於相對五柱納音之作用，流年納音生喜用者論吉，生忌閒者論凶，若為剋則反之，若為伏吟皆論凶，此行運吉凶看法，真正只有如此，故需分辨命主用神喜忌，此如附表。

再看用神論虛，此行運最忌與用神同五行之流年納音，必論用神無法發揮，其餘皆可論吉，以上所論，為確定用神之法，與用神論實論氣論虛之行運吉凶看法，並流年吉凶速斷法，此必論絕對，欲能改變，必為行善助人成習，得仙佛之助者。

附表：命主用神、喜神、忌神、閒神對照表。

以日主為我，剋我者論官鬼，生我者為父母，比我者是兄弟，我生者為子孫，我剋者得妻財。

【日主論旺相】

《用神取實》

用官。喜財。忌子。閒父兄。

用子。喜財官。忌父。閒兄。

用財。喜官子。忌兄。閒父。

《用神取氣與虛同論》

用官。喜財。無忌。閒父兄子。

用子。喜財官。無忌。閒父兄。

用財。喜官子。無忌。閒父兄。

【日主論弱有微根】

《用神取實》

用父。喜兄。忌財。閒官子。

用兄。喜父。忌官。閒子財。

《用神取氣與虛同論》

用父。喜兄。無忌。閒官子財。

用兄。喜父。無忌。閒官子財。

【日主論弱無根必從】

《用神取實與取氣皆與日主旺相喜忌同》

《用神取虛必為陰用神》

用官。喜財。無忌。閒父兄子。

用父。喜官子。無忌。閒兄財。

用兄。喜子財。無忌。閒官父。

用子。喜財官。無忌。閒父兄。

用財。喜官子。無忌。閒父兄。

第五節、《五行論命術所論格局主要五柱納音成象而申貴格

直接由原局五柱納音申論格局，或屬五行相生，或為相剋，或五行偏勝，由五行取象配合易卦，如五行為水為坎卦，木則為震巽，火論離卦，土為坤艮，金為乾兌，由此直論重要個性與命主條件。

此法至為簡易，必能速斷，五行論命術除依此法論格局外，亦論貴格，總計二十九種，分下等、中品、上品與極品，皆非常見，以下列舉較特殊者供學者參考。

【飛天祿馬格】

詩曰：

飛天祿馬最難窮。此命由來福不輕。
宿世積累有道德。亟心濟世做志願。
發願宏大願力深。為求圓滿入世間。
天命在前考驗多。衝起飛天真祿馬。

此命格者必帶天命，五十歲前必難得志，然必衣食不缺，貴人多助，且為神佛提攜教導而為之成就，然五十歲後勢如衝天，如何天之衢，必能作為，同此命盤者多數如此，例外者必德行有虧者也。

【刑合得祿格】

詩曰：
刑合得祿足富貴。一生錦繡出前程。
宿世累積有道行。自來凡間了因果。
如如自在本逍遙。行年匆匆百歲渡。
無視名利無執著。人生圓滿不再回。

此命格不為成就而來，只為圓其因果，所以必無事業，必有祖蔭，而基本上一生必順利，同此命盤者大約均如此，若有例外必德行有虧。

【日祿歸時格】

詩曰：
日祿歸時天下富。此命推來福最重。
入世因緣必濟世。亟心志業天地間。
一生難得清靜閒。總為眾人勞神思。
圓滿百歲乘鶴回。世人難忘比聖賢。

此命格專為濟世利民，故於世間必亟心以立大業，在現代這個環境通常為大企業家，其事業之建立大都能迅速發展，而且遍佈天下，相同命盤者大約如此，若有例外還是德行有虧，遺忘來世之意。

【精實茂繁格】

詩曰：

精實茂繁人間少。非為利祿下凡塵。
事業濟世深願力。是為天命常懷憂。
乾坤齊德修道子。宿命非凡入此間。
苦心勵志五十年。何天之衢亨無盡。
鸞鳳一鳴天下慶。行道志業極輝煌。
離脫輪迴駕鶴歸。百年難得是聖賢。

此命格必福慧深厚者也，也是必具道行而下凡塵者也，基本上可謂這種格局之命主，大都為天上仙佛應劫下凡，先知此即可。

【明珠自立格】

原局年柱干支與月柱干支若屬於完全無直接作用，以月為苗而年為根，以苗必賴根方得成長之理，衍生得知若年月無作用，即根與苗無作用，即代表此苗無法成長，除了必無祖蔭外，也代表必要自立，也可謂六親無靠。

諸如此類根無作用，與父母之緣必淺，必早離家自立，而以苗無根之助，發展必有困難，故其後之花果，也必難呈現，故言成家立業必要靠自己而為自立，此類格局即名為「明珠自立格」，通常大起大落，而是否成就，自然為全局之配合與行運之影響，且必不能早成，均需五十歲後方能符合期待。

明珠自立格，論貴格之一，然為下品，蓋多成多敗之故，其面相之特點在於耳，必輪廓飛反且垂珠不顯，故以明珠自立為名，為明珠未成之象，且無任何庇護。

【棣萼聯芳格】

原局各柱納音五行俱全必論貴格，若原局無特殊貴格之組合，只具備此條件，則此格名之為「棣萼聯芳格」，為上品貴格之一。

詩曰：

棣萼聯芳備五行。此命福祿謂雙全。
福報豐厚無差錯。為圓此報入世間。
逍遙自在無拘束。人人稱羨似神仙。
百年榮華須臾度。縱橫人間在從前。

這種命格福報豐厚，專為享福而來，大約一世無災，此命主若積極利益世間，則必容易圓滿因果，此論最重要之建議，這種格局也並不常見，學者若遇必做此建議。

以上六種貴格，以極品貴格皆難見，先參考即可，而明珠自立與棣萼聯芳均較常見，學者可多研究，其他貴格，往後有機會再論。

五行論命術第三回主旨：【八字論命最標準看法】

第一節、《原局地支為根其強弱進一步之看法計分旺衰無根三種而已》

地支五行作用後所產生的變化，在於本論天干之根之五行能量，其旺衰可能跟著改變，甚至由質化氣而不再為根，這直接影響天干之強弱，故此必論地支作用後之虛實，而由地支十二種作用所形成的變化，大致分三類：

第一類、強化為根之作用

此為「三合化局」，注意此根必為化局五行，以及「受生」、「半三合化」、「三會」，最後「伏吟」，受到這種作用之地支皆為強根，但必依此根之五行而論，非以長生帝旺而論，這個道理，由先賢所創十二地支即已分五行，能為根者必為同五行，其實清楚明白。

十二長生之義，是五行之生死循環，專指五行能量之變化，必屬時空環境所造成之變化，而原局五柱為穩定之五行，非為時空環境，本來就沒有理由以天干相對於地支論十二長生，此為八字子平術所必論，然學者知其理，也必知此法之誤。而外界皆遵此法，此是非難以辯駁，只有積極驗證而已，學者須能體會。

而原局地支「完全無作用」謂穩定，這與「六合不化」、「半三合不化」相同，另外還有「論動」，這四種皆可言五行之強根，蓋五行穩定屬艮卦，為強之象，至於論動屬震卦亦論強，此經由卦象以知強弱，其實五行能動必為強，而能穩固亦要為強才行，如此應能理解。

第二類、衰弱而仍為根之作用

此為地支「逢沖散」、「逢破無破盡」、「刑」、「害」，最後為「剋」，受到這些作用均論為虛弱之根，然若此虛弱之根具二支以上，同五行之天干也要論強旺，蓋非單獨之弱根而能為共輔，故可論為強。

第三類、不再為根之作用

由第一、二類能確定根之強弱與強弱之作用，而其餘之關係，即「六合化」與「六沖之沖破」，最後還有「逢破盡」，剩這三種作用則不能為根，這個理由，以沖破與破盡而論，均代表此地支五行遭受破壞而不能聚，故不能為根，而六合化氣為質化氣，以根必為質，故不再論根。

以上為原局地支虛實之判斷，以此而知原局天干之強弱，以天干具有一強根或二弱根以上之任一條件，此天干五行均論強，而僅具一弱根甚至完全無根者，此天干五行均論弱。

以此而論日主若為強，其取用必要剋洩，故取官鬼子孫與妻財，至於日主為弱，則須分有根無根，有微根者需用生扶，故取父母兄弟，若無根者此論從勢，必以原局最強旺之五行為用，大約為天干五行或為六合氣局，此天干五行必論旺才可為用，但如果原局並無強旺五行，則必以胎元納音所生之陰用神取為真用。

以上由地支為根之強弱必能確定原局天干各五行之旺衰，而進一步確定用神，此配合原局地支五行作用順序就能清楚明白，這參考第二回所提供之原局干支理化作用簡表，由上至下即為其順序，如遇二種作用，以最上者論實際作用，其餘僅為取象，大約不論。

由原局干支作用確定日主之強弱以定用神，這整個步驟均需依賴積極練習，才能如實掌握，建議學者依每日十命例為目標，五日必能進步，十日必有體會，此五行論命之根基，能成就者必由此。

第二節、《身體弱點之絕對看法與衍生病症之五行分析》

人體臟腑齊備五行，五氣和者，一世無災，最忌偏勝，故必由偏勝五行以明身體吉凶。

此偏勝五行即是身體弱點，以八字原局呈現命主體內各種五行之組合，必由此分析偏勝五行，以偏勝之義必為強且必妄動，故必為原局最強旺之天干，若同時出現二種以上，自然以能剋受生者為主，若有氣局必論最強。

另有特別者，為生成第六柱之命局，此則以第六柱之五行為絕對弱點，若全命局皆無旺相五行者，則以土為五行之雜，論五行之終，故直接以土為身體弱點，而此類命局一生不得厲疾，此見其宿緣之福也，唯人生无妄無志，亦皆應平凡也。

此原局偏勝五行之看法，由此相應於五臟並六腑，五行水偏勝即在腎膀胱，木則為肝膽，土為脾胃，火在心臟小腸，金屬大腸肺，此即為身體弱點，命主一生所有疾病，其根均在此。

由此衍生而出，以生此偏勝五行所相應之臟腑最容易出毛病，理由在於五行論相生之循環，偏勝五行之前一位無法有效的生此偏勝五行，必造成氣滯，由此而生疾，而偏勝五行之下一位必能受生而同論偏勝，此二臟器由妄動而失衡，破壞原本太極之循環，必無法再順生下一位，此不能受生者，即偏勝五行所剋，必造成氣虛，由此生惡疾。

由偏勝五行而知身體弱點，而衍生身體最易發生之毛病與最可能產生之惡疾，最易者乃生弱點之五行，見惡疾則在弱點五行之所剋，根源均在身體弱點，能知保護，則得一生無疾，此則醫之道之所論者也，學者應知明，故此不贅述。

第三節、《宿世因果必由日課配合我執與神煞之絕對看法申論》

由八字論宿世因果，所論者為執念，我執之處在於心之所向，故必為用神五行，也包含了喜神。

以納音為結論，由八字原局根苗花果命各柱之納音，若呈現用神五行，則此柱必為命主之所執，且論最重之執念，若為喜神，則為次重之執念，若命局五柱均無喜用，可言全局無所執，這種命主大約一生難成，除非發願濟世助人，以所執方能為積極，由此而累積成就，故無所執者難成就，此為用神喜忌所論之執念。

尚有神煞之特殊執念，命帶神煞者，前世必為修行者，故知神煞為命主修行之課題，這與用神所指執念相比更為強烈，故必影響用神所執產生之成就，這就是命帶神煞者必要發願濟世方能有成之理由，而神煞所指大約屬特殊個性，且必為破壞人生經營之嚴重個性，此為神煞之義，總計三十九種神煞。

除這二種執念外，更有原局地支作用，由地支產生之缺陷所造成之執念，這僅有二種，為受地支沖散或受破而無破盡，這必指此相應宮位亦為命主之所執，這種執念弱於神煞，強過用神所指執念，命主此生必積極於此，然必難圓滿，此即命主最明顯之業障。

以上三種執念，即宿世因果之衍生，由此而論前世，然而前世絕難驗證，故論此無益，但由日課所配合者，即命主前世之相關易林繫辭，則可由命主自行體會，必知業障之來由，生此執念之因果，且論解決之道，如何體會，方法唯一，就是持誦入心，不須釋義，此乃無為而為之妙法，此法世人難信，但親自體會必知其妙。

以上為命主執念並由日課所得前世因果，主要在易林繫辭之完整看法，這須配合日課之易道乾坤八法，而明白之基礎皆在於易，有心者，必循易方能以之也。

第四節、《五行論命術只分六親不論十神》

五行論命以納音論結果，由納音不分陰陽，理由在納音陰陽同論，故所謂之六親僅論官父兄子財，而不論十神，然以外界所言十神之論，乃在宮位干支陰陽之別，而見其取象，此論其因可也，亦能為運用，只是徒為複雜化，由此不建議爾，申命演義，盡為知果，是知果之能得，又何必虛張其細節？理由如此。

五行論命術之六親取象申論，以分析命主之相對條件與隱藏之特質，包含流年納音所呈現之六親而得之取象，此即五行論命術中六親運用之法，以下為六親取象之呈現：

六親為官鬼

此為剋害，論恐懼，論威逼，論壓迫，由此必論坎卦，必具坎象，再由此衍生，而此取象含義，必為命主心中之感受，或為個性之呈現。

六親若為父母

此為助力，論安心，為依靠，為懈怠，可論乾卦，亦為坤，此取象含義，多為命主之行為思考模式呈現。

再來六親為兄弟

此論巽卦，亦能為兑，此論伏吟，論牽制，為比較，為競爭，為躑躅，為進退，為破壞，為齟齬，為歡樂。

若為子孫

此為生成，為結果，論洩氣，為弱化，故由此論離卦，亦為坎卦，可論利他，即論犧牲，可論強執，即為庇護。

最後為財

為我剋，論發揮，為能力，為成就，由此必論艮卦，也必可論為震，此論妄動，為出名，為承擔，可論為得，為起心動念，故為因，以之生果，由此知原局宮位中若財居此位，就是命主最容易造業之處，子平術以多財星為喜，蓋不知此恰為輪迴枷鎖，何喜之有？

以上六親取象，可由所屬經卦具象衍生，此皆為心之呈現，要能如實掌握運用，唯有積極練習之法，經驗豐富後才能體會，此五行論命術論六親之法，皆由取象，無法訴諸文字。

第五節、《最正確之行運看法》

行運看法只有二個重點，其一為歲支與原局地支之作用，其二為流年納音相關原局五柱用神喜忌所得之吉凶，只有如此而已。

大運僅為取象，故必不論大運，而歲支之作用，必依照優先順序來確定原局地支中何支直接作用，而重在此宮位之變化，依照五行作用所造成地支能量之變化，以推測相應宮位所指人生重點之呈現，故必依五行作用分別詳述。

行運完整看法，主要在於歲支與原局地支所論直接作用與關係取象，以流年納音與五柱納音定吉凶，此納音與用神看法單純如為定則，故行運主要重點皆在於歲支作用，需再申論者為歲支直接作用之原局地支各宮位進一步之申論，之前年月日時胎之宮位含義，於行運特別注重者已有略述，這所謂進一步之申論則在於真正影響之申論，以下依年支宮位代表分析。

論年支錢財與德性之重要變化與影響分析

依地支五行作用，只可能出現者為《合》其中包含六合、半三合，或為《合化》其中包含三合化與六合化，再來《生》、《三會》、《沖》、《破》這六種而已，直接依此六種分析可能之變化。

【首論合】

六合半三合同論，此意為牽絆，代表錢財與德性無法變化，但歲支直接作用為命主行運感受最深之處，故所指的無法變化必然是在於心理層面，亟思變化而無法成為現實，有徒勞無功之象，這於錢財容易理解，針對德性則必屬習性，如日常作息或論行為習慣，有改正之心無改正之能，大約如此。

【合化論第二】

這自然需包括半三合化，但需分化氣與化質，如六合化氣，此質變強能呈現，雖原宮位不存其質，有若消失之象，然以陰質本為隱伏，於流年行運不以明顯消失作取象，更以陽氣為明顯而見于外，是知當證為吉兆，然若流年納音所論為凶，此多屬乾乾之心受制，故化氣之吉趨寡。

如屬三合化質，論團結有力，而見單一五行，須注意是否影響天干旺衰之變化，若喜用見旺，則以當年必論有得，若忌閒見旺，則無損益，若此合化五行天干無透出，僅論固根實本，體正形壯，較不易染疾。

由此論錢財與德性，是知必以天干見旺配合喜忌以證得失，至於是配合月支合化或者胎支，則申其象而已，這邊注意胎支雖屬業報，仍可能為善得，最後流年納音所論則如前，主論得之眾寡而已。

【接下來論生】

生皆論強化其質，是知得失看法仍在天干之呈現，接近合化質之意，然相較為弱，差別在此，特別者在胎支受生，這不管原局此胎支是弱是強，若見原局天干具同氣，則有發揮之象，喜用同論得，然忌閒則當論凶，乃見有阻，實名障業，至於納音吉凶之論皆同前，其實盡在此心進退之論。

【再來論沖破】

這較特別的，包含沖破、破盡一樣同論，不作消失取象，蓋歲支作用並非恆常，基本上沖破乃壞形，其質弱化，故必見凶意，由此言錢財德性，乃見虧損，若屬胎支受沖破，則為業報不明顯，吉凶當證之於天干，而論程度之別，以沖勝於破，蓋沖屬至妄，而破非必為亟亢，至於破盡者為亢之極，程度勝於沖，而必要配合神煞以作原因申論，如此而得引善之法，論流年之重，首要在此沖破。

【最後為三會】

此可能為年月或年胎這二種組合，三會為薈聚，也論團結，只是其力甚微，影響不明顯，若論得失吉凶，亦如前所述，差別在相應宮位，流年歲支成三會局，一者機率不大，一者影響力甚微，故必忽略不論。

以上即年支受歲支直接作用之含義分析，其餘月、日、時、胎之申論，主要在各宮位所指取象，其衍生分析如前，主要依賴經驗，自能有進一步之體會，至於歲支與原局不屬實際作用而為取象關係，皆僅論可能而不作申述，以避免建執於緣客，然除了伏吟取象，乃必見牽制躁動，而必可為衍生。

以上為流年行運最如實之看法，若得配合日課運用，則能言至善，學者論命，必由此以循精進。

第六節、《示範命例之分析演練與思考》

年根戊子。月苗甲寅。日花甲申。時果戊辰。胎命乙巳。

年根	戊	子	霹靂火	喜神五行
月苗	甲	寅	大溪水	

日花　甲　申　泉中水
時果　戊　辰　大林木
胎命　乙　巳　覆燈火　喜神五行

第一《原局干支作用變化分析》

地支：年子生月寅，月寅沖散日申，時辰生日申，胎巳合日申化水得神煞【亡神、鈎神】，月寅破辰為【地猬】，時辰不再作用。

天干：巳申水局生月甲，年戊剋水局，月日甲均助旺乙，時戊剋水局，胎乙剋年戊。

結論：地支年子、月寅論強，時辰論弱，故知水、木論強根，日主甲論強。

第二《身體弱點與衍生病症》

天干甲、乙均為強，尚有巳申水氣局，依此命格氣局必論最強，故身體弱點屬水，相應臟腑即腎膀胱，最容易發生毛病之臟腑屬生水之五行即金，為肺大腸，可能之惡疾為水所剋之五行即火，屬心臟小腸。

第三《格局用神分析》

日主甲木論強須剋洩，為財官子，原局天干無所用，因日主有根，故直接取局外虛神，以寅月旺木必用土，故以土為真用神，論【虛】。

第四《五行喜忌分析》

用神：虛土。喜神：金、火。忌神：無。閒神：水、木。

第五《宿世因果之我執宮位與神煞》

神煞：【亡神、鈎神、地猬】，所執次重宮位：【根、命】，此須再配合日課才算完整。

第六《十二地支行運看法分析》

逢子年必生月寅。

逢丑年必六合年子不化。

逢寅年必破時辰而建生神煞【地猬】。

逢卯年必與寅辰三會。

逢辰年必半三合年子化水局。

逢巳年必生時辰。

逢午年必生時辰。

逢未年必破年子而建生神煞【唐符】。

逢申年必生年子。

逢酉年必化時辰為金局，建生神煞【咸池】而消失，故使月寅論動。

逢戌年必沖散時辰。

逢亥年必六合月寅化木局，建生神煞【劫殺】而消失，使年子半三合時辰化水局，此為命格變局，由流年造成變易而為從格，進而改變命主之喜用，此所能申之象義，論命主性質之更易，而必屬妄動，故必論凶，實證業者，財報為最重，感情次之，後則為運勢，而身體疾厄之應，則看納音所判定之行運，若凶多衍厲疾，行運逢此為明顯變化，學者可多經驗，必能有進一步之體會。

此逢行運而生變格者，必緣障業，能為善化之道，盡在有學而无妄，此唯賴己而已。

以上示範命例之分析演練，皆循命局分析步驟，學者由此反覆演練，則能發現體會深層之變化，能為用心思復，則得五行作用之必，此為習命之必善法，學者有志，唯必以之也，若日日以十命題演練，則僅需百日當得理會矣，或更生命局之直覺，此則實入命之道矣，善法如此。

第七節、《論命之要義始終在引善而得坤受乾行之證乃得人生所宗之詳述》

五術本傳，乃仙佛之道，為化生仙靈之直徑，是言山醫命相卜，乃鑑五行而申制義，故得明其廣用，以為人生演化之必，是得其因乃得其果，而明道知行以成趨避，由此善引人生，此心終能定，故為水火聖結，實成化生。

由此臨觀命之道，可得命局之既定，而能為者，當在此心應對，人性皆惑亂於恐懼，乃亟證於未來，以求此心安住，此命之道得以行，而為道濟者此也，然於未來之果，不能應心者，則人性必思妄矣，乃招業於無端，是更禍於命之所見矣，是行道之善，乃明之於因果，而證引善之法，則人性循之而心定矣，乃終全其業，是道性得矣。

故知道濟之必，皆定心也，乃緣業而知坤受，此心積極不生妄，乃證乾行也，學者論命能由此，則建道功，仙佛關注，亦自證人生之所宗也，而必得化生之徑也。

五行論命術第四回主旨：【論命取象必依五行正論】

第一節、《如實之論命必在事理衍生而盡在五行制義之申論》

觀命乃證因果而循易之道，故命局之五行演義，皆能從象義，而通貫其中者，必在事理。

五行演義有其必，而立其既定，此即見因果也，復思取象從人性，則事理可得，未來能觀，而欲能為此，唯循易觀象，復以循習，則明理之必，乃證有孚而明道，以之論命，乃知如實。

此由五行制義以定命局，復以演化命局五行作用之必，而以根苗花果命諸象，思理申義，再輔之世道環境，則命主之所向，乃見積極用心處，成與否在心矣，或命主之所寬，乃見無執處，得與失在心矣，此臨觀喜忌，而證事理之必，其中易之道盡為其用矣，是知習命必由知易，方能衍大成。

由此言命之道，實則在易也，今之學者不明此，乃著于取象，其有得者，盡在慧心與緣業之合，其心並無真把握也，如此言命，皆為輕浮，豈能為正？是知易，乃能言命，此為人道之大則，學者切不可忽之也。

第二節、《五行正論之詳述申論》

五行包含水木火土金，其中分陰陽，陽實陰虛，陰陽之中再分氣質，此是五行大致上之分類，行之義，為震，其性動，為變化，這是五種力量不穩定之前提下五行作用分析之學術，所有五行均適用，論共同特性，故名為「五行正論」。

論陽實者，見干支之象也，言陰虛者，納音之證也，復言氣質者，干支之分也，由此以申五行作用之特性，既知行義為震，則必明震為執之成，乃證因果也，起心動念為執，付之乾乾則為行，是知五行，皆為執性，而見其行，自以能生而行專，謂貪生忘剋者是也。

貪之意，為亟心，不顧一切，論專注，故一旦五行有所生，則必全力生之而不再行其他作用，此即五行作用之大則，不別陰陽皆如此，復明其專之意，則知同一時間不生二次作用，此理之衍生，為「干支理化作用簡表」所論，學者依之可也，外道所言當盡捨，此五行正論，仙佛本傳，具信與否，當證學者之緣也。

第三節、《天干為五地支有十二之各種作用涵義分析》

五行之干支作用，天干五種，優先作用之順序依次為「生」、「五合」再來「助旺」、「剋」、「伏吟」，地支十二種，優先作用之順序依次為「三合」、「六合」、「生」與「半三合」，次「三會」、「沖」、「破」、「刑」、「害」、「剋」、「伏吟」，最後「論動」。

這些干支作用皆有其重要含義，須能依照此重要含義進一步衍生，這必要理解而能體會，方能如實運用，絕非死記，以下為各干支作用之主要含義。

首論天干作用，其中五合分合化與否，其條件參考干支理化作用簡表

第一論相生：

這代表受生之天干五行能量增強，必發揮作用，如為喜用論吉，為忌神則凶，再配合所居宮位以明其得失剋應，而原生之五行為休之象，其相應宮位即所居宮位，發展必有停滯，此為天干相生之取象含義。

第二論五合不化：

此為二宮位彼此牽制，所相應之命主資訊可論不能發揮，必發展受限。

第三論五合化：

此二宮位所指命主相應資訊合為一體，論強化，必發揮，其發揮之吉凶，以化局五行如為喜用論吉，忌閒則凶，先注意此吉凶僅為表象得失，非為的證，蓋必配合神煞，此論居後，靠學者自悟。

第四為五行助旺：

同五行不同陰陽論助旺，不論何干助旺何干，論彼此皆強化，此為助旺含義，這個取象最容易衍生思考進一步之隱藏涵義，藉由實際經驗必能體會。

第五論相剋：

此為受剋五行能量受削減，如此受剋五行極弱無根，而剋他之五行有根，此非必為強根，則有剋盡之象，此受剋五行之相應宮位絕無發展。

至於其他相剋之組合，以受剋之義，為抑制，論發展受限，故其命主資訊必有此取象，而剋干也必自耗能量，為囚之象，此為迅速消耗，故相應之命主資訊，有發展皆不持久之意，但如果相剋雙方彼此皆無根，此為極弱剋極弱，依五行正論，陰虛五行在此條件下，受剋之方必化實，這其實就是被剋盡，如前面所言之義，剋他之干也接近化實，故也同論絕無發展，此為相剋之重要含義。

最後第六論伏吟：

此為同干，論力量互相牽制，非為增減，然於相應宮位有抑制發展之象，原命局中出現伏吟，也代表命主行事多阻礙，一生難有發展，這自然由伏吟之相應宮位尋找不順之因，此為天干五行作用所得結果之取象含義，必可據此結果以衍生其前因，而能進一步提供命主適當之建議。

再論地支十二種作用

第一為三合局：

原局地支組合，只要三支能合成三合局，此論必化，然必要皆相鄰，這種組合包含「年月日」與「月日時」、「日時胎」，特別注意如年月為半三合且未能化質，則與胎支若能形成三合局亦能化，但此極為少見，以三合局之義，為三宮位成一體，論極穩定，而皆為化局五行，論強根。

此三宮位雖論穩定，但最怕破壞，能破壞三合局者，以歲支作用與三合局只能呈現生或者剋，然若歲支為三合局其中一支，就必破壞此三合局，為何能破壞？在於五行介入而生質變，此為損道之理，過則見亢矣，而此意為三個相應宮位所指資訊均逢破壞之意，這種流年對命主而言，如同重新再造，必有大轉變，其轉變是吉是凶，同樣以行運吉凶判斷法來確定。

第二為六合不化：

如同五合不化之義，故不贅述。

第三論六合化：

此合化條件參考理化表，六合化為化氣，不可再論為根，可論為天干之五行，且此二支不再與流年地支產生作用，通常代表六合化之二宮位論消失，所以不可能再變化，然六合化為地支質能之具現而陽顯於天干，故應命主深執之念而多為成象，此成者多含被動之意，而此言被動者，即緣業也，此為六合化之重要含義。

第四論相生：

此為強化受生地支之五行力量，必論吉，代表此互動之二宮位因果明顯，有原生宮位極力發展受生宮位之取象，藉由此以衍生此相生之義。

第五論半三合不化：

這與五合不化含義相同，亦不贅述。

第六論半三合化：

由理化表所論合化條件，五行不同，以火、土、金者，必配合天干相同化局之旺氣，才能成化，而水、木局者，不問天干，只看月令，符合理化表所言條件即合化，此相關水木之性，一者建執，一者動行，故必立發生，不須天干旺氣以作引，而半三合化局絕不受破壞，其理在於半三合化局不至亢也，若行運補缺者，則應三合，而半三合局必得四正，故五行力專而穩固，乃不見伏吟撼動，由此可知必不受破壞。

第七論三會局：

此為三會地支呈現於原局相鄰地支，例如「年月日」與「月日時」、「日時胎」，如此為三會局，此三會局成會機率甚小，絕不常見，主要含義為此三會地支均論強旺，即論強根，如同五行助旺。

而所會五行之含義，即有此所會五行為命局中最明顯之五行，且必呈現於外在型態之意，這邊的意思，不是命局中最強旺五行，學者不可會錯意，純粹指命局特性，此為三會局之特性，至於流年行運，同樣與三會地支直接作用，只要其中一支受流年歲支作用，則必破壞此三會局，同樣三宮位皆有被破壞之取象，此為三會局之主要含義。

其他沖破刑害剋伏吟，留待下一回再論。

第四節、《命例演練標準示範依此為推命步驟》

坤命七十一年農曆壬子月戊子日，即十一月十七日丙辰時，推測胎元屬癸卯。

年根	壬戌	大海水
月苗	壬子	桑拓木
日花	戊子	霹靂火
時果	丙辰	沙中土
胎命	癸卯	金箔金

第一步、看《戌》與《子》之關係：

此戌剋子，子仍可作用，戌剋子為燥土剋弱水，有剋盡之象，然非剋盡，月支可言貴人，有貴人受制之象，主要論事業，為事業發展受限之象。

第二步、看月支《子》支與日支《子》支之關係：

論月支子支伏吟日支子，以伏吟論牽制，也為穩定，故知命主之婚姻可為美滿，不易生意外，同樣代表五十歲前之事業必然穩定不生變化。

第三步、看《辰》與《子》、《卯》之關係：

由於日支子受伏吟不再主動，故看辰之動作，以辰與子為半三合，而與卯無動作，故論辰子半三合能化水局，而既化水局，故不再主動作用，此日時二宮位論一體，為強化穩定，皆以【水質】來呈現。

第四步、看《卯》與《戌》、《子》、《子辰水局》之關係：

以六合最優先，故卯必六合戌，因為月令為子，故必化火論氣，由此得神煞【月符】，而戌被合化即不剋子，由此第一步驟所言不可做論斷。

在原局地支作用中，如前面地支之作用受到後面地支作用而不能再有動作，即受合化與合而不化，並沖散沖破或者被破，這邊注意沒有伏吟，則此前面地支原本之作用，除了已成合化局者外，均如同無作用，也就是當作沒有發生。

這個理由在於原局地支作用雖必有先後，然而也可當作同一時間之動作，故未成穩定之作用則必能變化，而由於所受到的作用，使得此地支無法再主動動作，所以其前面之動作有如未發生，就是這個理由。而以原局地支作用，其中受此無法再主動動作之地支所直接作用之另一支，又該如何判斷其作用？這同樣依其兩旁之鄰支，以作分析即可。

至於伏吟與合而不化同樣論牽制，這為何例外？其實伏吟與合而不化大不相同，伏吟為同五行之牽制，為妄動之平衡，並非控制對方之行動，所以不能改變原本之作用。

這是原局地支作用中學者所必然遇到的問題，只要學者積極練習，就會發現更進一步的問題，而原理均相同，據以分析就能得到答案，這留給學者自行發掘。

卯戌既化火氣局，升而論天干，不可論與地支作用，而月支子水與水局不能生剋，故論無作用為安靜，如此地支能論根者為子支與水局，且均為強根，以原局天干透水且無被合，故知命主原局水旺，而以卯戌化火，此為妄動之氣，故亦知命主原局火旺，而呈現於外在之五行必為火，此知化氣最強故由火呈現。

這種命局水火均旺，而火勝過水，即火論陽顯，此為未濟之象，這種人必善疑惑，凡事計較，心機重，思考模式異於常人，這是由未濟所作的衍生。

這種根據原命局中僅具二種強旺五行，而其一必論陽顯，而以陽顯五行居外所成之卦象以論命主特性之法，此為取象成卦，萬事萬物皆可為此，而若是三種強旺五行以上，同樣以陽顯之五行居外卦，其餘則以受生或能剋者居內經卦如此成卦，這些專論命主特性，提供學者參考。

回到此步驟所論，地支作用已然完整，結論為地支皆為水，這種取象即坎象，故知命主必執著深入，蓋五柱地支如同內經卦，代表此人之本質，其實依此命主所得之未濟，也知其必執著深入。

這種單看地支五行以取卦象，指的還是命主個性，基本上用來作輔助，也可忽略不論，蓋其呈現也不明顯，此地支之性就是如此，此看法僅提供學者參考。

第五步、看日主戊土之旺衰與強弱與是否逢合或衰逢旺剋或者化氣或者主動與他干作用：

以地支五行無土，故日主戊土無根論極弱，而胎干為癸，故知戊必合癸，以月令為子故不化，故知戊癸二干互相牽制而無作用，而此又為戊主動合癸，可謂命主自己造成，以胎干所指為宿世因緣，而無作用之意，自然代表此因緣不能圓滿，有白來一趟之意，依此所能做之建議，仍在世間真相之理會，唯有確定人生之所宗，方能定志，而成圓滿之機。

基本上天干氣局必先論作用，是卯戌火局必優先論，是為生戊，生為助，而不能更易其旺衰，是言無益而多見紛擾，若損益所言「十朋之龜」是也，如此命例，可言命主多受月符侵擾而心妄，以月符必證幽冥之力，為障業頻仍，是最佳建議即為求道，逢此類命主，為世人所言帶天命，能為道濟，其心當自安。

而此日主戊土無根生扶無用，故卯戌火局不可為用神，以地支水為強根，故知天干壬水可用，此壬水為陽用神論實，需再看陰用神，以胎元納音金箔金，所生五行為水，知陰用神亦為水，故以陽用神這個壬水為真用，此命主用神名之為「實水」，故忌神為土，喜神為金木，火為閒神，此為命主五行喜忌。

八字所取用神，並不需分別是為何宮位之天干，這是因為以何宮位之天干取用，並沒有產生特別含義，外界所言用神所在宮位，代表此宮位命主所獲助力最強，這種似是而非之看法經常出現，以用神之本質為命主心之所向為所執，只能代表用神所在之宮位必為命主所重視，必因重視而故積極，且須為旺可發揮才能真正論吉，怎可直接論有強大助力，這個道理清楚非常。

再言原局宮位干支喜忌，其實不可直接論為命主外在所呈現之喜忌，真正呈現於外在者為五柱之納音，必以五柱納音論喜用者為命主積極即執著之處，如日柱納音為喜用大都為我執，此命主私心較重，若為忌閒則不執，可論較無私心。

第六步、看年干壬水與其餘四干之關係並注意是否主動與日主產生關係：

此年干壬水必助旺癸，以入世因緣而論，屬於善緣，命主與父母前世可能為同修，以胎干論命主，此即父母主動與命主產生互動，代表父母主動圓滿與命主之因緣，故以恩仇來論，可論命主是來討債的，如此推論，命主對於父母較無感情，故必缺乏互動，再以父母與命主之因緣而論，既然命主是來討債，可說容易圓滿，然同樣需建議命主需符合人道而為孝順，就能更圓滿。

再以年柱納音而言，為命主之用神，必為命主積極之處，且年柱亦為旺相，故於年柱之所指，命主必能圓滿，而年支特指含義則不一定能圓滿，這是因為所居神煞之故，神煞必為定局，故必論神煞之義，且以神煞之義為主。

人生不離五行，為五行所生，必具五行之性，五行特性之衍生即為各個人生之發展劇本，這屬於一連串之選擇所形成之人生樣貌，而這個選擇，自為心之所向，為心之所執，稱為執念，或言業障，這在不能節制內心之嗜欲，且無法避免五行之影響之條件下，人生必有其定局，而依此劇本演繹人生。

此即宿命之論，非不能改變，先聖先賢所傳推命之術，本在於理解宿命，而據此宿命以解執念，而能圓滿命主之因果，這必賴適當之建議，而此建議關鍵必屬入世因緣，理解此因緣，則所執易解，因果易圓。

若專言運勢吉凶，所論為既定之人生劇本，而不言如何進化人生，如何圓滿入世因緣，如此推命無益，五術之道在於濟世，入世因緣本為圓滿命主因果，若做不到此即白來或更生業障，五術濟世之意，即助世人圓滿之法，故所重皆在此，此間道理清楚明白。以上所言為論命之所最重，既知此理則絕不可忽略於此，必不可或忘。

這邊所提之入世因緣，即所謂八字乃三世因果之呈現，而所謂三世因果，針對命主而言為父母、命主與子女，並非前世、今世與來世，此由父母生命主，父母為前因，命主為其果，而命主生子女，此命主為因子女為果，彼此間皆為因果而歷三代，故名三世因果，與部分學者所言，可由八字論命主之前世，甚至於未來世這種天方夜譚絕對不同，八字之本質實為命主五行之呈現，依五行之性，以推測命主人生未來之發展，絲毫不玄，全屬五行正論，要依此推論命主之前世，實屬不可能，遑論來世此尚未形成定局之未來。

若真正要探討命主之前世並非不能，然不可能藉由八字推論，基本上只能依賴神佛，而探討已成過去之前世，既不能改變，頂多理解此生業障之來由，更能喚醒命主已遺忘之恩仇記憶，這與入世為圓滿因果之目標不為幫助或為阻礙，實在無此必要，然因世人之所執，對於探討前世執著不放，故仙佛慈悲開此方便之門，然必著重在理解因緣，而能心甘情願放下執念，而圓滿因果。

以八字原局所論三世因緣，即三世因果，已經呈現命主此世該圓滿之處，這就是心之所向，為心願，為五行特性之傾向，為用神，為不足之處，故稱圓滿之處，其實這就是命主之執念。

第七步、看月干壬水與其他四干之作用：

同樣此壬必助旺癸，以月干所指命主資訊為福報與朋友、人際，代表與宿世因緣共榮，既為助旺，則見累世之福緣，命主可為坐享，然必有盡時，若以人之道對朋友為義，為適宜，能犧牲，積極利他，無求行善，如此能言圓滿，此為月干原局之真意。

再看此月柱，壬子納音為木，為命主之喜神，論命主積極之處，這邊月柱所指也有事業，與時柱相比較，時柱納音為土非積極，同指事業，故這代表針對事業這一項，不論命主積極，蓋時柱代表一生事業，事業本論成果，故事業以時柱為主，然於五十歲前之事業，可謂命主比較有心，如此而已。

以此命例月柱論旺，可論命主必有發揮，專以事業而言命主必有小成，而若論人際以至於朋友，必論為命主得意之處，此由命主特性所衍生，自然有此結果。五行論命，由喜忌知命主積極與消極，由旺衰視其發揮與否，最主要之原則在此，這個方法，就是如此簡易。

第八步、看時干丙火是否與日主直接互動與其他四干之關係作用：

天干有戊能生，時干丙必生日主戊土，為直接之互動，以時干代表子女，即命主與子女之緣分較深，而以時柱納音為土屬忌神，非命主積極之處，且時干非旺相，此以果之呈象言之，主命主能寬執之處，以人生之所宗，循業為善，得失成果皆能應緣，則為人道履義，反稱為美，若見世人名利目，則絕難符合命主期待矣，若命主更執之，則唯循機巧，乃自招妄矣，其理如此。

第九步、看胎干是否主動與日主互動並與其他四干之關係作用：

此胎干癸逢戊合而不化，無法主動作用，代表含意如前所述，胎柱納音五行論金，此為喜，為命主積極之處，若非喜用而為忌閒，則非積極之處，以胎柱論本命，主要為入世因緣，不積極於此之意，這自然代表命主業障較深，如此類之命主，即胎柱納音論忌閒神者，大都如此，此可為直論。

由此案例，其干支作用之分析就是如此，必兼論命主旺衰與用神喜忌，以至原局資訊，學者大約先以此作分析。

此案例胎支與年支卯戌化火，神煞為月符，亦言地殺，以年支而言為祖上、為財源、論遷移、論隱藏變化，為種種根之取象，既為月符，以日屬陽月屬陰，故其義為陰符，陰符之義專門代表無形力量，這代表年支所有取象必受無形力量影響，此命主必有明顯感受，而這種無形力量必為祖先，可謂祖先即為業障，這是命主該積極圓滿之處。

再以胎支而言，專論因果，本屬無形力量，故論為強化這個含義，也就是命主若不圓滿與祖先之因果，則人生必然無法發展，此為最重要之含義，而此年柱與胎柱均為旺相，故知此剋應必然明顯，而且一逢流年納音生助，皆可論強化此剋應。

再論子辰半三合水局對命局之含義，此為日支時支合為一體，故吉凶同論，日支專言婚姻，時支專言五十歲後之事業，一體之意為婚姻事業必相關聯，即有此婚姻方有此事業，故有家族事業之取象，然非必如此，此命例半三合水局為用神，則為命主容易符合期待之處，而日時柱之納音分別為火土，論為忌閒，皆非命主積極之處，故以日支時支所指含義，一為感情婚姻，一為事業，雖容易符合期待，然由於命主不積極，故難更上層樓，事業成就必有限。

如此綜合而論，命主個性感情婚姻與事業皆不重，這方面必得過且過，故若遇流年納音令日柱旺相，假設流年地支破壞原本子辰之半三合局，注意這邊為假設，則命主均有可能結束此婚姻，如命主所重在此，命主就不可能隨意結束此婚姻，此以命主之個性所進行之推測，這個論法乃根據自然之道理，必知人生為命主之選擇，以命主心之所向而行之推測必然精準，學者必要能熟悉運用。

以上大約申論此案例之原局資訊，據此能對命主之建議，除了必積極無求行善，也要明白指出原局所指可能出現問題之重要事項理由與時機，並由宿世因緣提供命主該積極之方向與圓滿之法，如此為完整建議，若命主能接受且能積極於此，則人生就有圓滿之可能，學者如此論命方言助人，方為行道立功，此建議為關鍵，為論命之所重，絕不可忽略於此。

這邊學者再注意，此命例原局五柱之納音結果五行俱全，符合棣萼聯芳之成格條件，以原局無其他貴格之成形條件，故知此命例屬棣萼聯芳之貴格，既成格局則必具格局之特性，此棣萼聯芳格，代表命主一生必能順利且容易富貴，只要行其正，則容易符合期待。

然而由前面分析，並不盡此意，甚至有所矛盾，這該以何意為主？以成格論變必為陽顯，故必以格局特性為主，然原局之作用所產生之喜忌並非不存在，此言伺機而動，論隱晦，此要呈現轉而取代格局之特性，其一命主所行不正，其二為消極悲觀不自振作，則失此貴格，只要命局成格，大約如此申論，先知此即可。

第五節、《胎元真義之詳述與申論與陰用神真實理由分析包括入世因緣之思考研究討論理解》

五行論命術必論胎元，外界之法大都忽視，以胎元之義必知外界之誤，此誤延續千年之久，錯誤學理成為主流，故分門別派，百家爭鳴，而難求得共識，命之理一也，如何分派？此命之道所以喪也。

胎元為受精卵形成生命之月令所呈現之五行力量，以此月令干支代表之納音五行即為此五行力量，以納音五行之特性非為明顯，易靜不易動，為陰虛，論坤卦，此於胎兒中所形成之五行力量必有此性，於未出母體之前僅有此五行，這是因為母體內本身之五行本自成循環，而外在時空環境之變化，其五行力量對母體造成之影響，也會與母體本身之五行達成平衡，故難以進入胎兒體中而產生另一種五行。

既然只有一種五行，以五行必貪生忘剋之特性，此胎元五行之所生即為此嬰兒之所執，而此為先天，即潛意識，為執念，亦為用神之一種，與八字全局所得之用神，一陰一陽互為表裡，此為萬物皆具陰陽之理，由此衍生分析此陰陽用神是否配合而知人生之發展。

此皆為心之所向，以用神為心之所向之理，根據以上之申論，必知胎元五行之所生也可能為命主真正所需之用神，故知胎元之申論絕不可忽略，除了用來尋找真正之用神，更由此能分析用神之種種變化，進而判斷命主人生之行運過程最為可能之選擇，此胎元真義，主要在此，更有入世因緣同在此中。

胎柱包含干支，胎干直指入世因緣，胎支直指因果，這二項資訊統稱為宿世因緣，人生所為何來就是在此，人生要能圓滿必針對入世之因緣以行積極，而能符合中道，終結業債，而除心中障礙，即化業障，即無罣礙，如此而心中無執，而能定靜，不生波濤，不生念頭，不再造因，而圓業果，由此而離輪迴，此為人生終極目的，故論命之要義必在於此。

由易理分析，以胎干屬乾卦，必主進，為剛難，為亟心，為嗜欲，論習性，論執念，論非想，亦論非非想，其錯坤，必主退，為柔且順，為無心，為無行，論轉性，論放下，亦論非非想，且論非想，如此易之所言，以定胎干所指入世因緣，是為乾坤天地包羅萬象，必難以形容。

而聖人以八卦取類萬象，在於化繁為簡，以簡馭繁，雖入世因緣之萬象非言語能形容，然其綱要卻必能掌握，所以綱舉目張而衍生無窮，而此綱要必然呈現於胎干之五行作用，以入世必為因果，為起心動念，故必為動，而胎干既此因緣，故以其動作而為代表這個綱要，此即為論命術中所言之入世因緣，故知由胎干直接互動之天干，或其他四干直接與胎干互動者，這些天干所特指人生之重大資訊，就是入世因緣，就是命主該積極之方向。

再言建議，則看胎干與其他四干如何互動，或為生剋，或為合化，或為伏吟，或屬助旺，或為主或為客，依各種不同之組合以行適當之建議，這個部分也不複雜，大約人生重要關鍵必不外乎於子女、父母、人際、個性這四項重點，而依序與時干、年干、月干、日干密切相關，如與胎干互動，不管作用如何均必為入世因緣，再由此分析此因緣之細節，自然能夠獲得適當之建議。

以下依子女、父母、人際、個性配合胎干之各種作用，詳述其含義與建議。

首論時干子女所指入世因緣之涵義與必要建議

先論主客之分

若為時干主動與胎干作用，以胎干為入世因緣論我，則為對方主動，代表子女主動為圓滿與我之因果而來，反之論我為主，必論我主動。

再論五行作用

若為相生：

不論誰生誰均為報恩，為償還欠債，受生者必為債權人而為討債對象。

若為合化：

則彼此化為一體，必先以此化氣五行與其他三干之作用，以確定命主與子女共同之入世因緣，若與年干互動，則均在命主父母，僅有生剋，僅有恩仇，若是與月干互動，均為同一人際關係，必指同一人，並非只有一人，而是恩仇之對象必同一人，若是與日干互動，則為修身，此代表前世均為同修。

若合而不化：

彼此為牽制，必代表命主與子女業障難解，不只有恩仇，必帶情分，此代表前世必為男女關係，必有感情糾葛。

若是助旺：

屬共榮，故論善緣，此代表前世必為摯友。

若是相剋：

則為討債，受剋者即為被討債對象，此代表前世必有錢財上之糾紛。

最後為伏吟：

亦為牽制，為對峙，也是代表業障難解，然此無情分，只有仇怨，此代表前世命主與子女彼此為仇人。

以上所申論為各種天干作用所指入世因緣真義，而適當建議均必以中道以行積極。

此配合人之道

若為償還業債：

為胎干生他干或受剋，則教子女必盡心，導之為正，而能人生有成，然絕非溺愛。

若屬業障難解：

此為胎干合而不化或伏吟，此為心中所執難解，欲化心中之執，唯有積極無求之行善。

若子女為報恩還債而來：

此為胎干受生或剋他，則需胸懷大度寬厚有容，這類子女必能早年自立，並助命主。

至於化氣或助旺：

則珍惜緣分，依父母子女為人之道自能圓滿。

如此建議大約完整，此為子女一入世之適當建議，若子女已成長一段時間，心性已定，則建議必有變化，此必依賴起卦方能取得適當建議，以上為時干子女入世因緣之真義與建議分析。

次論日干個性所指入世因緣之涵義與必要建議均必指修身之討論與分析研究思考

主客之差別，則必以日干為我胎干為他，若我為主動，此謂命主入世來修行，非特指任何作用均為此意，若胎干主動，則為命主為圓果而來，所謂應劫下凡，故知日干胎干具有互動，均代表命主前世必有修行或有道行。

若為相生：

不論誰生誰，均有精進修行之意，故可謂善緣，這種命主必行修道之路，極可能為僧道，蓋修行之路必屬命主亟心之願，故為此。

若為化氣：

先分析與其他三干之作用，則為父母、人際與子女，生此三干者為償還業債而來，若剋他干，則必論討債。

若論助旺：

也是精進修行之意，必為善緣，也必行修行之路。

若是相剋：

則均論修行上之考驗，所謂道考魔考，均為修行之關卡，若胎干剋日主，則命主一生多不順，此為苦心志，為磨練，約五十歲後才能解脫，若為日主剋胎干，則為魔道之誘，命主一生多順利，易行不正，若為邪道，則五十歲後必行運多困。

最後伏吟：

互為牽制，彼此無成，此必惡緣，修行難以精進，人生必多誘惑，易為迷失。

以上各種狀況之適當建議，均為中正自守，圓滿人道，也就是修身，而修身在於養性並生智慧，進而行事能符合中道，如此而算圓滿，另外日柱亦有關於感情，在此為何不論此重點，因為這是日支討論的範圍，日干專論個性，日支專論感情，各有其所指，故於日支部分再論。

再論月干人際相關各種因緣之申論與必要建議

主客與時干之論相同，不再贅述。

其五行作用

若為相生：

不論誰生誰，同樣為報恩，如同還債，與時干所論之差別，在於此人際所指對象必要進一步分析，才能確定其所指，這個分析方法先別深究，先知此即可，其實大部分以朋友最有可能。

再論合化：

為命主與人際合為一體，與其他三干之作用也僅為生剋，對象若為日干，此論入世因緣在於圓滿命主之人際，若日干生化氣或化氣剋日干，則命主是為還債而來，人生必多波折，必受他人利用，多為群小。

如果化氣生日干或者屬於日干剋化氣，則為享受福報而來，他人必來報恩，命主人生多順利，若化氣作用對象為年干或時干，則為父母或子女，此並非人際關係與這對象有何因緣，而是命主之恩仇，或為報恩或為討債，然牽扯人際，則代表命主必藉人際以圓滿這個恩仇，而此化氣必有直指含意，此代表命主人際必然豐富多變化，容易有成就。

至於合而不化：

彼此為牽制，可謂命主必為其人際所害，而無法圓滿入世因緣，其中或有前世之感情糾葛，或前世錢財之糾紛，甚至為傷害殺伐之因果，大約命主人際皆論冤親債主，由此也可知，命主一生必難成就。

如胎干與月干助旺：

同論善緣，命主之人際大都可能為前世之同修，也可能前世為摯友。

至於相剋：

同為討債。

最後為伏吟：

這同樣代表命主人際不能發揮，人生難以圓滿，而多屬冤親債主之影響。

以上所申論為胎干與月干各項作用所指入世因緣真義，而所能做的適當建議，所有呈現的各種入世因緣均相同，均為積極無求之行善，此為最佳圓滿之法，若屬於論凶之因緣，則必由此減輕對命主之影響，此法再三重申，蓋為改變人生不二之法。

最後論年干父母與命主入世因緣之涵義申論

主客與月時干之論相同。

而其五行作用

若是相生：

也是報恩而來，生年干則命主報恩而來，生胎干則命主討債而來。

若屬合化：

為命主與父母合為一體，與其他三干作用，同樣僅為生剋，若直接與日干互動，此論命主入世因緣在於圓滿與父母之因果關係，在日干生化氣或化氣剋日干，則命主專門為還債，而若化氣生日干或者屬於日干剋化氣，則命主專為討債。

這種入世因緣專指父母，故命主若僅有此入世因緣而無其他，則命主在與父母圓滿因果後則必離世，而相同命盤之差別，在於與父母圓滿因果之速度，可留於人世之時段並不一致，故必理解入世之因緣，人生所有得失自然較不會執著而容易放下，這點必要理解。

若是化氣與月干時干互動，自然在於人際與子女間之恩仇，而人際需知對象，此為進一步之分析。

若胎干與年干合而不化：

為彼此牽制，如此命主與父母必屬仇怨，前世非為感情糾葛，必屬錢財糾紛，或為傷害殺伐之各項因果。

再來若為助旺：

此為共榮，論善緣，前世可能為同修或為摯友。

至於相剋：

自然為討債，必屬恩仇。

最後論伏吟：

為彼此對峙，必屬仇人。

以上為五行作用所指命主與父母之因緣真義，而適當建議也是只有一個，即盡人倫之道，必為孝順，百善孝為先，為行善之本，若能配合積極無求之善行，人生必能更圓滿。

以上為胎干所指入世因緣與原局其他四干作用之因緣真義與適當建議，此為論命所最重，為行道之重點，學者不可不知，如此胎干之論大致完整。

再來以胎支專指因果，與原局其他四支直接互動之含義進行申論，此必由易理，以胎支屬坤卦，同具天地乾坤，同具萬象，故同樣掌握綱要即可，這個綱要於人生過程也必不外乎時支所指命主事業，與日支必論之感情婚姻，還有月支只談命主五十歲前之事業，並年支所特指陰陽宅這四個重點，以下依胎支與其他四支直接之互動詳述其含義與建議。

首論日支必指感情婚姻之因果建議與真義申論

依五行正論，十二地支作用分十二種，其中之互動以強化、弱化、或為牽制、或為合化、或僅為動靜，分為這五類，同類型之作用所指因果可謂相同故同論。

地支所有之作用，除了前述十二種再加上完全無作用之安靜總計十三種，此安靜屬本質含義略而不論，這十三種作用之五項分類，其中牽制包含六合不化、半三合不化、伏吟三種，強化包含三會、受生二種，弱化包含受沖散、受沖破與被破、被刑、被害、被剋六種，再來合化包含三合化、六合化、半三合化僅有這三種，分動靜，地支受作用能繼續動作而無作用對象此論動，地支完全不受作用稱安靜。

此外對於主動與他支作用之地支，即生他、沖支、破支、刑支、害支、剋他與伏吟他支，不歸於此五類，論第六類，這些地支作用在主動與他支作用後，並不影響本身力量之強弱。

與胎支有互動者，皆為命主因果，若此原局地支僅為與胎支作用之地支，論此原局地支所指宮位資訊必強烈，以胎支論緣業，故必證幽冥影響，不分年月日時皆必見其象義，而證之為嚴厲者，唯在年支，蓋見重重取象皆相應，故必呈現明顯資訊，此為第六類作用之特別含義。

以下直接分析日支與胎支五行作用之含義，此必為胎支主動，除非為三會或三合，年月日時四支中與胎支之互動，只有日時可能論主動，年月必論被動，主動與被動之別，被動為因果既定，屬命主必化之業，主動則為今世所造，非為既定，可以避免，屬命主未造之因，這前因後果必要明白，方能對命主做適當建議，此為論命要義。

第一為強化：

指命主之感情婚姻為今生最重之業障，非必為執著之處，但人生問題必由此衍生，此果為宿定。

第二為弱化：

此為因果必造成命主婚姻感情不圓滿，命主也未必執著此處，但如深執於此，則必一生抑鬱。

合化論第三：

這必分化質化氣，若屬化氣，即不能改變，代表命主婚姻必屬被動，且一旦結婚必難離婚，若為化質，為合體強化，同指命主之感情婚姻為今生最重之業障，如強化之意，但更為嚴厲，可謂無法解決，命主大都執著於此，是以嚴厲。

第四論牽制：

命主亦必執著此處，牽制屬無變化，或難以發展，故知一生為情所困，此因果亦屬嚴厲，此類命主婚姻感情容易分合，這是最重要之特性。

第五為動靜：

論動必為強支，不論是強化或弱化之作用，皆為強根，論動代表多變化，故命主感情婚姻必容易出問題，或多次婚姻，這種因果自然論嚴厲也難以解決，至於日支論安靜，為不涉因果，故婚姻感情必圓滿。

接下來論月令直指命主五十歲前事業之因果建議

第一為強化：

此亦直指命主事業為最重之業障，人生一切問題由此衍生，大都執著於此，難以解脫。

第二為弱化：

指命主事業難圓滿，命主若所執在此，為抑鬱不得志，必更衍生因果。

合化論第三：

同分化質化氣，若為化氣，則建神煞，為命主所必執，主事業被動而致，若此化氣更為命主之用，則多為事業有成，若為化質，則與強化之義相同，通常命主事業必有發展，可論成就。

由日支與月令，與胎支作用之分析，必能清楚五行作用之含義，相對於各支所指因果含義，學者必能自行衍生思考，而賴實際經驗，更能有所體會，此節所言，似為繁雜，然其理則一也，學者需細心思考，尋找一以貫之之法，自能如實運用，而真正重點，仍然在於積極驗證，方能有所得，本節主要在此，必要用心研究。

五行論命術第五回主旨：【實際論命之開始】

第一節、《五行論命術忽略大運不論之絕對理由申論》

論斷八字，真實不須論大運，大運乃由月柱衍生變化而出，為苗之生長過程取象，為命主於人生各階段之相對條件，由此推論大運之價值，僅能言可能，不為絕對，如此不能為學術，故不論。

八字推命原始根據，為五行之生剋制化作用，即時空環境中變化之五行所產生的影響，這是重要的學術根據，大運既由月柱干支衍生，並非時空環境所產生，僅僅為取象，故知大運並沒有能力與原局干支作用而對原局產生影響，既如此，將大運視作一生行運吉凶之重要推論豈不荒謬？

為何學術界從不正視這個問題？這導致現代論子平術實謂繁複，論命困難，難為精進透徹，正是存在許多錯誤之理論，必要從這些錯誤申論中，釐清正確之論命學術，方不為迷惑，而真正回歸論命之道。

人生取象根苗花果，此為易道取象之理，知年柱為根，月柱為苗，日時則為花果，大運既由月柱衍生，則必與苗之取象關聯，由男女命取大運之法知陽順陰逆，易經之理，在六十四卦太極圓圖，陽順陰逆為自然，由男女之命陰陽明顯，故循自然之變化而有順逆之分，再由十二節乃月將更替之時機，此必為變化，故命主開始行大運之時機必由節開始。

而根據命主生日與節之距離，以三日論一年，此為大概之論，以兩節相距大約三十日，十為成數之極故為變，而人生百歲，故以年為單位，而知三十日為十年，此為三日論一年之由來，由此確定行運開始之年歲，而行運即大運所為之干支總計十年，蓋十年一變，而由干支各管五年，然干支本為一體故必互相影響，所以於各大運之中必干支均論。

以上所論，即為行運所言大運之由來，由此論其本質即言大運真義，此即取象命主人生，開始由苗，而為大樹，復歸塵土之整個過程，此非環境，可言十二長生，完全為取象，此即五行論命術絕不論大運之理由，此是非辯證望學者能正視，不為成見，道理皆在此，有識者自明。

第二節、《論八字重在申論財運感情個性與疾厄業報之詳述與分析》

人生大事皆不外乎財運、感情、疾厄與業報，而必由個性決定未來之發展影響，故首重者在【定局】，所謂定局即從確定八字，一直到干支作用分析、有無神煞、命主喜忌、所執之柱與命格，判定並綜合這些資訊，此步驟稱為定局。

而於定局後，必先確定個性，這重在神煞與五柱納音之表現，還有原局論旺之天干，並配合日課以做綜合判斷，在未習日課之前，也能由此論斷八成左右，其中神煞為難以改變之個性，屬宿業之障礙，多為累世修行所未完成圓滿之見執，故當為行道修身方能得解。

首論神煞：

乃原局之既定不易者與受破地支乃建成，論其所成之宮位，以證神煞因果，而知必為命主所深執，此論命主強執之性，其衍生之詳細申論，留待最後一回詳述。

次論天干最旺者：

此僅分五行，必知虛柱五行最強，次乃為氣局，為命主最明顯之個性，雖僅分五行，然證其呈現時機而有善否之分，此為命主之正體特性，故必不易，能為善化者，在得應對時機而已，此成者，即言智慧。以命局最旺五行之義，必相應回歸真實界之五方適履地，蓋仙佛下種，基因立成，而相應五行之盛，乃為自然之必，是知以離火為最旺者，必與宇宙南方琉璃法界為深緣也。

進一步言之，最旺五行之呈現，有質、氣、虛之別，而其所相應之五方極樂界，此相關仙佛下種，自然具有差異，必要理會者，在受元始仙佛之引導教化程度之淺深，是以論虛者為最強，次為氣，後為質，此亦可論與仙佛緣之深淺，或應天命之要。

最後論五柱納音表現：

此即命格之論，由命格以證關鍵個性，為各種抉擇所見之性執，亦稱為命主之正體特性，同樣無法改變，由此以證人生之障業，其能善化者，乃不為抉擇，故皆相應諸多應變因緣，此為仙佛能為之處，或為幽冥據善惡以為變易，諸多命格之詳細申論，亦留待下回分解，另外各柱納音所成之喜忌，為命主能否用心處，以能積極多論成，反之多論否，而配合命主個性以申財情體運之事理。

以上所申論，即以命主個性所演化之人生事理，欲得論其實，唯賴經驗體會，必不可忽略者，為行道之要義，絕不可建執於未來，而必重引善之法，以立寬執之徑，如此方為論命。

第三節、《用神重要含義之詳述申論》

用神為心之所向，故無強弱之分，皆必為強，此如同執念，皆必深入，論重要含義，此即其一，其二則屬用神特性分類，必分【實、氣、虛】，依五行正論，用神為氣者或為虛者，均屬妄動之五行，這與原局天干所呈現之五行相較有所不同，原局天干雖亦論氣，但屬命主體內平衡之五行，不論妄動，而若用神為五合或六合化氣，此雖在命局中，然屬妄動五行，非能受節制。

而原局無用方論虛神，既非原局在內，自不論穩定，故為妄，這兩種屬於妄動之五行，由貪生忘剋之理，能剋此妄動五行者，並不容易真正剋之，一來時空環境中所產生之五行必有其所生，學者該知於時空環境中五行力量齊全，有生而無剋，二來五行受剋則動，除非五行穩定，否則必難真正受剋，由此故知，用神為氣或虛者不論忌神，以本為忌神之五行歸屬於閒神。

如此這類無忌神之命格，由於用神不受制，自然代表人生容易順利，行事符合期待，且由於五行氣之特性必為積極迅速，故命主之發展同樣有此呈現，以人生事業能迅速發展者，必為此類命格，這種格局之取象特性就是如此，而基本上這種命格之命主執念必深業力必大，必要積極無求之善行才容易圓滿。

外界所言八字論命，對於五行特性甚少深究，大都強調干支作用，而干支作用之來由亦不求甚解，約為套用，故難為正，故必有誤，故必多疑惑，而習之亦難，此為外界習子平術者難以精進之理由，學者曾習子平術必有所感，此為實論，毋庸申辯。

而本門所傳五行論命術，根據五行正論，學理紮實，因果明白，論命之法，知其所以，故能理會，不生疑惑，而能踏實精進，若能積極學習並能驗證，必得真切，而知五行論命術實為五術正道中命之道之經略。

論用神重點在於用神為執念與實氣虛之特性，此相關行運之吉凶分辨與執念所影響之人生選擇，這個重要含義，必經思考體會理解而能運用，此為重要之論命根基，不可忽略或忘，而重在積極練習方能熟悉入心，成就之法即是如此，並無捷徑，蓋須體會，只能由己，五術之道皆如此，絕無二法，學者必知定心不投機，方得有成。

第四節、《定局過程原局干支五行作用能導致受作用之干支停止作用之簡述申論並由此理會理必一貫之義》

這為定局過程可論為關鍵之分析步驟，故必要清楚明白。

五行之動作，由於其他五行之作用，而導致受作用之五行不再有動作，此必然是因為力量被剋盡，或者力量受到牽制，不然就是原本五行遭受破壞，最後則為合化，不外乎此四種，故知這種五行動作必為合與合化，以及地支之沖、破與伏吟，最後為虛弱之天干五行受強旺天干五行之剋。

由這些五行作用之特性而能演算原局五行作用之過程，並藉以判斷日主之強弱，以見用神喜忌，更行生行運之看法，類此作用之申論，皆須注意其所成之前因後果取象，必臨觀其中事理而後乃知其必，非必屬吉凶，但觀全局所成之樣貌。

其實欲證原局吉凶，盡觀天干可得，喜用得旺者必證吉，即如行運看法，學者由此細思，則知理本為一也，得理而能為一貫，則何必申之矣，學者當用心者為此。

第五節、《日主無根極弱原局天干無用必取陰用神之理由申論並衍生原局天干可用但為實亦須配合陰用神以確定真用神之理由分析》

於原局中地支五行皆非為日主五行，或與日主五行相同，但逢合化、沖破或者破盡，此論日主無根必論極弱。

以天干之五行論為氣為動，本不論弱，而此無根必論極弱之理由，在於同一個太極圈中，一種只有氣之五行，必由妄動而接近於消失，若同時具有五行質，則質能化氣，而以五行質具長生之義，此氣之來源不絕，故知無根者必論極弱，有強根者則論強。

先思考一個問題，五行質既具長生之義，應均論強，為何出現強弱之分?此出現於未破盡或沖散、刑、害、剋，而不逢六合不化、半三合不化或伏吟，所產生之弱支，此皆由於受剋傷，質化氣之作用必受嚴重剋制，可論所化之氣微弱，故論弱根。

另一個問題，既然論極弱之日干，則以日主形成之義，為此太極中最妄動之五行，如何能再論為日主?

首先，日干雖論極弱接近於消失，但不可能消失，蓋干支成柱而為納音論為同體，所以這麼論，再來日干妄動之性仍然存在，只是力量論極弱，以年月干與胎干均為累積既久論穩定，與日主條件相較不可論為日主，至於時干，雖然也是妄動，僅為日辰中之一時辰之時空環境五行，十二時辰累積而成一日，此十二種納音五行組合而為日辰，此為三傳之義，傳為送，為代表，時辰未足一天，不可為三傳，一天具足白天黑夜，論為陰陽，陰陽具備，故論完整，所謂一陰一陽之謂道，此為其一也，如此應能理解。

既然日主論極弱，本該生扶，然由於日主無根，生扶均無所用，這個道理清楚明白，故只能為從，此從之義，如附麗，必喜剋洩，此亦五行之特性，接近消失而不消失，後繼乏力，必趨近於自我毀滅以求再造，此為自然之理，相較於人性不就是如此。

然若於原局天干均無所用，以日主極弱之力量無法再尋局外之五行為用，因此只能回歸到本命即胎元五行之所生，為最初命主之所執而為用神，這是最後的選擇，不論此用神五行為何，勢必取用，若此五行屬於剋洩命主之五行，則其喜忌易論，即生扶為閒，剋用神之五行亦為閒，剩下即為喜用。

但如此用神生扶命主，則需分為父母或為兄弟，以父母而言能旺日主，然非日主之所喜，如同勉強，這類命主必雙重性格，多猶豫躊躇，而其閒神，除妻財外必為兄弟，餘官鬼子孫則為喜神，此以命主之性以為推測，也是自然，再來若取用為兄弟，同樣論勉強，命主同具雙重人格，但非必猶豫，反而容易亟心，這個理由，以兄弟為用，則善為比較，心之所向如此，故喜爭競，而易亟心，此用神之六親取象，故知其閒神必為官鬼父母，而子孫妻財為喜。

由以上之分析，學者對於此類用神取法應能理解，且能衍生得知喜忌取法全依日主特性而做判定，故再衍生需做陰陽用神之取捨時，依五行正論，本該以能剋受生者為用神，然而若陰用神並非命主之所喜，自然不可作為取用，如此再加上這一點，所有用神取法可謂完整，除了極特殊之貴格如飛天祿馬那一類例外之外，所有格局之取用即是此法，學者再無疑惑，此後端賴學者積極演練命例，以求熟悉入心，而能實際運用。

第六節、《地支十二種作用涵義續論並衍生分析》

此專論沖破刑害剋伏吟以及論動。

第八首論沖：

此必分沖散與沖破，沖破僅有四種組合，為「子沖午」、「亥沖巳」、「申沖寅」、「酉沖卯」，其餘論沖散。

沖散之意，為受沖地支之五行能量不再穩定而為散，故言沖散，此如沖動但非論旺而是論衰弱，依五行特性，妄動之五行必論強旺，而此論衰弱之理由，在於此五行本存在於原局地支，受沖而散遍佈於原局中而未為凝聚，故其力論弱不論強，非如一般妄動五行，不為太極圈所限制，故沖必動非為散，而能論強，如此應能理解。

而至於沖破，則為消失，此無法再與歲支作用，直指相應宮位不可能出現變化，此亦為產生神煞之理，後有神煞專論，在此不贅述，原局中若存在沖散或者沖破，均代表五柱不全，不管哪一柱不全，均代表命主人生必遭遇大挫折，大約為事業、財運、婚姻、子女相關，以何柱不全取象申論。

而以沖破重於沖散，此為沖之含義，這種命主通常一生順利，缺乏磨練，難生智慧，因此若遇挫折必難承受，此為挫折必大之原因，此皆須建議行善以累積福報，方能增長智慧，由此減輕挫折之傷害，此為建議重點。

其實所為之建議，皆不外乎行善助人，此非老生常談，實屬改變人生之妙法，世人皆難信如此簡易而積極於他處，實無奈何，魔道之惑，深入人心，已然坎坎，末法時節就是如此。

第九論破：

此五行破之論，外界所言最支離，也少作運用，是亦難為驗證，五行破盡之源由，在剋洩之極，一者由內發生，一者由外強制，而皆成亢，故為變，而為破盡，其餘作用論破者，在未成亢，故其質未變，仍能為根。

由此受破地支遭受破壞，亦須分破盡與無破盡，只有「寅、午、酉、戌」能被破盡，其餘皆非，若受破盡，則論消失，也不能再與歲支作用，若無破盡，則論為弱根，無力再主動與旁支作用，但能與歲支作用，這與受沖散之地支相同。

若原局中出現破支，不言五柱不全，而言五柱不穩，於相應之根苗花果命，來論命主難以有成之處，而以破皆言神煞，乃皆屬命主之深執，由此而言命主宿業之功課，皆必顯而明白，是與沖支不同，不屬一生順利而產生之挫折，而是命主強烈的個性，為執念深重所導致，此乃破之義，本具壓制之取象。

另外受破盡者為質變，已不再為根，則有此地支宮位旬空之象，旬空為缺，五行不輔，雖建神煞，仍不為命主用心強執處，反必為命主所輕忽，乃於相應取象絕無所成，此最忌者，胎支受破盡也，此類命主最不信因果，無從引善，乃魔性深植之輩，復能為人者，主為盡業也，多屬討債之類。

以上為破之申論，為命局中常見，論命以尋障業，乃知引善，是知分析命局之最要，其實盡在神煞確定。

第十論刑：

受刑之意，為五行力量受強制驅散，故能量必大減，而必為虛弱，此與逢沖散相較，較為輕，而取象含意則帶傷害，代表受刑地支所屬宮位，相對於命主之人生取象必有所傷害。

若於行運中受刑，此亦代表此受刑地支宮位之人生取象，必出現傷害之剋應，至於為何受刑專論傷害，這是因為五行間強制之作用，如同殺伐而帶刑傷，故具此象，先理解這一點即可，命局中出現受刑地支，也是該論五柱不全，同樣代表人生必遭挫折，但形成挫折之理由，約在於不重道德，專屬投機，此由命局中刑之取象為犯法為刑傷，衍生可知。

第十一論害：

受害之意，為五行力量受到穿破而造成之傷害，能量同樣大減，故論衰弱，而這程度亦較刑為輕，其取象含義也是帶傷害如同刑，然取象稍有不同。

以刑論殺伐，害為中傷，命局中有害支，並非五柱不全，不可直斷必具大挫折，但是代表人生多波折，也謂多考驗，多屬無妄，衍生得知這類命主，多為單純幼稚或者心性善良，而行運受害，則約為不知提防之意外，所謂無妄之災，以刑論主動，害為被動，此二者一陰一陽，約為流年行運傷害之完整資訊分析，可論為疾厄主要分析之項目。

第十二論剋：

此謂受剋地支能量必為減弱，雖論虛弱與受刑害之地支相同，皆仍能主動與旁支作用，此剋為抑制取象而非阻止，命局中地支受剋，大約指此宮位之所指阻礙較多，發展亦較緩慢，至於行運受剋，必呈現明顯阻礙，這類命主個性必優柔寡斷，此為剋之取象，自己所造成之阻礙，故如此論，此約可為直斷。

第十三論伏吟：

伏吟為同地支相遇，為五行力量互相牽制，亦可謂穩定，故論為強，由於受牽制，自然不能主動與他支作用，伏吟若不為，故伏吟之宮位不會有發展，而這類命主個性容易消極，也可謂懶散。

關於行運，伏吟自然代表不進，難以發展，而此取象卻為明顯，雖然無實際作用，此即伏吟太歲皆不可忽視之理由，也只有伏吟之關係取象才如此論，這個理由在於伏吟論對峙，本非實際作用，而取象關係亦如同對峙，所以這麼論，此約可為直斷。

第十四論動：

此為五行受到作用，而能再主動與他支作用但無作用對象，此類地支論動，以地支論動皆論強根，不論是否受到刑害剋，理由在於地支本為靜，靜而能動必為強，此動支所屬宮位必容易變化，即相當不穩定，以原局地支五宮位而言，最懼月令為動支，以月令所指事業為重要之成就關鍵，故最怕不穩，必然一事無成。

另外此動支宮位所代表之身體部位也必生惡疾，蓋五氣本須平和，論動必為凶，至於十宮位代表身體部位，有機會再論，這種惡疾必為身體弱點衍生，所能作之重要建議，仍然在於行善此妙法。

以上申論，為地支十二種作用之續論，干支作用涵義分析為論命基礎，絕對必要熟悉，而必要積極練習才能達到這個目標，反復為之，持恆不懈，方能真正成就，故建議學者開版論命，對錯不用擔心，只要根據社團所傳之法必無錯誤，不僅提升經驗，也是行道之舉，並廣結善緣，只要有心，本道脈必亟心相助，願諸位學者皆能成就命之道。

五行論命術第六回主旨：【綜觀命之道】

第一節、《學者開版論命之重要原則》

開版論命主要用來累積經驗，故所論斷之內容必有其主旨，由此反復，而熟悉此項論斷，再藉此法，熟悉另一項要旨，此即為開版論命之重要原則，本道脈建議，這些論命主旨，總共分四項，依其次序如下。

《第一為命主用神判斷》

這包含命主喜忌五行。

《第二為命主流年行運判斷》

這包含吉凶與當年最明顯呈現事件，與用神是否受制。

《第三為身體弱點之判斷》

這包括未來發病時機與可能病症，這種必出現在歲支與原局作用為「六合化、沖、破、刑、害」這五類作用，且納音所言行運論凶，才可能發生，若用神同時受制，則論嚴厲，先以此判斷。

《第四為命主執念與宿世因果之判斷》

此為五柱納音為喜用者，與神煞所指個性，此最難解，須配合第二節申論，第三種原局地支受沖散或無破盡之宮位，以上為執念。

而宿世因果，這只能由日課，提供易林繫辭，由占者自行體悟，而原局中與胎柱干支直接作用之宮位，雖也論宿世因果，然只能確定產生因果之對象，不能細緻分析。

以上為論命之四項建議，學者初學，必乏實際命例，故能由此以厚實經驗，然必要申明者，此論命為練習驗證，不能言準則，欲論命者唯參考而已，若有言中，亦必明命之所成在己之性，非論宿命，而能由命成之理得命主非善之性而改之，是為大幸，此即論命之真義。

第二節、《神煞真義與其形成理由申論並思考實際運用》

此為迅速論命之方法，干支作用所為之定局，為具條件者必生此神煞所指剋應，所有相同命盤皆如實照論沒有例外，總計三十九種，為天干五合化氣與地支六合化氣，還有受沖破之地支與受破之地支，這邊受破者皆論神煞，然沖散不論，理由與所生執念是否為絕對有關，先知道即可。

由子平術所論神煞多達數百種，而具相同條件之不同神煞甚多，此令人不明所以故難運用，所以神煞之論漸不為所重，甚至以為無稽之談，其實以神煞之來由同為仙佛直傳，是以簡馭繁，今人不明所以，故不知其奧妙。

真正的神煞，具相同條件僅有一神煞，而其含義必依此神煞名稱直接作衍生，僅此而已，以子平所言，多為後人之穿鑿而化簡為繁，故為複雜，反而不知其用，故於此確定真正之神煞以做導正，如下之所論為真正八字論命實用之神煞，學者需據此以為運用，申論神煞之前，先以神煞之原由以行分類，既知神煞為干支作用之定局，自然分為天干地支兩大類，以下為各類神煞之詳述申論。

論地支諸神煞

根據地支作用而造成定局，且必生絕對執念，只有六合化與地支逢沖破、地支逢破這三種，由此配合十二地支以論神煞，如此所得之神煞根據六合化局組合，不論哪一支合化哪一支，皆同一神煞，故有六種，而沖破固定四種，至於破支，能實際作用並排除六合、沖破有重複者，為十九種。

而以八字定局而言，通常論凶者方為定局，而吉非定局，這個理由，在於人生為起心動念下所做的一連串選擇，為心之所向，是為心之所執，執著而深入，而為不適當之思考行為模式，故而生悔吝進而論凶而為剋應。

這種由心之所執而生之因果，本即為定局，除改變命主執念外，絕無法避免，而要改變必要積極於無求之善行，此絕無二法，而論吉者，須由此心積極不懈怠，且思考行為模式不偏離而為適當，方能不生意外而論吉，故難為定局，而神煞由定局而來，故知所謂神煞多屬論凶之剋應。

《六合化神煞計六種為第一類》

命局之六合化氣，為質能之具現，主論命主行為之必然發揮，故相應宮位之成，多論成就，此自見命主深執，故證有為，然是否必為善，當視志正，此則後天也。

首論子丑化局：

為化土，其動為陽，其象艮卦，動者乾，其色白，乾為侵略，見艮則為虎，故此煞名為「白虎」，這代表原局二支宮位皆論此白虎神煞，配合所居宮位所特指命主人生相應事件，而具象衍生其含義，若為流年所造成，則專論受合化之宮位，此白虎之義，乃證六危，執險奮進，故其傷頗為眾，必衍業。

次論寅亥化局：

此為化木，木屬生發，論為震，震為亟心，論嗜欲，為不顧一切，故此煞名為「劫殺」亦言「絞殺」，同樣具象衍生以明其義，同樣留給學者思考。

再論卯戌化局：

此化火，火為離，為虛中，為無實，為不穩，主離散，論刑傷，論戈兵，為剋害，必為迅疾，故此煞名為「月符」又言「地殺」。

接下來論辰酉化局：

此化金，金論收斂，為肅殺，論破壞，故屬兌卦，為毀折，為缺乏，故此煞名為「咸池」又言「桃花」，此煞見人性之專，肆而無止不節，人心惑於此，必證自輕之相而言賤，若屬胎日宮位之成，則其情難專，由此而證業。

再論巳申化局：

此為化水，為坎卦，為盜，為深入，為無形，為多疑，為心難安，為多險難，故此煞名為「亡神」又言「鉤神」，此煞見人性之蒙，執而證必，乃多心苦，難為離捨，是為多情種，由此證業。

末論午未化局：

此仍化火，與卯戌同化火，同論離卦，同具離象，差別之處在於程度，以午未化局更勝於卯戌化局，理由在於戌本火庫，本有收斂之性，因此這麼論，故知此煞名為「黃旛」，此煞見幽冥之干預，多主識神難定，故見人生證幻夢，世間虛實難辨，由此生妄證業。

《受沖破所論神煞四種為第二類》

首論子沖午：

此為午支受沖破，論消失，導致原局五柱不全，故論兌卦，同具兌象，而根據午支特性，本為離象，沖破也是離象，故其呈現可謂不明顯，由此神煞名之為「披頭」，披頭受業，在捨其成，見其缺而不為圓，乃為自棄，由此證業。

再論申沖寅：

論沖破，有兑之象，也是消失，根據寅支特性，為震，為動，本論動極而至消失，代表這種呈現必然明顯，此神煞名之為「驛馬」，驛馬受業，在苦奔波，見其缺而亟於圓，乃為自壯失履義，故由此證業。

續論酉沖卯：

直接依卯支特性，屬巽卦，為不果，如進退，由此而至消失，可謂不明顯，這種程度如同子沖午，但比之稍強，故知此神煞類似披頭，故名之為「闌干」，闌干與披頭均有消極悲觀放棄自我之象，故人生容易無成，此煞受業，在執拘束，見其缺而不知圓，乃多自是，依此證業。

後論亥沖巳：

直接看巳支，為坎卦，論隱伏，不為明顯，由此而至消失，如同無感，故與午卯相較為最輕微，如披頭闌干，故此神煞名之為「浮沉」，同屬消極悲觀放棄自我，人生易無成，此煞受業，在執心妄，見其缺而任性圓，乃多隨眾，依此證業。

《論受破地支神煞十九種為第三類》

受破之神煞，根據命主之旺衰其意義有別，論旺者為【施】之義，論弱或無根者為【受】之義，由破之真義為強制壓迫所造成之傷害，施即為施力之一方，受自為受害之一方，此理本由取象，日主必強旺有力方能施力，而神煞論絕對之個性執念，必有正反，故分施與受，而化氣局皆屬妄動五行，只呈現一種特性，另有沖破者，此論絕對消失，故這二種皆不分施與受，是知破盡者亦無分。

第一論丑破亥：

亥支特性，為坎卦，為躲藏，不受破盡，可謂破之力量並無發揮，而由丑破，五行為亥之官鬼，如同威逼，不論實際剋傷，僅為制約，故知此煞名之為「五鬼」。

此五鬼之意，可論小人，且論多，命中若帶五鬼，一生行事必然感覺不順利而難言發揮，故難成就，此施之義，論命主即小人，具坎象，而受之義，則論命主遭小人之害，難以離脫，一生不順者，施之義在於損德，受之義在於業報，事理本在此，【欲論八字必明事理】。

小人者，為此心自證，多屬自招，此為絕對事理，若視之為障業之必，則為蒙惑矣，世人之見執，乃由不知省而少覺悟，故沉淪世間，盡從五鬼。

第二論寅破辰：

辰支論艮，五行為土，為雜氣，為不動，受寅之破，為辰之官鬼，由此知此煞名為「地猬」又言「六害」。

此地猬之意為難行，為阻滯，為荊棘遍佈，充滿危險，其施之義，論命主身如刺蝟，如同保護自己過度，人不犯我，我不犯人，由此而人生之路難行，論受之義，則為前程受阻，同在於業報，不只人生不順，且必充滿意外傷害，此由施之義，論自得剋應，業報同為自得，自取其咎者，必來自於坎象，坎數為六，故再言六害，此明言，此煞重在坎象發生這個事理。

第三再論寅破卯：

卯支特性，為巽，進退不果，有逃遁之象，因此難為破盡，而由寅破，五行為兄弟，可謂無義，也可謂他人造成，或言人際欠佳，故此煞名之為「豹尾」。

此有特立獨行之意，多屬自閉，論施之義，為自我保護過度，故易傷人，故容易為惡行，受之義，必為自閉，不與人交際。

第四論午破卯：

此由午破，為卯之子孫，同為無情，不符人倫，由此知此煞可名之為「寡宿」又言「病符」。

此卯雖亦無破盡，但要論嚴重，理由午卯皆為四正，其氣均專，其力必強，故如此論，所有神煞中，以四正地支所形成者均可論強，若二方皆為四正，必屬最強，所謂強，直指剋應明顯，重點在此。

此午破卯為寡宿，其意論孤獨，鬱鬱寡歡，必由此成疾，以施之義，在於貢高侮慢，極端自以為是，難成友朋，受之義，在於曲高和寡，頑固不化，必有抑鬱，故又言病符者，主要為受之義，施亦會發生，只是成疾原因有所不同。

第五論申破卯：

由申破，為卯之官鬼，為恐懼，為威逼，故此煞名為「天厄」。

天厄之義，論嚴厲之傷害，如同意外，突發事件，如此施之義，為亟心大壯，不顧一切，不達目的誓不終止，由此必生意外，再論受之義，為受傷害，直指意外受傷，大約可論車關，或屬銳器所造成之身體傷害，這於流年歲支直生卯支，或為卯支六合化，則必生此剋應，而以行運吉凶分辨其程度，這是意外傷害之其中一種看法，為絕對資訊，必可直斷。

前面五種神煞為最常運用，最常出現，此類命主較喜論命，蓋相應人生財情體運皆主明顯之凶意，且多見蒙而不知由，故尋解惑者眾。

第六再論申破辰：

申為辰之子孫，為無情，無人倫，為自己之選擇，以申為四生，論傳送，最為亟心妄動，配合無情，即無任何拘束，故為无妄，亦為無知，也必論意外，是知此煞名為「天空」。

此為亟心妄動以生災，即妄想，好高騖遠，此為施之義，而受之義，則行事悲觀，消極自閉，多行憂傷，故必有抑鬱，人生難成。

第七論卯破丑：

丑支論坤，五行為土，為濕土，為濁氣，也難被破盡，而由卯破，論官鬼，為霸凌，為貪求無厭，以施之義，命主為人必霸道，非為善類，受之義，則懦弱無自信，難以自重，無自尊，易受欺凌，人生難成，知此煞名為「飛廉」，而又言「卷舌」。

卷舌為不言，無法言語，明指受之義，若論施之義，即是冷漠，感覺凶悍，以命帶飛廉，如為施，則易入歧途，尤其丑支又在【月】或【時】，則機率更大，理由在執著於事業，所有神煞中，僅飛廉專指此意。

第八論未破巳：

此逢未破，亦為子孫，未屬木庫，內具巳之父母，故為逼迫，有兩難之象，如不得已，故知此煞名為「弔客」亦名「天狗」。

施之義，為夾心磨心，為無光明，前程黯淡，蓋非自己所願，而受之義，此心無感，渾噩度日，光明在前而不見，自失前程，無端樂觀，此不知己願在何處，又言天狗者，具食日之象，論失光明之義。

弔客多主喪，乃其象義，若逢流年弔客而見年支宮位，約多見白，此證人生無常變化，能見境遇而思義，此心或能无妄而知定，此證上蒼恩也。

第九論未破辰：

未論辰之兄弟，有無義之象，一坤一艮，一為燥土，另一為水庫濕土，本該陰陽合和而為破，有無奈之意，不合之意，故知此煞名為「喪門」又言「年殺」。

此施之義為自我破壞，論自死，受之義則為逆來順受，不為自重，不知奮起，命帶此煞，其命難為永，嚴厲者自殺，又言年殺者，在於年為命根，有自毀之義，唯有此煞具此意。

第十復論申破丑：

申為丑之子孫，以濕土能生金，丑又為金庫，此禍起蕭牆，全無防備之意，故其害論大，屬自作之孽，最難挽回，此煞名為「孤辰」。

最無情，最為私利，最易為惡，若相較於飛廉，屬更為嚴厲，故知其施之義，為歹毒，凶狠，其受之義，必屬孤僻，只在乎自己，如孤辰居年支宮位，指命主之德性或所得財源帶孤辰，此命主必非善類，非必為惡徒，蓋相應後天教化，是知必以正德為要，此從之姓名學，能有效制約，若能請仙佛證名，則更為善。

第十一復論未破子：

子為坎卦，五行為水，具隱伏之象，不為破盡，未為子之官鬼，亦為六穿，依此特性，而名為「唐符」又言「飛刃」。

其施之義，為亟心大壯，徒勞無功，昏昧糊塗，亂定目標，不能掌握重點，受之義，喜不勞而獲，懶散投機，無行無為，人生無目標，而言飛刃者，飛為迅速，刃為傷害，屬過亢而生之災，直言此個性過度必迅速產生災禍。

第十二論戌破亥：

此由戌論官鬼來破亥，不能破盡，此戌與丑較，一燥土一濕土，以濕土不論實際剋傷，燥土則必論剋傷，亥主血卦，故此煞名「血忌」。

論施之義，為煩悶，抑鬱不順，不能符合期待，此必生心血管疾病，且容易衍生嚴厲，而受之義，若為無憂，人生無為，無任何期待，有放棄自我之象，此屬不喜挑戰，畏懼而退縮，非真無憂，故必抑鬱，也必生心血管疾病，然不易嚴厲，此執念深入與否之差別。

第十三論戌破巳：

巳支五行為火，但屬坎卦，為未濟、既濟，故必為穩，也不為破盡，逢戌破，為子孫，本為火庫，如受刑獄，有受害之象，故知此煞名為「驀越」。

其施之義，為逃獄，或造獄，易犯刑訟，多屬小人之害，如受之義，則心中抑鬱，覆燈火之象，氣悶憂鬱難紓解，此證業者，多不滿現狀，亟心逃離，故不知當下，乃逐於未來，見好高騖遠者是。

第十四論酉破未：

此亦為子破父母，此未為燥土，不生金，故知酉並非未所生，故不論無情而論不敬，此煞名為「貫索」又言「月殺」。

其施之義，為依賴他人，為要求他人，如蛀蟲，不靠己力，可論投機，若受之義，無端自信，行為開放，恣情縱欲，也必依賴他人，再言月殺，月為陰，為隱晦，藉他人之光，不光明，由此而造成傷害，故如此言，此證業者，多怨天尤人之輩，最為寡德。

從第六種天空神煞到第十四種月殺，多屬執蒙之害，除蒙以師，為此類命主最要之處。

第十五再論亥破辰：

亥為辰之妻財，為下剋上，為反其道，非為常經，可論怪異，也為自己所造成，以施之義，為嚴重之投機心態，坐享他人之成，受之義，為經濟所困，不知理財，不能節度，思考模式異於常人，故知此煞名為「攀鞍」又言「天馬」。

天馬亦如同幻想，直指不切實際，至於攀鞍，如同攀附權貴，為自我作賤，絕不自重，此即攸行機巧，為人性之必，故復於命中見此，必證機心無改，能為善化者，唯賴仙佛循機教化，故求仙佛收為義子女為至善道，命中唯見此類，乃申此建議。

最後剩四種神煞皆屬破盡，不分施受皆同象義，此破盡者前已申述，學者參考前論。

第十六論子破酉：

依酉支特性，論兑卦，論毀折，有破盡之意，可謂破之力量明顯，而由子破，五行為酉之子，可謂無情，也論自己造成，由此知此神煞名之為「劍鋒」。

同樣以此字義衍生以明其意，而依劍鋒，為雙面刃，容易傷人也容易傷己，命中若帶此煞，其個性之呈現必然直來直往，必不在乎他人感受，人格所呈現的缺點就是在人際，此論生之過，乃自盡，為無節，故申其義為「肆欲」，或日支宮位成劍鋒，則當為自是自利之輩。

第十七論寅破戌：

戌支論艮，同屬艮象，但論破盡，受官鬼之破而為破盡者，如同殺絕，故知此煞名為「大殺」。

然為四生所破，程度居下故不論嚴重，以大殺之意，論命主所有重要關心事件均受傷害，然以錢財所致之業，感受為最重，此論剋之亢，乃強制且見執蒙，故申其義為「歡執」，乃成「愛苦」，故人生多悲，不為達觀，若月、時宮位見大殺，則事業必敗，或為自毀。

第十八論巳破寅：

寅為震，必為破盡，論生發，論為動，既逢破盡，謂無成，有掙扎不出之象，而逢巳破為子孫，此木生火，如自焚其身之象，必為自己造成，依此煞名為「天雄」。

此論生之過，乃自毀，難節度，故申其義為「無行」，命帶此煞，乃緣於障業而深不自拔，故人生多無成，若日、時見之而立業為首，必見慘敗。

論亥破午為第十九：

午為火，屬離卦，為破盡，逢亥破，此為水剋又為破，有除盡之意，午為心臟，為心神之所居，為生命之樞紐，故逢破盡，此取象必論心神難安，心無所主，也必言疾病，由此故知此煞名為「暴敗」又言「天殺」。

此論剋之亢，乃執強且見暴虐，故申其義為「不為」，乃成「喜悲」，故人生多「亟心」而不見悔，命帶此煞最忌者日支宮位，必證厲疾，更見胎支以成者，必為惡疾亡身，欲能善化，必行道濟世，方能言改。

論天干諸神煞

首論乙庚化局：

乙庚化局依其取象，乙木論花草，庚為利刃。化金，即乙木除盡，全為肅殺，此若秋刑，成了斷，是言死，而緣氣形障業之化，乃證幽冥干預，是言符，故名「死符」，命若帶此煞，則肅殺之氣盛，必有刑獄，人生刀光劍影，個性必論亟心，勇往直前，不顧一切。

如化水局，以水為坎，為隱伏，為消失，花草與肅殺之氣均亡，有歸於平靜之象，如大夢一場，故知此煞名為「的殺」，乃見其終，論圓因果，命若帶此煞，為浪子回頭，為放下屠刀，而於個性，能有智慧，而為謹慎，行事穩重不衝動，容易成為惡首。

天干五合化氣局，為氣形之化，故必證其亢而多見悔，是皆論凶，然於人之善惡，非由此定，仍必在後天教化，只是其行至亢，易走極端，難為世俗律歷所約束，由此犯刑而已，若化氣局帶日主，則其性多難制約，故必證業，能否引善，唯賴命主自覺，此類命主皆證亟業，仙佛不能干預，相關幽冥制義，故僅能靠自己。

續論甲己化局：

甲己若化土，依甲木取象，為巨樹，論大業，今化為土，有歸於無之象，故知此煞名為「天耗」，命中帶此煞，命主有成必敗，無法留存，必歸於無。

若甲己化火，為巨樹化灰燼，同樣為塵土，以火為離，為輝光，燦爛一瞬，為與化土之差別，此煞則名之為「劫財」，命帶此煞，命主有成必逢劫財，必為他人所害。

續論丙辛化局：

丙辛只能化水，依丙之取象為烈火，而辛為柔金，化水為火熔金之象，以辛本論貴，失其貴則為賤，故論乏財，此煞名為「天囚」。

命帶此煞，個性必易自閉，如同自囚，此亦緣幽冥證業，故其思無來由，而有放棄自我之象，如同自作賤，然化水本為智，當為通明，而見自蒙，故言自否，世人所謂聰明過度，只見他人之非，不省己失，為怨天尤人之輩即是。

續論戊癸化局：

戊癸能化水或火，以戊為燥土，而癸為弱水，為雨露。

若是化水，如雨露化燥土，必為反復，取象為磨練，然草木亦不生，故為過度，如同無成，故知此煞必為「梟神」，命中有此煞，命主個性，錙銖必較，若完美主義，或論清高，或論孤傲，此人生亦難成。

若化火，為不見癸，而論燥熱，草木不生之象，故為無成，知此煞必為「天暗」，命帶天暗，為無明，難覓方向，不知積極處，故人生易為虛渡無成，且多逢挫折。

最後為丁壬化局：

丁壬可化水木火，以丁壬取象，丁論火炬，壬本為水。

若為化水，則火炬論無踪，失光明之意，有隨波逐流之象，故此煞必名為「歲破」，若命帶此煞，對於錢財命主必為揮霍，此為損福，故經濟容易出問題，而能否挽回，也是賴命主之所為。

若為化木，代表水僅滅火，暫失光明之意，有機會東山再起，非絕望之象，故知此煞必為「伏吟」，命帶此煞，為亟心思變，但受制難行，必有抑鬱。

若為化火，則水無用，無滅火，仍為光明，然焚必盡，此福盡之象，可論取盡，為不知節，知此煞名為「破碎」，破碎之意，為不美，難為全，必無知蒙昧，得過且過。

以上丁壬化局三神煞歲破、伏吟、破碎，其共同特性必指命主難以成就，而主要皆在福不全，故其善化之道，盡在濟世。

以上為神煞之申論，學者當經由理會而復驗證於經驗，則必得更進一步之體會，即熟悉入心乃更證應用，而終能理解命局帶神煞必證其業之絕對因果，如此學者所提建議必能為適當，故學者當乾乾以之也。

第三節、《原局干支十宮位之涵義詳述申論》

原局四柱包含胎元五干五支，總計十個宮位，這十個宮位必有特指含義，這相對於原局五行力量之作用變化，以為衍生其特有含義，此為命主原局之資訊，而與環境能量變化即流年與原局產生的互動，配合此十宮位之特指含義，則為行運資訊，如此而為完整論命。

因此針對十宮位之所特指，為非常重要之論命基礎，對此不僅要熟悉，且必要能依基本含義進而衍生，如此才能分析命主更細緻之資訊，這自然需依賴經驗且作取象訓練才做得到，而取象訓練必由易，經由易理具象以衍生，而因果明白，而知前因而知未來，這個道理必不可忽略。

此由干支分十宮位，以干支分陰陽，干為氣，支為質，干為陽顯，支為陰為隱伏，同柱干支論同體，由此分內在與外在，更能分因果，支為因，干為果，這是同柱二宮位之相關原則，接下來依十宮位之順序一一分析。

第一為年干論根基之宮位

年干取象父母，為命主少年之庇護與教育發展，故代表一歲開始，男命至十六歲，女命至十七歲大致之發展狀況，如年干強旺且為喜用，此階段可論吉，受父母庇護且為良好教育，如年干強旺而為忌閒，非必論凶，只能說父母之助有限，如此而已。

至於行運，以天干之作用，必依賴地支方能論發揮，故行運重地支，重在真實作用之宮位，而以納音確定吉凶，行運重在這二點，故天干之作用非所重，是以略而不論，這點與外界所言皆不相同，然學者細思自能明白，五行論命之法至為簡易，為仙佛直傳，學者切不可視之為輕，只要親身驗證，必得真切。

第二為月干明指人際之宮位

月干基本取象，為朋友，為福報，為人際，此為苗之義，必與眾存，而能互榮，此為男命由十七歲開始至三十六歲，女命十八歲開始至三十九歲大致上之發展，同樣以月干力量之旺衰與五行喜忌，以判斷對命主之影響，如力量論旺而為喜用，必論吉，苗之發展順利，若為忌閒則為凶，苗之發展必有阻礙。

若月干為衰，指這些取象不易呈現，故其吉凶不明顯，基本上忽略不論，只要年月日時胎五干並非旺相，皆不須論其宮位特指含義，此以衰弱本難發揮，必能理解。

再論月干所屬經卦，以震為仁，為人際，而巽論富，自為福報，以離為自飾，為文采，論同好，故為朋友，此三卦為月干取象，須能衍生，以旺為明顯必論，衰則隱晦不論。

第三為日干代表命主之宮位

代表命主之日干取象，為因果，為個性，為命主，為疾厄，為形態，等等各類取象，蓋為命主，故必包含其他宮位取象，而主要之呈現自然為個性，以個性所屬經卦必論坎，故日干取象以坎為主。

第四為日支直論感情與疾厄之絕對宮位

地支首論宮位為日支，主要理由在於此為論命軸心，為太極中心點，只要日支遭受破壞，必牽動整個人生，而生劇烈變化，此為中心之特性，以日支專論感情，理由在於日柱為花，為果之前因，故為感情婚姻之本象，此論本質，故以地支論靜以為代表，此具艮象，亦為此意，此日支之五行喜忌，為命主感情婚姻之前因，若為忌閒，則難以符合命主期待，也代表必容易出問題，若為喜用，則可論吉，較容易符合期待。

針對日支行運看法，必要歲支日支為直接作用才論，如產生變化，自然代表現狀改變，如為強化，此須重其喜忌，必以喜用論吉，然忌閒非必為凶，須看納音結果，只可說必多波折，而地支不論經卦，蓋本屬隱晦，取象可為萬千，因此不論。

第五為五十歲前事業即月支重要宮位

月支取象為兄弟姊妹，為貴人，為五十歲前之事業，此重在苗之義，所屬喜忌之行運看法同日支看法，這個月支宮位，如原局逢沖破，或為破盡，皆為消失之意，即無事業，可謂無目標，故人生皆難成，若原局化氣，則為命主強執建成，此為月令重要看法。

第六專論命主一生事業必為時支特指宮位

五十歲前之事業以月支為主配合時支，五十歲後之事業單看時支，此時支經卦取象同樣八卦兼具，而不離果之義，故必為乾，而其喜忌，以喜用代表事業上命主能夠積極，以忌閒則可論命主對事業無心，必屬消極，若配合時柱納音為喜用或忌閒，已知此為結果，必以此結果申論，而時支之喜忌真正所言者，實為前因，或指過程，而論吉者如意，論凶為挫折，這種看法各柱皆相同，必明前因後果。

第七論時干專論一生成就之必然宮位

果之取象即一生成就，此專指事業、財富與子息，論時干所屬經卦，事業為震，震亦為子息，財富為巽，為此二卦，成就之看法，重在時柱納音為喜用，而時干須旺相，此時干不管為喜為忌，皆因命主能用心而為成就，此為速斷法，然若命局非為此類，則不能依此直斷無成就，蓋命本為習性衍生，人生境遇，能易習性者有多般因緣，僅所執者不易，故命中不用心，不代表一世盡然，必問其際遇也，此理如此，學者必明。

第八為胎干專論宿因之絕對宮位

胎干為宿因，為入世之因緣，故由此知前世，而為三世因果，而胎干之基本取象，即為宿世因緣，如何分析這個取象，先別深究，此宿世因緣所屬經卦必以乾來代表，胎干五行喜忌均不論吉，蓋專指宿因，為輪迴枷鎖，無吉可言。

然其喜忌之影響則有區別，如為喜用，此入世因緣如同心願，命主容易行道濟世，若為忌閒，入世因緣在於償還業報，命主受業障所制，較難脫離輪迴，至於旺衰，直指入世因緣強烈與否，與所執有關，如胎干為忌閒又為旺，且胎柱納音也為忌閒，如此必能判斷命主必再次輪迴，能否改變也唯有發心濟世助人一法，然命主很難為此，故論必能判斷。

第九為年支可論業障之輔助宮位

年支取象，為祖上，為業障，為陰陽宅，為遷移，為本命，為財源，為突破，為隱藏變化，此皆為根之取象，與年干之差別，乃一為氣一為質，氣論陽，其性專，呈現必明顯，故取象單純，僅為父母根基，以這兩種最為明顯，以質為陰，其性不專，呈現為隱晦，故具眾象，所屬卦象必八卦兼具，而必不離根之義，此根為坎，故以坎象為主，以上為年支取象，同樣需再進一步衍生，以得細緻資訊。

論原局地支並無法論其強弱，此論地支本性，故僅言其喜忌以分吉凶，其中看法已於時支申論。

第十為胎支專論因果之絕對宮位

胎支專論因果，其取象經卦同樣八卦兼具，而必以因果為主，故為坤卦，以坤為全陰，論極陰至虛，而因果就是此象，此亦為業報，行運專論，以胎支若為喜用，約指因果容易解決，胎支若為忌閒，直指因果難以解決。

根據以上之申論，相應於命主各項重要資訊之原局十宮位，其各別特性與其取象，並所論經卦，加上喜忌吉凶，學者大約能有所掌握，此為推命進階之基礎，必要積極反復熟悉，而能熟記於胸。

第四節、《能否造命此真實疑惑之申論並思考剖腹生產之八字是否仍能為準則之辯證與分析研究》

由入世因緣，皆屬業果之呈現，實為宿定，論為先天，故知造命不可為，此人性喜投機，故尋機弄巧貪求富貴，正足以為輪迴之枷鎖，必知可造命者在後天，皆為人心自我惕勵，方能言得，經營人生之要義在此，不可以為選擇富貴之八字，從此即人生圓滿，以八字能言富貴者，全在於積極樂觀之個性，並非必得富貴，此必賴其福報，全賴自己。

以當今社會，皆能擇日剖腹生產，由此以為造命，此為嚴重誤解，剖腹生產所得八字，自有其因緣，不管是否亟心於此，也不能改變其因果，是知隨緣最佳，而為擇日之學者，這種潤金最好隨意，此必圓滿，否則所收潤金愈高，必背負他人期待，豈有不得業果之理？再由八字之理，為胎兒接觸世界，其當下之環境五行力量進入身體所致，由此可知，剖腹八字必準確，絕不失準。

由以上所言，必明不可由選擇八字造命，且剖腹生產之八字必能為準，人生富貴窮通，必受因果業報主宰，而所能為之掌握，全在自心惕勵，乾乾反復，圓因果，除業報，而終遂其心願如意人生，時運命雖非己之所能，然而維持積極、樂觀、有為、無執之心態，卻是人人可為，八字命理在此，由此識本來，全在自心惕勵。

其實由世間道場真相而言，則在緣業坤受而實成就，故不在世人所言之功名利祿，而皆在此心之善化應對，靈子沉淪於世人名利之見，乃失本來之道心，故回歸於真實總是無期，此亦靈子認虛擬為真實之病，是若得世間真相，當能循其寬也，此為本道脈亟心於佈告世間真相之由，由此復言回歸道路乃得成功，是行道之次，乃言易道五術，此為仙佛末世收圓之法，主要為此。

第五節、《五行論命術依五柱納音簡述格局之基本看法》

五行論命術基本格局看法，全在五柱納音，由五柱納音之生剋組合變化能定格局，這種格局總計分三類，第一為循環相生，第二為結黨相剋，第三為五行偏勝，接下來依此三類簡述分析。

《第一循環相生》

歸此類之條件，在於原局五柱納音至少三種五行以上而屬互生，此以最後受生結果論命主關鍵個性，而此類格局之共同特性皆指個性，皆容易執著深入，而多為成見，聞言不信，此論坎象，以因果之理，相生不滅，自必深入而為執，故論此特性。

《第二結黨相剋》

此五柱納音，也必要三種五行以上，而形成雙方互剋，此以黨勢盛者之受生結果論命主關鍵個性，此類共同特性，在於容易猶疑反復，進退難定，此論巽象，以結黨相剋之勝敗得失，或因環境變化而為反復，故有此理，這種人生，最難成就，以心無定而無恆，為進退不果，故論此特性。

《最後第三為五行偏勝》

此五柱納音僅二種或以下，可能為相生或相剋，如二五行相生，其力必專，關鍵個性必主導一切，此必勝過神煞，同具坎象，人生目標可為堅定，故論易於成就，也必為深執之輩，如二五行相剋，這分二種，一則四對一，為多欺寡，另一為三比二，為得失反復。

論多欺寡，寡論剋盡，此類似只有一種五行，此類特性，同具坎象，而更為專，更為深執，大約可論必有成就，以深執為枷鎖，知難脫離輪迴，若只有一種五行，其氣專，其用明顯，差別僅有此。

再論得失反復，此必具巽象，而彼此相勝嚴厲，是最難成就之命格，理由如前。

以上所申論，為基本格局看法，至於納音五行具全，或者屬於貴格之組合，皆不在此論，往後有機會再論，此格局看法，學者先依此運用。

第六節、《外界所論八字常言者如姻緣子息兄弟諸如此類皆必為誤之詳述申論》

八字主講個性與執念，由此衍生而推測命主人生之發展，故言性改則命改，深執方能為宿定，蓋屬不易之因，此方可為直斷，其餘皆不可，如是可知，八字所能言者何？在於環境五行力量因而強化之執念，所造成之定局，此必由五行之變化作用而申論，大約如此而已，超乎此外，皆為迷之道，作繭自縛而已。

如今外界所言之八字，不僅論姻緣，論子息、兄弟，甚至父母之旺衰存亡，或斷言富貴貧賤，諸如此類，實非命之道，依事理言，相同命盤皆相同此論乎？或言姓名與命主之成長環境，故由此而相異，此雖為理，然此亦皆性格之養成，而造就未來發展，由此必能明絕非可直接由八字論斷富貴，也不可由行運斷其財富之增益，只可論其吉凶，得失須由己。

此知八字所言為個性，完全在於個性之衍生變化，而並非所謂的人生劇本，必能明白此理，故知相關何時買房、成業、置產，皆非可由八字斷定，而該如何確知，真實只能由卜筮，以外界所言，忽視相同命盤之各種例外，此鮀鳥心態已延續千年之久，若知正視於此，則不至於為錯誤學術所迷惑，此理甚為清楚明白，無庸申辯。

以深信八字為宿定，為人生必走之劇本，則人生何可為？不為傀儡而為何？此即為嚴重錯誤之認知，故發展而如子平術，此為人行邪道，迷失於歧途，自為有識者所不認同，五行論命術導正此命理，掃除命為宿定之疑惑，而能確信人生在於自己之掌握，陰符經所言宇宙在乎手，不可不知此為本來，否則人生必無可為。

九天玄女嫡傳此五行論命術，乃相應末法以正命理之道徑，學者思復全課程所言，皆理明敘實，且均證學術，不見蒙惑，而於教化之道，皆必引善自決而捨盲從依賴，此見世間真相，而知人生本宗，皆在循習進化，唯能賴己之道，皆迎合相契，此既證天心之所主，學者當能無惑矣。

第七節、《命之道總論皆在人之性故重在八字與姓名學這二種直指人之個性之重要學術簡介》

五術命之道專言命運，而個性決定命運，為絕對關鍵，故論命之道專重在此。

依五行正論，人體秉陰陽二氣，具五行，不離五行掌控，故必依五行而為其性，此所以論八字，而論姓名學者，以名字為人之代表，論同體，人如其名，名如其人，以名字之納音並形義，可直指此人之個性，理由自然在於人之名字必入心，由此改變其性，故亦必論。

由前面之課程，已完整申論八字命局與個性之學術研究，接下來將提供之課程，同屬命之道，為本門真傳姓名學，此相較於外界所言，或為筆畫數，或為三才，或為生肖，或為其他各種組合，皆不相同，本門姓名學最重納音，次重形義，吉凶由此。

姓名分三才，為天人地，以姓為天，論前因，不可變易，以名為人，論未結之果，為個性，可以塑造，以字為地，論此前因後果之呈現，故論成就，即事業，亦為人際，人生變化由此，最後再配合原局八字用神，與命主契合而為認同而易入心。

此法名之為「太上乾坤姓名學」，同為九天玄女嫡傳，為最完整、最正確、最簡易、最實效之取名法，學者能以之，必能利己且利他而如實濟世。

太上乾坤姓名學第一回主旨：【五術大正以申姓名之道在太上乾坤姓名學】

第一節、《姓名學已從世人見執而循邪道之申論》

賜子千金不如賜子好名，乃強調姓名之重要性，此以姓名感化人心而為命之道，可言其正，然應合人心機巧，放言姓名申命之大用，則當言其否。

姓名一道，乃證我執，而從心為用，故有其必，然申命之亨利必在履義乾行，不在姓名之定，此間成就事理，因果分明，本論人道經營之義，若以為取名定一生，則為無明矣，乃從魔惑而心執邪矣，學者論命以稱姓名學，首當知此。

第二節、《本門所傳為太上乾坤姓名學之絕對特性分析與申論》

外界對姓名學之了解，均以為個人之代表，如此而已，對於「人如其名，名如其人」之實證，認為不過是一種巧合，然而由姓名本身，推測此人之吉凶禍福，又大都能得到驗證，在這情形下，又似乎不得不相信名字之影響。這是因為名字之作用難以理解又無法研究，這如同無形，所以很難確定其中之因果，此為姓名學之特性，在朦朧之間，似有真實之影子，平凡無意之處，莫名地影響我們的人生。

這個重點在於如何有效分析這個作用，以及生成這作用之理由，如此必能理解姓名學之影響力，而能確定姓名與個人之間的因果。

本「太上乾坤姓名學」之學術，針對這個因果，最能正確提供這個作用之學術原理，以及由名字分析資訊之方法，由姓名之組成，才能做學術的分析，這是不易的道理。

每個人的名字，由姓與名字組合而成，均為文字，其基本組合為形、音、義，我們都知道，必要認識此文字，才能對其形義產生感覺、理解，這是形成力量之理由，至於「音」經由聲聞，透過音波之傳導，就能直達內心對我們產生影響，這是形音義不同之作用，最主要差別在對文字的認識，由此可知，音之作用勝過形義。

欲研究姓名學，首先必注重文字中「音」之分析，而這個方法稱為「納音、五音、經卦綜合取名法」，這個學術為「太上乾坤姓名學」所獨具，非外界其他姓名學所能申述，這是因為其他姓名學皆不注重「音」之分析，只講形義，以音勝過形義，忽略這個主要元素，如何完整正確的做姓名學之研究?

因此專注於音之研究之「太上乾坤姓名學」，可謂最正確之姓名學學術，此法早已失傳，於今得以重現，有緣得識之學者必要能珍視，此絕非外界姓名學所能比擬者也，信不信者，必在於己，是否能得真切，在於願不願意給自己一個機會，積極以作驗證。

第三節、《由國語發音所衍生文字納音五行之基礎理論分析詳述》

根據聲音之本質，是由於震動，必為震卦，而注音符號為發聲特性，依此特性之五行，在本質為震卦之不易條件下，而產生之五音，使人之感受為聲聞，由此聲聞在人之內心之潛意識，產生陰虛五行能量之作用，歷久累積，呈現陽實之五行，而明顯的對人產生影響，這個作用過程，形成這個基礎理論，名之為「納音」。

六十甲子納音五行與姓名學所指納音相異之處，在於姓名學只論納音五行，而不論六十甲子納音三句辭，此運用亦在五行正論，由陰虛化陽實之理，將姓名主要主導命主個性，此特性化為實際，藉此而能扭轉命主之人生。

是知姓名學為命之道，必能如實改變命運，此絕非虛言，既然人如其名，已足可為證，而人既取名，則陰界註記，故相應因果，此必知隨緣之要，不可勉強，由此引申，若為改新名，最好能經由仙佛驗證，乃能全舊名因果，事理在此。

再論文字納音五行之確定，這必由文字之起首注音符號，依文字之平上仄入來判斷文字之納音，蓋文字之發音，必為起首注音符號之發音所包含，而產生文字之主要聲聞，所以直接這麼論。

因此以下之簡表，用的是起首注音符號代表其下之文字，由文字起首注音符號之納音五行作主要分類，依水木火土金之順序，於其中做非水火部首、水部首以及火部首之三項分類，而於三項分類之下，做平、丄、仄音之分析，忽略入音不論，再於起首注音符號之上，註明七項發音特性之分類，學者對這個簡表，一定要能熟悉理解並記憶，這用於分析名字資訊，為絕不可或缺之基礎，這簡表之來由先不用深究，直接運用即可。

文字起首注音符號衍生文字之聲聞納音五音簡表

文字起首注音符號之納音五行為水

柔音：ㄏ、ㄙ、ㄒ、ㄧ、ㄦ。

非水火部首這類文字之分析

平音：文字納音為水（宮音）

丄音：文字納音為木（商音）

仄音：文字納音為水（宮音）

水部首這類文字之分析

平音：文字納音為水（宮音）

丄音：文字納音為水（宮音）

仄音：文字納音為水（宮音）

火部首這類文字之分析

平音：文字納音為水（宮音）

上音：文字納音為木（商音）

仄音：文字納音為水（宮音）

文字起首注音符號之納音五行為木

收音：ㄞ、ㄠ、ㄢ、ㄥ。

鼻音：ㄤ、ㄣ。

轉折音：ㄓ、ㄔ、ㄗ、ㄩ。

氣音：ㄅ、ㄆ、ㄊ、ㄈ。

非水火部首這類文字之分析

平音：文字納音為火（角音）

上音：文字納音為火（角音）

仄音：文字納音為木（商音）

水部首這類文字之分析

平音：文字納音為水（宮音）
上音：文字納音為水（宮音）
仄音：文字納音為木（商音）

火部首這類文字之分析

平音：文字納音為火（角音）
上音：文字納音為火（角音）
仄音：文字納音為火（角音）

文字起首注音符號之納音五行為火

無分類：ㄕ、ㄜ、ㄨ、ㄑ。

非水火部首這類文字之分析

平音：文字納音為土（羽音）
上音：文字納音為土（羽音）
仄音：文字納音為火（角音）

水部首這類文字之分析

平音：文字納音為土（羽音）

上音：文字納音為土（羽音）
仄音：文字納音為水（宮音）

火部首這類文字之分析

平音：文字納音為火（角音）
上音：文字納音為火（角音）
仄音：文字納音為火（角音）

文字起首注音符號之納音五行為土

拖音：ㄅ、ㄌ、ㄍ、ㄖ、ㄛ、ㄐ、ㄚ、ㄡ。
鼻音：ㄇ、ㄋ。

非水火部首這類文字之分析

平音：文字納音為金（徵音）
上音：文字納音為金（徵音）
仄音：文字納音為土（羽音）

水部首這類文字之分析

平音：文字納音為金（徵音）

丄音：文字納音為金（徵音）
仄音：文字納音為土（羽音）

火部首這類文字之分析
平音：文字納音為火（角音）
丄音：文字納音為火（角音）
仄音：文字納音為土（羽音）

文字起首注音符號之納音五行為金

無分類：ㄎ、ㄘ、ㄟ、ㄝ。

非水火部首這類文字之分析
平音：文字納音為金（徵音）
丄音：文字納音為水（宮音）
仄音：文字納音為金（徵音）

水部首這類文字之分析
平音：文字納音為金（徵音）
丄音：文字納音為水（宮音）

仄音：文字納音為水（宮音）

火部首這類文字之分析

平音：文字納音為火（角音）

上音：文字納音為水（宮音）

仄音：文字納音為火（角音）

第四節、《取名之前置工作與必備資料》

學者在進行取名前，最主要的前置動作為取名步驟之建立，而此步驟之重點，在於字彙資料庫之建立，這需賴學者積極進行，依照自己的思考模式，做最適合自己運用的資料庫，如此才能迅速正確地取名，至於必備資料即為命主生辰八字，以及客戶喜好或忌諱之名字，或相關緣客之禁忌，主要如此。

要能快速取名，才能維護取名之品質，此關鍵必在學者取名資料庫中名字組合定局之建立，此為後面課堂之重點，必賴學者積極，反復持恆方得成。

第五節、《取名重點在於針對命主先天個性以做制約而為修正由此改變命運之方法與理由申論分析》

制約個性之方法，首先必確定命主之個性為陰為陽，而輔之以字義之陰陽，以行中和，使個性不生極端，此是其一，另外由納音之特性，使代表個性之能量不能累積，而不呈現陽實藉以減少執念，此是其二，再由文字之形義，作為命主道德之輔佐，此是其三，最後由五音之聲聞予以定性，此為其四。

根據這四個方法，以制約命主之個性，為最有效之方法，然而於取名作業中，並無法兼顧這四種方法，也難以判斷其有利的影響程度，因此必配合起卦以得知最佳之組合。

用來制約個性之四種方法，最主要的為文字陰陽五行與納音之法，所以申論這二種方法，由文字陰陽五行，此法須配合命主之八字，來確定命主個性與事業之陰陽，故須有八字之基礎，日主論旺，個性論陽餘則為陰，至於事業須看時柱納音，為喜用者論陽，忌閒者論陰，此道理明顯易懂，至於文字陰陽之分辨方法往後再論。

再看納音之法，此由名字納音之組成來判斷是否造成累積，基本上代表個性之第二字，其納音要受生，或者受其他五行之伏吟，而且不再對其他五行產生作用，如此代表個性之第二字不能化陽實，不化陽實即不為執，無執念為最佳個性，人生才容易圓滿。

此專論個性制約之法，是本姓名學相當重要的基礎觀念，是能幫助命主圓滿因果之根本理由，也是與外界姓名學取名方向之主要不同，外界之取名法，迎合命主個性，使命主執念容易深入，而本派取名法，則避免命主產生執念，這個差別，對於命主是否容易圓滿因果，必有明顯的影響，這就是本門推廣此姓名學之理由，此為濟世利民，故亟心於此，願世人皆知，廣為流傳，不僅能幫助自己，也能利益他人。

第六節、《納音轉宮商角徵羽五音之定則介紹與描述》

納音五行水、木、火、金、土，依序轉換之五音為宮、商、角、徵、羽，此為不變的原則，這理由之申論簡述如下。

《宮音》

稱鐘之鳴，聲聞最廣最遠，為強烈的共鳴，有定心之作用，定心論坎卦，坎為水，故確定宮音之五行作用為水。

《商音》

為磬之鳴，其聲聞淺而短，為低沉之共鳴，能夠肅心，最有規矩，這種特性論震卦，屬木，這點不容易理解，但由五行木之特性，最符合聲聞淺短、低沉共鳴，即確定商音之五行作用為木。

《角音》

為牛角之鳴，所發出之聲聞，如重力之共鳴，聞之爭心勝，爭鬥之象，論離卦，戈兵之象，取凶之道，為火，故確定角音之五行作用為火。

《徵音》

為鼓之鳴，其聲聞雄壯，其音易切，為強力之共鳴，有震心之作用，這直接以聲聞特性可論兌卦，兌為毀折，有切音之象，為金，故確定徵音之五行作用為金。

《羽音》

為絲線之鳴，其聲聞最是輕柔，同樣淺而短，為柔力之共鳴，聞之悅心，除煩心清憂慮，由於此音律善悅心，而退心消志，有眾小人之象，為純陰無陽，故為坤，五形為土，由此確定羽音之五行作用為土。

這納音轉五音之定則，學者必要熟記，這在姓名學上之運用，最為頻繁，最容易搞混，最好能多做練習，在納音、五音、經卦這三項之轉換，為本姓名學取名方法之基礎，所以先熟記此定則，才能自由運用。

這個定則不與外界相同，由外界判斷五音五行之根據，可謂斷章取義，是律歷志：「宮者，中也，居中央暢四方，唱始施生為四聲之徑。商者，章也，物成事明也。角者，觸也，陽氣蠢動，萬物觸地而生也，征者，徵也，萬物大盛蕃祉也。羽者，宇也，物藏聚萃宇複之也」，再根據孔子所言：「丘吹律定性，一言得土曰宮，三言得火曰徵，五言得水曰羽，七言得金曰商，九言得木曰角，此並是陽數」。

這是外界確定五音中相對五行之由來，而以為五音為固定之五行，律歷志中論「宮居中央暢四方，唱始施生為四聲之徑」，此意為宮音在五音之中，居領導地位，於奏樂之前，開頭必以宮音，所以其後言「唱始施生」，宮音之作用，令人心定，滌心沉思，方能受此音律，所以能為四聲之徑，由此可知，這段話並不是在論五音之五行，而是在描述編纂音樂的程序，其實在此段文字中，並沒有任何牽涉五行之申論，欲依此而判斷五音之五行必不可得。

再看孔子所言「一言得土曰宮」，此乃孔子吹律定性的經驗，一言之意，指的是一個字，得土之意，無法定性，思慮萬千之意，曰宮者，用宮也，定心之意，整句含義：孔子運用吹律的方法來練習定性，在第一個步驟單用一字，也就是一個音階，要用宮音才能去除雜念，並不是講宮音即土，由此可知，以此段孔子所曰，來定五音之五行，乃誤會孔子之意。

根據以上之申論，就能理解外界所言之五音並不正確，所以真正的五音在於描述聲音的特質，這與聲音之波長有關，即為三分定律法，此五音雖具五行之特性，但會根據其所相對的本質而做改變，所以五音相對於納音，根據五音聲聞之陰虛特性，而確定了此節所言之定則。

本門所言與外界不同，此無法申辯，要做驗證，需要長時間，並不容易，然本門既敢言此自有依憑，由太上乾坤姓名學所取之名字，必能得仙佛驗證，此學者可為，由此得證其中之是非，心中存疑無法真實獲得，若有心於此，自當積極以得驗證，此為成就之最佳態度。

第七節、《姓氏本質經卦之確定與理由分析申論》

古人取姓氏之由，大都以根據地當作各族之姓氏，故原始產生之因素為土，可能為艮或坤，由於衍生由少變多，而艮有止之象，故不取艮只取坤，此為所有姓氏之原始本質，由因果分析法，來研究姓氏本質經卦，必以坤這個本質為不易，再以各姓氏之五音為變，也就是研究姓氏五音在坤這個不易條件下所轉化之經卦，此即為姓氏本質經卦。

先以宮音來分析，納音五行為水，所有納音之原始本質，已知由坤來代表，代表宮音在坤這個不易條件下，其納音五行同樣為水，因此要轉成經卦，則以水所代表之經卦來呈現，由此可知，宮音所呈現之經卦為坎。

再由此衍生，商音之納音為木，經卦可能為震、巽，角音之納音為火，經卦只能為離，徵音之納音為金，經卦可能為乾、兌，而羽音之納音為土，經卦可選擇為艮、坤，而姓氏本質經卦必為獨一，故姓氏五音所轉經卦只取其一，由於原始本質為坤為陰卦，必取陽卦最容易呈現，此為萬事陰陽配合之理，由此所得結果，商音為震，徵音必為乾，而羽音為艮。

由此確定了姓氏本質經卦為坎、震、離、乾、艮五卦，由文字之納音，再轉成五音，再根據所有姓氏之本質坤而得的結果，這一點，學者必要理解並熟記。

這姓氏本質經卦真實之運用，主要在乾坤分析法，關於取名之運用，基本上做參考，經卦之剋與伏吟，非取名之考量重點，取名重點皆在納音，這點先理解。

至於取名重點，其一命主八字喜用五行要能盡量涵蓋在內，其二代表個性之第二字即為名，其納音不可累積而化實，也就是盡量受生而不再生或剋其他，其三代表先天之姓與事業成就之字，皆必須累積化實，也就是盡量受剋或生他剋他。以上即為納音取名重點，若能配合名字經卦論吉自是更佳，取名必以此為重點運用。

第八節、《姓氏本質經卦所呈現之重要特性詳述與申論並實際運用之分析研究思考》

姓氏本質經卦總計坎、震、離、乾、艮五卦，此五卦本質，為具相同五音之姓氏字彙的共同本質，這必屬於先天，為因果，無法改變，而影響的層面為父母、祖上與福報，但這並不是說同一姓氏本質經卦此三項均相同，這指的是此三項有相同的特性，而這所謂的相同特性，並不會影響命主的人生，既如此，分析這個的意義何在？

其實也是為了清楚這個因果關係，每個人在這個世上冠何姓、父母條件、福報的多寡，均為累世因果所安排，依此法分析出的因果，即為相同姓氏本質下所有命主之基本特性，以下依此五卦作個別分析。

《第一個》坎經卦

坎為水，其性潤下，其德為智，其道在執，其心多實，多狐疑，聞言不信，此為這類命主基本特性。

《第二個》震經卦

震為陽木，其性動，為變，為承擔，為大柱，為健，為雷，為反生，為棟樑。

《第三個》離經卦

離為陰火，其性炎上，為無實，為日，為戈兵，為甲冑，為禮。

《第四個》乾經卦

乾為陽金，為義，其性積極，無私，有天之象，廣大能容，為頭，純陽，為君子，主進，有良馬之象，同樣為老馬，能任重道遠之象。

《第五個》艮經卦

艮為陽土，其性止，為信，為貴，為石，為保護。

這五卦所言之基本特性是否呈現，必因命主之後天環境條件而產生改變，這自然包括命主所取之名字，家庭教育，成長環境，人生經歷，宗教信仰等等，或而明顯強烈，或而隱伏不現，但不可能消失，然而這種變化該如何判斷？

其實皆只能由日課，如此要實際運用是否非日課不可？其實日課論精確判斷，以因果論宿業，本不容易變化，能變化者居少數，必可直接由本質經卦所呈現之特性，判斷此人之基本特性，此針對命主未來較適合之事業性質，或者於企業人才之安排，均能如實運用，必有重要參考價值，此是本節申論之重點。

太上乾坤姓名學第二回主旨：【姓名學之學術辯證與字彙資料庫之建立方法提供】

第一節、《三十七個注音符號之起源與先天限制簡述分析》

三十七個注音符號，是由民初章太炎先賢所提倡之文字發音方法，藉由此法以統一中華文字之發聲，依此為標準所得之研究結果，必然只適用於這套標準語言，這是無法解決的缺點。

然而現今華人社會，不論是中國大陸或其他使用華語之國家，均共同使用這種文字之發聲，就算大陸使用的為羅馬拼音，所產生的文字發聲也是相同，由以上之理由，故能直接以三十七個注音符號，來研究現今社會中華文字以國語發音所產生之真正納音五行，藉此以確定文字能量之作用，要做這個研究，必先確定這個學術所依據的理論基礎。

根據外界發聲分類，是依注音符號之發聲特性，來區分為聲母、介母、韻母，而聲母包括唇音、舌尖中音、舌根音、舌面前音、捲舌音、平舌音，介母與韻母之分類方式，則以發音產生轉折或者明顯拉長所做的分類，但由於忽略了口腔運動，只講唇、舌之特性，所以無法確定注音符號發聲特性之主要五行，必以口腔運動所產生之發音結果，來分辨五音宮、商、角、徵、羽之不同，由此五音轉納音，方能為納音五行之判斷根據，故知外界分類法，無法正確分析出發音之五行。

由聲聞使人所產生之感受必分氣音、鼻音、剛柔音、拖音、收音、轉折音、共鳴音這七種，這對人潛意識之五行影響自然不同，而此七項聲聞，即由五音而來，藉由納音、五音之法，才有辦法分析注音符號真正之納音，再由注音符號來確定各文字之納音五行。

如此才能依據文字之五行予以正確之取名，這是學術研究之正確步驟，必一步一步衍生分析，如同因果，確定此因而能堅信其果，如此這個學術基礎才能紮實，就不會有疑惑。

第二節、《外界各派所言姓名學約屬筆劃生肖其錯誤立論之簡述分析與理解思考》

姓名學大約分二派，一為筆劃，一為生肖，多數的五術學者皆二派共用，或再加上形音義、卦象、拆補字、甚至紫微斗數、五行、天地人三才、天運，來做取名，然而重點均不外乎筆劃與生肖。

依筆劃數論姓名，其立論基礎在於宋朝蔡九峰所論之易數，由字彙之筆劃來取數，這最大的問題點，即是個人之運筆習慣所必然產生之筆劃數誤差，這麼論的理由，在於「數」這個學術，同樣由易經而來。

易經包含理、象、數三大根本學術，易經所言：「吉凶悔吝者，生乎動者也。」此動為變，亦可言動機，所以要依數判斷吉凶，必取動機，而眾人所公認之文字筆劃為固定數，即不易，非為變，不能生吉凶悔吝，既如此，筆劃數姓名學之學術根據，原本就錯誤，因此筆劃數姓名學產生許多法外之例，無法自圓其說。

再論生肖姓名學，此由生肖取名，約為目前姓名學之主流，為近代出現之學術，其根據命主八字之年支，做取用字彙之標準，由生肖之取象來分析命主之所向予以取名。

此法的問題點，在於所得之名字，將使命主先天個性適得其所，無法達到制約個性之目的，人之個性為命主之執，若適其性，則得鼓勵，則人必適其性而不知返，先天我執迅速累積，必因此造因，以致成果，且難以自省，人生將侷限在自我思考之範疇中，而致怨天尤人，這是生肖取名最嚴重的謬誤，為不重因果之學術，人生實為因果而來，各種學術要能利益他人必不能忽視因果，否則必生業障，為入魔之道。

此二學派為目前社會大眾所認同之姓名學學術，要扭轉這個錯誤觀念，只能等待時機，無法亟心而為，須以學術之觀點理智問辯，方有撥亂反正之日，有識者自明，具疑惑者，不妨先放下成見，認真思考本門所提出之學術理由，必能得其真切。

更言末世之際，道消魔長，所有迎合人心之所向，謂衍尚者，世人皆趨之若鶩不辨是非，故欲言正道，其成至難，縱仙佛明說，亦難挽眾人之信，此謂無明劫也。

「太上乾坤姓名學」為仙佛本傳，難為主流者，不隨末世衍尚也，人性循巧，執事求速，見踏實方正之語，則視之過時而輕忽，不知中正穩步為成就大道，此理萬年不易，不因人心執求而生變化，學者若能明此，則是非易得，而知太上乾坤姓名學，乃末世之大正也。

第三節、《字彙資料庫之建立之編排方法建議》

在取名過程中，必建立取名步驟，才能迅速累積經驗，而能快速正確的取名，而取名步驟中最重要的關鍵，就是字彙資料庫的建立，只要建立了完整的字彙資料庫，學者在取名過程就能大量減少所須時間，且能有所掌握，不存疑惑的取名。

根據「太上乾坤姓名學」之取名原則，所有字彙需分析它的納音還有字彙之陰陽，著重這二點，以納音轉五音而論經卦，前者為定則，故知由五音代表納音來做字彙資料庫之主要分類，如此由五音轉經卦或者是納音，最不容易搞混以至於發生錯誤。

可知字彙資料庫之建立，由宮、商、角、徵、羽做大分類，而在五音各大分類之下，先分文字陰陽，此分三類：一為確定為陰者，一為確定為陽者，第三類為尚未能確定陰陽者，再於此三類之下，分別個性與事業，基本上個性與事業之適用字不同，所以依此二項做分類。

依上述之分類原則，為簡略的資料庫編排方式，要做到完整且理想之字彙編排，要以此為基礎，依照學者之經驗，再於資料庫中，編入其他更為細緻的類別，這需依賴學者的邏輯思考觀念，一步步慢慢建立，總之在取名過程中，要根據化繁為簡之原則，不斷思考如何才能加快取名之步驟，如此必能建立最符合學者需要之字彙資料庫。

再論個性事業不同適用字之判斷，以個性為命主之思考模式，為喜好，為我執，為業障，因此個性之適用字，須根據上述之涵義來分析，而必以提升命主之光明面做優先選擇，而這該如何分析？文字形、音、義中，音之作用大於形義，所以適用字之選擇，必以「音」為主要依據，而形與義只需注意字義吉凶，以及形之取象明顯論凶者。

文字之音，為聲聞，論納音，對命主產生之作用在於潛意識中產生五行能量，而這能量一旦累積化實，則成為命主之現實，由於個性真實為執念，即論業障，由此故知個性要能避免累積，才能避免製造業障，故知第二字要能避免納音化實，即盡量受生或伏吟，且不再生他或剋他，這就是個性之取用原則。

至於事業，為命主之行為模式，為人際關係，為化業，為圓因果，為成就，因此適用字之選擇，以納音能量能累積化實為原則，與個性文字納音所受之作用不同即是。

由此能夠確定個性與事業之適用字，此必賴學者經驗與學識才能進一步作細緻分析，要能做到這一點，必能更加快速取名，此由習易，最能達到這個目標。

第四節、《字彙資料庫之選用通則》

中華文字之演變，歷五千年之久，其為數也甚眾，而流傳至今者，不論繁體簡體，皆已為廣用，乃曰文字認知所成之見執，皆入世人之心，故文字能申象義，而咸感于人心，此見納音之論，復明文字形義之理，乃全姓名學之義。

是知取名擇字，必由此而成準則也，辭海浩繁，各依學者之學術底蘊而有不同之認知，是不為典要，故僅取通則以為參考，基本上不適用於取名之字彙，約以下四種：

《第一種》筆劃數過多者

此為文字之標準筆劃數，不管是以康熙字典或目前教育部所頒行之版本均可以，其實這二種版本之筆劃數接近相同，文字筆劃數最好不要超過客人之要求，而平均以不超過二十六劃數為標準。

《第二種》字義明顯論凶者

這所謂明顯論凶自然指的是字義，且為大眾所認知，要先行排除，而不能判斷吉凶者，同樣在字彙資料庫下另為備註，再由起卦經驗，能論吉者此字義必論吉，慢慢做篩選，就能逐漸完整。

以上分析這二種明顯需要排除之文字，這個原則固定，因此學者可互相研究，以教學相長。

《第三種》字義明顯粗俗不堪者

名字之作用，能使命主如其名，字義粗俗不堪所呈現之取象，就是命主的外在形象，所以這種文字，也必要優先排除，然而這由學者之學識程度，必產生不同之認知，因此只要大眾所公認為粗俗不堪者，就必要排除，其餘不確定者，同樣依起卦來把關，而同樣於字彙資料庫中做備註，再慢慢以卦意吉凶來做篩選。

關於第三種之條件，由於與學者之學識有關，因此建議學者多認識古文，並理解其來由，與形音義組合之成因，如此以得名字組合字彙之真義，方能真正引善而解緣客之宿執，名字組合，必形正義，日久建成，必應人心，此學者取名，不可不知此也。

《第四種》字義明顯艱澀難懂者

所謂艱澀難懂之字義，屬於多數大眾不得而知者，這種字彙若取用於名字中，由於旁人皆不認識此字，由此產生曲高和寡之取象，容易造成命主之個性奇異孤僻，而事業之經營天真而不實際，這也是人如其名造成的結果。

這種字彙的分辨方法，可先由學者本身來分辨，先以學者不認識之字彙，暫時排除不用，等到此字彙比較通用時，在予以列入取名之考量，同樣在以起卦把關時，若是卦意論吉，就不是艱深難懂之字彙之字彙，依此法慢慢做篩選。

以上所申論之選用字彙通則，皆必由學者自行領會，不須拘束其間，唯一必要之準則，即是輔之日課吉凶把關，此為絕對之論，必為適履之名，詳細之法即在日課，也就是「易道乾坤八法神機索隱」內所言。

第五節、《名字組合字義定局之建立方法提供並實際運用》

此為名與字之組合，基本上需搭配姓，方能如實運用，此根據姓氏本質經卦，來確定名字適用之納音規律，由此以定名字組合，由於名字字義之組合要能避免凶義或者不利之諧音，因此事先做這個字義定局，能節省這個步驟，如此依照各命主之條件，這重點在用神與納音虛實，直接取定局中之組合字來起卦判斷，能大幅縮短取名之時間。

這組合字義定局於字彙資料庫之編排上，是終極之細緻分類，由五音這個大分類而至組合字義定局，此為字彙資料庫之架構，中間的組合部分，須根據學者的思考模式，做最適合學者自己的編排，所以並無定則。

舉例如下，依姓氏本質經卦坎為例，以個性要避免累積，皆忽略經卦，這若能配合命主之喜用五行而居第二字，則為至善，若不能為此，甚至全名無喜用亦無妨，總之皆依取名定則，而最後吉凶判定自然有賴日課把關，這主在學者經驗，能為適履即可。

太上乾坤姓名學第三回主旨：【禁忌申義與世俗觀念分析】

第一節、《所言禁忌乃人心執道之申論》

人心多執私，乃多疑無安，故衍禁忌無窮，以人間道場主修行目的，皆在此心中正，不疑不懼，如此其行皆得適履而循義，是知所謂世俗禁忌，皆屬自蒙之道，不必以此為拘束。

故於姓名之用，實無禁忌，卜筮能斷為正即可，然相關世人見執而必惑其心，如此心無安亦不能為善，故唯順緣從之而言正義。

此理學者必明，乃從緣客之禁忌為禁忌是也，若能循機以申其正，乃寬緣客之執，解世俗之疑，則為行道大正，若反之以建緣客之執，則為行道申過，此幽冥必誡，此學者必要理會者也。

第二節、《姓名學之重要地位簡述分析》

姓名於人類之社會，必不可或缺，為人生之始，為個人之唯一代表，故姓名學之地位不會被替代，不管相不相信姓名之作用，人一出生即需要命名，因此這個需求難以改變，至於父母望子女成龍鳳，必會慎重取名，如此必借重姓名學者以求得好名。

這以規模經濟而言，此取名之市場可謂商機無限，由現今各姓名學派如雨後春筍，爭相競出，就可窺其端倪，分析他們的收費方式，均有一定的程度，並非便宜，這代表了取名之報酬可謂厚利，因此姓名學之發展潛能無法衡量。

這說明了其中之利益龐大，以五術之目的，在於濟世利民，此言利益似非正道，然應合人心申信，方得取名之旨，故以見世道之必則緣之而已，論無償必不知珍惜，必棄而不用，反不為行道，故不能為無償。

學五術以之為用，而為行道，或用以改善自身經濟條件，皆為正，易經所謂理財正辭，謀財必以義，有財方足以行事，以致行道，故學者不需拘泥名利二字，該為則為，提升自己的能力，才有辦法成就他人，或者行善以利益眾生，此節主要申論本姓名學之價值與發展潛能，及學者所能衍生之利益，望諸學者努力學習，成就此業。

人生必要成就，而成就必相關名利，掌握名利足以濟世，名利皆無，濟世必淪為空想，此為現實，行道之路，最不可忽略人性，方容易圓滿。

第三節、《個人發音習慣與口音之差別對於文字納音可能產

生之影響分析》

由於文字之納音分析法，是由標準發音為基礎所做的研究，因此發音不符合標準者，必然影響這個分析法的準確度，那是否會因此影響結果？

此為必然之問題，不能否定，這是此學術之先天性限制，所以無法解決，然而目今社會所流傳之中式用語，大都傾向標準發音，根據這個現實，就不能忽視這學術的實用性。

或以為既稱學術，就該一體適用，不能出現例外，此為不成熟之想法，所有學術，在其所用之研究方法中，所申論出之各項結果，必受這研究方法所侷限，本難以超越，非法外之例，而是本來就不是學術研究的範圍，如此應能理解，所以根據本「太上乾坤姓名學」所取之名字，必依照標準發音來稱呼，才能產生有利的效果，這是很重要的原則，絕不可忽略。

太上乾坤姓名學第四回主旨：【如實取名之申論與理會】

第一節、《分辨文字陰陽之法必在五音之聲聞特性之詳述申論分析》

這文字陰陽分析，主要用來配合命主個性與事業成就之先天性陰陽，此由八字原局分析而來，必以陰陽配合而達到調和之目的，故必確認文字陰陽，由於音勝於形義，故直接以文字聲聞為主，此文字聲聞是由起首注音符號代表，故必能直接由此分析，在七項主要之發音特性必具陰陽，因此由發音特性之陰陽來判斷文字之陰陽。

而發音特性中，只有收音與柔音可視為陰，而其他只能論陽，所以在起首注音符號只要為收音或柔音，則此文字必屬陰，又或者文字中注音符號之組合，包含收音或柔音，這就不一定論陰，而要再參看其他條件，這個條件比較複雜，這與平上仄入有關，也與這個注音符號在文字拼音中所居位置有關，這類學術研究難以確認，故論之無益，至於學者對於無法確定陰陽之文字，暫時不分陰陽，先以起卦來把關，確定所取名字之吉凶。

再來思考文字之字義，最主要分析字義之吉凶，名字之作用，根據形義所作之取象，就是文字字義的討論重點，以名字之取象均以強化命主光明面為主要目的，因此字義論凶之文字必捨棄不用，而文字中，多數字義吉凶並不明顯，難以確定，同樣以起卦來把關。

由以上申論，基本上能確定文字之陰陽，無法確定文字陰陽與字義吉凶者，均以日課起卦把關，可由所得卦之吉凶來確定文字陰陽與字義之吉凶，學者由取名經驗，必能由起卦確定所未知之文字陰陽與字義吉凶，這點有賴學者積極。

第二節、《名字之文字經卦來自姓氏本質經卦之分析方法與理由申論並衍生實際運用》

不同之姓氏本質經卦其名字之文字，所呈現之經卦也必不同，理由在於五音根據其本質，會有不同之五行呈現，如同現實中發出聲聞之物品，在相異之環境條件下，其聲聞五行會有不同，以姓氏為本質，論先天，故必代表環境，故由姓氏本質經卦來確定名字之文字所呈現之經卦，此為【坎、震、離、乾、艮】，接下來逐一分析。

先分析姓氏本質經卦為乾

乾主進，為全陽，陽極為亢，故為變，所以乾卦環境代表「進一步改變本質的變化」，因此在這個環境條件下，五音之五行，必進一步改變，不再為原來之五行，而必為所生之五行，因為這才是進一步之積極改變。

由此可知，在姓氏本質為乾卦下，名字之宮音所轉化之五行必為木，而呈現之經卦可能為震、巽，商音則必為離，角音可選擇為艮、坤，徵音必為坎，羽音可能為乾、兌，而乾卦為陽，必取陰卦配合，因此確定，宮、商、角、徵、羽依序呈現之經卦為巽、離、坤、坎、兌。

再來分析姓氏本質經卦為艮

艮終萬物，有收斂之象，於艮卦環境之下，原本之五行不可能產生變化，所以宮音在艮這個條件下之五行仍為水，再由萬事陰陽配合之理，可知宮、商、角、徵、羽五音在艮這條件下所呈現之經卦為坎、巽、離、兌、坤。

以上乾、艮這二卦，一為進，一為止，必知萬事萬物在本質條件下，必然呈現這個本質之主要特性。

再來分析姓氏本質經卦為震

震之性動，一陽承二陰，，非必為變，不似乾、艮有固定之規律，故須一一分析五音之變化。

第一個宮音：

宮音在震這個條件下，其鐘之鳴之特性最為顯著，必然進一步產生變化，而由水轉化為木，因此呈現之經卦可能為震、巽，而應為震或巽，若由陰陽配合之理則必取巽，但由於本質為震卦，主要特性在鐘之鳴下不可能呈現柔順，所以這邊不取巽，而為震卦。

第二個商音：

為磬之鳴，在震這個本質下，原本的聲聞容易被破壞，而有離散之象，此為離象，因此商音所呈現之經卦為離。

第三個角音：

為牛角之鳴，在震動之下，必使牛角之鳴的特性更加發揮，而角音本為火，故角音只能為離。

第四個徵音：

為鼓之鳴，在震動之下，鼓音之特性更加明顯，徵音五行為金，可能為乾、兌，由於震之主要特性為動，而兌為破壞，有切音之象，有止之象，故取乾卦來代表徵音。

這邊五音之聲聞雖呈現明顯，但沒有進一步變化之理由，其實在於震非為全陽或全陰，故本不容易產生進一步的改變，而宮音能變之理由，乃宮音為水，震這個本質為木，依五行正論，貪生而忘剋，故水容易轉化為木，就是這個理由。

第五個羽音：

為絲線之鳴，為輕柔之音，於震之下必多變化，但由於震動之性不會改變絲線之鳴的本質，故不失輕柔之音，以兼具多變這個特性，所以用巽，此為震之錯，故亦有震之象，最能代表震卦之下的羽音。

以上這三卦所得之結果，均必能理解而能記憶，必知所有真正學術必皆能如此，由此分辨真假學術，這個方法相當重要，學者必要了解。

再來剩下之坎離直接提供分析結果

姓氏本質經卦為坎，宮商角徵羽，其所得文字之正確經卦依序為【兌卦、巽卦以及震、艮、坤】，最後本質經卦為離卦，其正確經卦依次為【巽、離、離、乾、巽】。

以上所論，為各姓氏本質經卦下，文字五音經卦之呈現，最好能由理解而熟記，這主要為乾坤分析法之基礎，由此分析名字資訊方能迅速準確，再配合日課就能精準。

第三節、《當今網路上各式各樣之組合名字是否能運用並與本門組合字義定局之絕對差異詳述與分析》

網路上所提供，絕不可能根據本門姓名學之學術所衍生，而大都為根據筆劃數或生肖姓名學所論之吉凶而做的組合，雖未必均不適合運用，然非由正法，故必有其錯誤。

若必要運用，實在建議須由仙佛驗證，或循易道乾坤八法。世人必難分辨學術上之是非，而依其經常所見所聞，乃從眾之迷，而名字可視為重，為影響個性之必，不可任之輕忽也。

第四節、《名字中納音主要看法在於虛實之作用分析並八字用神五行之實際作用影響申論》

名字中文字納音之作用，主要用來判斷名字中文字能量是否造成累積，此在於生剋之間，唯有受生或受伏吟而不再另行生剋，方能不化實，除此外，皆屬累積化實，此為納音主要看法，為取名之重要根據。

姓名中唯有第二字之名，此專論個性，必要避免累積化實，如此才不容易產生執念，其餘皆須化實，方能呈現而論發揮，此由確定文字納音就能清楚做選擇。

再論八字用神五行，可謂命主之業障，為命主之所好，為個性，為執念，在命主人生過程遇此相同之五行，必自然產生親切愛慕之感覺，而容易以之為執，因此同樣的，若名字中文字納音呈現了命主八字之用神五行，則此名字命主必然歡喜接受，而與心相孚契，所以對命主的影響必然迅速而且深遠，反之若缺少命主之用神五行，則此名字對命主之影響，為緩慢而膚淺，然其中差異也會因時間既久而無別，蓋既成執，則當得其必。

是知名字納音非必要呈現用神五行，只要日課判斷能為吉皆為可，論特別者，在八字以虛神為用之命主，以名字中不呈現此五行，反而容易讓命主接受，此是虛神最忌伏吟之理，故易生排斥，然非必為忌諱，蓋姓名學理皆相同也。

至於用神所在宮位，以居第二字所象個性為佳，蓋皆為執象，以令其納音不能累積而能寬執乃最善道，然而在取名諸多條件限制下，未必能完全避免，而名字中各宮位累積與否有其定則，由此可知，盡量將用神五行放在個性這個宮位上，是最理想的做法，這可作為取名步驟之參考。

由以上所論，納音之看法即是如此，八字用神相關於取名之運用，需特別注意虛神之不同，由此取名即為正確取法，再來是否真適合命主所需，則只能由起卦判斷，只要起卦論吉皆必可用，若不由起卦，則需請仙佛驗證，重點在此。

第五節、《字彙資料庫之運用方式解說》

此為初階所用之字彙資料庫，不包含細緻分類，所有字彙也未做嚴格篩選，最主要提供學者參考，由前面各節之申論，學者必然理解建立個別風格之字彙資料庫之重要性，因此只提供初階資料，才不會造成學者的依賴，而阻礙了學者的發展。

這個初階資料，由五音之下而分陰陽，陰陽之類別下再分個性、事業，學者在取名之過程，首先之步驟，必是確定姓氏本質經卦且定五行，而後判定第二、三字所能取用之五行，並由命主八字判斷該選用之字彙陰陽，如此從字彙資料庫中尋找所有適用之字彙，以做名字組合字義，此依學者之學識認知以作判定，最後再根據起卦判斷所取名字之吉凶，此即取名步驟與字彙資料庫之運用方法。

初階字彙資料庫

宮音 納音為水之所屬字彙

確定文字屬陰者

個性適用字

水ㄏ：

蒿、亨、輝、揮、暉、徽、賀、赫、鶴、皓、昊、鎬、顥、皞、皓、厚、后、翰、菡、護、扈、笏、怙、祜、樺、嬅、獲、霍、穫、豁、會、惠、慧、匯、繪、蕙、卉、彙、薈、奐、晃、晄、河、海、濠、浩、灝、涵、漢、瀚、沆、湖、滸、淮、洄、滙、潓、洹、洪、鴻、泓、汯、煇、煥、

水ㄒ：

西、析、曦、奚、義、晳、谿、晰、霄、簫、逍、修、脩、先、仙、鮮、心、新、欣、辛、馨、鑫、芯、昕、歆、妡、相、鄉、香、襄、驤、興、星、宣、軒、萱、瑄、暄、諼、勳、薰、勛、夏、廈、楔、校、笑、孝、效、嘯、秀、繡、袖、琇、綉、岫、憲、獻、莧、信、象、相、幸、杏、續、旭、

敘、序、緒、蓄、絮、勖、勗、鉉、訊、訓、遜、溪、瀟、湘、渲、汐、渫、漩、泫、洵、汛、煦、熙、燮、炘、煊、炫、熏、

水厶：

斯、思、司、絲、偲、三、森、僧、酥、甦、梭、娑、綏、睢、孫、蓀、松、崧、嵩、菘、四、似、寺、賜、祀、嗣、姒、薩、瑟、嗇、賽、素、速、訴、塑、肅、宿、夙、粟、歲、遂、穗、隧、算、頌、誦、訟、溯、淞、洱、

水一：

一、依、醫、伊、衣、禕、壹、咿、揖、優、悠、攸、嫣、音、因、殷、茵、央、秧、鴦、英、櫻、瑛、瓔、纓、膺、霙、媖、億、義、亦、意、益、易、藝、議、毅、憶、逸、奕、翊、懿、弈、俋、佾、屹、翌、曳、詣、薏、邑、業、曄、耀、又、右、幼、佑、祐、侑、驗、彥、宴、艷、晏、雁、諺、硯、印、蔭、胤、應、映、泱、漪、沂、溢、涯、游、沿、演、洋、漾、瀅、瀛、燁、燿、煙、燕、焱、

事業適用字

水厂：

蒿、頊、亨、花、輝、揮、暉、徽、恢、歡、賀、赫、鶴、皓、昊、鎬、顥、皞、晧、厚、后、翰、菡、護、扈、笏、怙、祜、樺、嫿、嬅、獲、霍、穫、豁、會、惠、慧、匯、繪、蕙、卉、彙、薈、奐、晃、晄、河、海、濠、浩、灝、涵、漢、瀚、沆、湖、滸、淮、洄、滙、潓、洹、渙、洪、鴻、泓、汯、煇、煥、

水丁：

西、析、曦、奚、義、晳、僖、谿、嬉、晰、霄、簫、逍、修、脩、貅、先、仙、鮮、纖、祆、心、新、欣、辛、馨、鑫、芯、昕、歆、妡、相、鄉、香、襄、驤、興、星、宣、軒、萱、瑄、暄、諼、勳、薰、勛、夏、廈、校、孝、效、嘯、秀、袖、琇、綉、憲、獻、莧、信、象、相、幸、杏、倖、續、旭、敘、序、緒、蓄、絮、勖、勗、鉉、訓、遜、溪、瀟、湘、渲、汐、泫、汛、煦、熙、燮、炘、煊、炫、熏、

水ㄙ：

斯、思、司、私、絲、偲、三、森、僧、酥、甦、梭、娑、綏、睢、孫、蓀、松、崧、嵩、菘、四、似、寺、賜、祀、嗣、姒、薩、瑟、嗇、賽、素、速、訴、塑、肅、宿、夙、粟、歲、遂、穗、隧、算、頌、誦、訟、溯、淞、洱、

水一：

一、依、醫、伊、衣、伊、禕、壹、咿、揖、優、悠、攸、嫣、音、因、殷、茵、央、秧、鴦、英、櫻、瑛、瓔、纓、膺、霙、媖、億、義、亦、意、益、易、藝、議、毅、憶、逸、奕、翊、懿、弈、俋、佾、屹、翌、曳、詣、薏、邑、業、曄、耀、曜、鑰、又、右、幼、佑、祐、宥、侑、驗、彥、宴、艷、晏、雁、諺、硯、印、蔭、胤、應、映、泱、漪、沂、溢、涯、游、沿、演、洋、漾、瀅、瀛、燁、燿、煙、燕、焱、

確定文字屬陽者

個性適用字

木ㄅ：

泊、渤、

木ㄆ：

滂、浦、

木ㄈ：

法、滏、

木ㄊ：

溏、涂、

金ㄎ：

可、肯、墾、懇、揆、奎、魁、葵、逵、夔、況、

木ㄓ：

沚、洲、溱、漳、濁、

木ㄔ：

池、淳、

火ㄕ：

澍、

木ㄗ：

滋、澤、

金ㄘ：

慈、詞、祠、瓷、岑、璀、存、測、涔、滄、淬、

火ㄨ：

沃、

事業適用字

木ㄅ：
泊、渤、

木ㄆ：
波、滂、浦、

木ㄈ：
法、滏、

木ㄊ：
溏、涂、

金ㄎ：
可、肯、墾、懇、伉、揆、奎、魁、葵、逵、夔、況、

木ㄓ：
沚、洲、溱、漳、濁、

木ㄔ：
池、淳、

火ㄕ：
澍、

木ㄗ：

滋、澤、

金ㄘ：

慈、詞、祠、瓷、岑、璀、存、測、涔、滄、淬、

火ㄨ：

沃、

木ㄩ：

渝、

尚未確定文字陰陽者

個性適用字

木ㄅ：

濱、浜、

木ㄆ：

潘、澎、漂、

木ㄈ：

灃、

木ㄊ：

滔、濤、淘、潭、添、沺、汀、湍、潼、

金ㄎ：

凱、楷、愷、慨、鎧、考、侃、孔、

火ㄑ：

洽、沁、

木ㄔ：

潮、潺、澄、

火ㄕ：

汕、

金ㄘ：

才、財、材、裁、採、彩、采、綵、婇、草、從、叢、琮、淙、

木ㄩ：

淵、源、沅、泳、湧、

事業適用字

木ㄅ：

濱、浜、冰、

木ㄆ：

潘、

木ㄊ：

滔、濤、淘、潭、添、沺、汀、湍、潼、

金ㄎ：

凱、楷、愷、慨、鎧、剴、侃、孔、

火ㄑ：

洽、沁、

木ㄔ：

潮、潺、澄、沖、

火ㄕ：

汕、

金ㄘ：

才、財、材、裁、採、彩、采、綵、婇、草、從、叢、琮、淙、

木ㄩ：

淵、源、沅、泳、湧、

商音 納音為木之所屬字彙

確定文字屬陰者

個性適用字

水ㄏ：

和、合、荷、禾、闔、閡、還、豪、好、郝、侯、韓、函、邯、行、航、杭、恆、橫、衡、珩、姮、

瑚、蝴、琥、華、驊、鏵、懷、茴、環、寰、桓、圜、嬛、琿、皇、遑、凰、璜、隍、篁、幌、紅、

宏、弘、虹、紘、閎、鋐、竑、竤、煌、

水ㄒ：

席、習、喜、禧、璽、蒠、霞、俠、峽、協、偕、諧、劦、小、曉、筱、賢、咸、嫻、弦、銜、絃、舷、顯、祥、翔、詳、庠、享、行、形、省、栩、昫、珝、學、雪、懸、玄、璇、旋、璿、玹、妶、選、巡、尋、循、旬、馴、珣、荀、恂、峋、雄、烜、熊、

水ㄙ：

叟、俗、索、損、聳、

木ㄞ：

愛、艾、璦、嬡、

木ㄠ：

奧、傲、澳、

木ㄢ：

案、岸、

水ㄦ：

爾、耳、珥、邇、

水一：

宜、怡、儀、誼、夷、頤、貽、以、乙、倚、苡、牙、芽、衙、枒、雅、亞、耶、琊、崖、姚、堯、瑤、窈、杳、由、遊、尤、猶、郵、猷、有、友、酉、言、顏、嚴、研、岩、巖、妍、衍、偃、琰、銀、吟、寅、垠、鄞、夤、引、尹、陽、揚、颺、仰、營、盈、迎、瑩、螢、穎、潁、炎、

事業適用字

水厂：

和、合、荷、禾、闔、闋、還、豪、好、郝、侯、韓、函、邯、行、航、杭、恆、横、衡、珩、姮、瑚、蝴、虎、琥、華、驊、鏵、懷、茴、環、寰、桓、圜、嬛、琿、皇、遑、凰、璜、隍、篁、恍、幌、紅、宏、弘、虹、紘、閎、鋐、竑、竤、煌、

水丅：

席、習、喜、禧、璽、蒠、霞、俠、峽、協、偕、諧、劦、小、曉、筱、賢、咸、嫻、弦、銜、絃、舷、顯、祥、翔、詳、庠、享、行、形、省、栩、昫、珝、學、雪、懸、玄、璇、旋、璿、玹、妶、選、巡、尋、循、旬、馴、珣、荀、恂、峋、雄、烜、熊、

水：ㄙ

叟、俗、索、損、聳、

木ㄞ：

愛、艾、璦、嬡、

木ㄠ：

奧、傲、澳、

木ㄢ：

案、岸、

水ㄦ：

爾、耳、珥、邇、

水一：

宜、怡、儀、誼、夷、頤、貽、以、乙、倚、苡、牙、芽、衙、枒、雅、亞、耶、琊、崖、姚、堯、瑤、窈、杳、由、遊、尤、猶、郵、猷、有、友、酉、言、顏、嚴、研、岩、巖、妍、衍、偃、琰、銀、吟、寅、垠、鄞、夤、引、尹、陽、揚、颺、仰、營、盈、迎、瑩、螢、穎、潁、炎、

確定文字屬陽者

個性適用字

ㄅ：
擘、檗、倍、備、蓓、貝、輩、棒、部、布、步、佈、簿、蔀、灞、

ㄆ：
珀、配、佩、珮、轡、鋪、沛、霈、淠、

ㄈ：
琺、費、份、奮、放、副、富、赴、復、付、附、傅、父、複、覆、賦、馥、阜、駙、

ㄊ：
沓、特、拓、蛻、

ㄓ：
至、志、致、智、制、製、置、誌、緻、秩、稚、鋕、幟、峙、寘、宙、冑、鎮、振、震、陣、障、
丈、住、助、柱、祝、註、鑄、綴、壯、狀、治、浙、注、

ㄔ：
赤、斥、剎、奼、徹、轍、掣、唱、暢、倡、處、輟、綽、創、澈、

木ㄗ：

字、自、昃、奏、藏、奘、祚、蕞、

木ㄩ：

玉、育、欲、裕、預、域、郁、鈺、昱、毓、御、譽、聿、寓、豫、馭、彧、禦、月、越、岳、悅、躍、玥、嶽、鉞、運、韻、蘊、醞、浴、

事業適用字

木ㄅ：

霸、擘、檗、倍、備、蓓、貝、輩、棒、部、布、步、佈、簿、蔀、灞、

木ㄆ：

珀、配、佩、珮、轡、鋪、沛、霈、淠、

木ㄈ：

珐、費、份、奮、放、副、富、赴、復、付、附、傅、父、複、覆、賦、馥、阜、駙、

木ㄊ：

沓、特、拓、蛻、

木ㄓ：

至、志、致、智、制、製、置、誌、緻、秩、稚、鋕、幟、峙、寘、宙、胄、鎮、振、震、陣、障、丈、住、助、柱、祝、註、鑄、綴、壯、狀、治、浙、注、

木ㄔ：

赤、斥、剎、奼、徹、轍、掣、唱、暢、倡、處、輟、綽、創、澈、

木ㄗ：

字、自、昃、奏、藏、奘、祚、蕞、

木ㄩ：

玉、育、欲、裕、預、域、郁、鈺、昱、毓、御、譽、聿、寓、豫、馭、彧、禦、月、越、岳、悅、躍、玥、嶽、鉞、運、韻、蘊、醞、浴、

尚未確定文字陰陽者

個性適用字

木ㄅ：

報、辦、辮、碧、畢、弼、庇、壁、皕、陛、遍、並、併、竝、

木ㄆ：

判、畔、闢、辟、票、聘、派、

木ㄈ：

範、梵、鳳、奉、俸、泛、汎、

木ㄊ：

太、泰、鈦、探、惕、象、

木ㄓ：

兆、詔、晁、占、綻、正、政、證、証、傳、撰、篆、重、眾、仲、

木ㄔ：

羼、懺、秤、乘、串、玔、

木ㄗ：

在、再、造、讚、

木ㄩ：

願、苑、用、

事業適用字

木ㄅ：

報、豹、半、辦、伴、瓣、絆、碧、畢、弼、庇、壁、皕、陛、變、遍、並、併、竝、

木ㄆ：

砲、判、盼、畔、椪、闢、辟、票、驃、片、聘、派、湃、

木ㄈ：

范、範、梵、鳳、俸、汎、

木ㄊ：

太、泰、鈦、探、惕、悌、象、潒、

木ㄓ：

兆、肇、詔、晁、戰、占、綻、正、政、證、証、傳、撰、篆、重、眾、仲、

木ㄔ：

羼、乘、串、玔、

木ㄗ：

在、載、讚、

木ㄩ：

院、願、苑、用、

角音　納音為火之所屬字彙

確定文字屬陰者

個性適用字

木ㄞ：

藹、靄、

木ㄠ：

敖、鰲、翱、遨、

木ㄢ：

安、鞍、庵、

事業適用字

木ㄞ：

藹、靄、

木ㄠ：

敖、翱、遨、

木ㄢ：

安、鞍、庵、

確定文字屬陽者

個性適用字

木ㄅ：

八、巴、芭、皤、玻、菠、缽、鉢、盃、碑、幫、邦、跋、鈸、伯、勃、博、帛、搏、柏、栢、箔、

舶、北、本、榜、卜、焙、

木ㄆ：

葩、坯、琶、婆、培、裴、龐、蒲、樸、葡、璞、菩、莆、普、埔、譜、

木ㄈ：

發、佛、飛、菲、妃、緋、霏、斐、翡、芬、紛、氛、棻、方、芳、坊、訪、紡、舫、夫、鈇、福、

服、幅、扶、符、芙、弗、孚、拂、輻、府、甫、輔、撫、釜、俯、

木ㄊ：

塔、堂、糖、唐、塘、棠、瑭、圖、塗、徒、途、土、釷、託、陀、妥、邨、

金ㄎ：

焜、焅、爌、

火ㄑ

趣、確、闕、鵲、

木ㄓ：

之、知、支、枝、織、芝、梔、直、職、值、質、植、執、擲、蟄、指、止、旨、芷、祉、紮、札、
哲、喆、輒、謫、赭、周、州、週、舟、軸、真、貞、珍、偵、甄、禎、臻、楨、蓁、榛、箴、禛、
枕、軫、稹、章、彰、璋、長、朱、珠、諸、株、茱、銖、竹、築、筑、竺、主、貯、卓、酌、倬、
琢、鐲、茁、隹、錐、準、准、裝、莊、庄、燭、炷、焯、

木ㄔ：

琛、昌、錩、菖、出、初、春、椿、持、馳、篪、弛、尺、查、茶、察、碴、籌、酬、綢、疇、儔、
禪、嬋、孱、產、鏟、剷、闡、陳、晨、辰、臣、塵、宸、忱、長、常、嫦、徜、萇、場、廠、昶、
敞、儲、處、礎、褚、杵、純、熾、

火ㄕ：

是、事、市、式、世、室、視、試、士、示、勢、適、釋、識、仕、誓、恃、奭、軾、設、社、舍、
攝、受、壽、授、綬、狩、慎、上、尚、術、數、述、恕、樹、碩、朔、鑠、妁、順、舜、燊、爍、

木ㄗ：

資、茲、姿、諮、孜、咨、錙、子、仔、紫、梓、紮、匝、則、責、擇、臧、族、組、祖、左、佐、
尊、

火ㄨ：

務、悟、戊、兀、斡、衛、蔚、尉、望、旺、

木ㄩ：

紆、約、曰、於、餘、瑜、虞、于、妤、榆、愉、萸、與、語、宇、予、瑀、禹、羽、雲、芸、云、

筠、匀、耘、芸、紜、允、煜、

火ㄜ：

萼、鄂、

木ㄣ：

恩、

木ㄤ：

昂、卬、

事業適用字

木ㄅ：

八、巴、芭、皤、玻、菠、缽、鉢、盃、碑、奔、賁、幫、邦、跋、鈸、伯、勃、博、帛、搏、柏、

栢、箔、薄、舶、駁、北、本、榜、卜焙、

木ㄆ：

葩、坡、坯、琶、婆、培、裴、龐、蒲、樸、匍、璞、菩、莆、普、埔、譜、圃、

木ㄈ：

發、佛、飛、菲、妃、緋、霏、斐、翡、分、芬、紛、氛、棻、方、芳、坊、訪、紡、舫、夫、鈇、

福、服、幅、扶、符、芙、弗、孚、拂、輻、府、甫、輔、撫、釜、俯、

木ㄊ：

塔、堂、糖、唐、塘、棠、瑭、圖、塗、徒、途、土、釷、託、陀、妥、推、邰、

金ㄎ：

焜、焅、爌、

火ㄑ趣、確、雀、闕、鵲、

木ㄓ：之、知、支、枝、織、芝、梔、直、職、值、質、植、執、擲、蟄、指、止、旨、芷、祉、紮、札、哲、喆、輒、謫、赭、周、州、週、舟、軸、真、貞、珍、偵、甄、禎、臻、楨、蓁、榛、箴、禛、枕、軫、稹、章、彰、璋、長、朱、珠、諸、株、茱、銖、竹、築、筑、竺、主、貯、卓、酌、倬、琢、鐲、茁、隹、錐、準、准、裝、莊、庄、燭、炷、焯、

木ㄔ：琛、昌、錩、菖、出、初、春、椿、持、馳、篪、弛、尺、查、茶、察、碴、籌、酬、綢、疇、儔、丑、禪、嬋、孱、產、鏟、剷、闡、陳、晨、辰、臣、塵、宸、忱、長、常、嫦、徜、萇、場、廠、昶、敞、儲、處、礎、褚、杵、純、熾、

火ㄕ：是、事、市、式、世、室、視、試、士、示、勢、適、釋、識、仕、誓、恃、奭、軾、設、社、舍、攝、受、壽、授、綬、狩、慎、上、尚、術、數、述、恕、樹、碩、朔、鑠、妁、順、舜、燊、爍、

木ㄗ：資、茲、姿、諮、孜、咨、錙、子、仔、紫、梓、紮、匝、則、責、擇、臧、族、組、祖、左、佐、尊、

火ㄨ：務、悟、戊、兀、斡、衛、蔚、尉、望、旺、

木ㄩ：

紆、約、曰、於、餘、瑜、虞、于、妤、娛、榆、愉、萸、與、語、宇、予、瑀、禹、羽、雲、芸、

云、筠、勻、耘、葯、紜、允、煜、

火ㄜ：

萼、鄂、

木ㄣ：

恩、

木ㄤ：

昂、卬、

尚未確定文字陰陽者

個性適用字

木ㄅ：

包、苞、褒、班、般、斑、頒、標、鏢、邊、編、斌、賓、彬、繽、保、寶、堡、葆、宝、褓、版、

坂、阪、闆、比、筆、扁、丙、秉、柄、炳、

木ㄆ：

攀、匹、丕、飄、篇、偏、翩、娉、牌、袍、盤、磐、蟠、彭、鵬、棚、朋、篷、芃、埤、琵、毘、

貔、貔、頻、蘋、品、平、評、屏、憑、萍、苹、

木ㄈ：
番、籓、凡、繁、帆、藩、蕃、樊、礬、釩、風、豐、封、峰、鋒、楓、蜂、丰、逢、馮、
土ㄉ：
燈、灯、
木ㄊ：
苔、台、臺、掏、韜、陶、桃、萄、坍、談、壇、檀、曇、譚、坦、藤、騰、籐、題、堤、媞、緹、
醍、禔、體、鐵、鉄、調、迢、苕、窕、天、田、甜、恬、闐、廷、庭、亭、婷、霆、挺、團、通、
同、童、桐、銅、彤、仝、佟、硐、統、
土ㄍ
耿、
土ㄐ：
杰、炯、炅、
火ㄑ：
器、企、棄、契、恰、鍥、俏、倩、茜、蒨、芡、慶、罄、磬、勸、炁、
木ㄓ：
齋、宅、翟、朝、招、昭、召、釗、霑、瞻、占、展、徵、箏、錚、征、鉦、諍、整、拯、專、顓、
轉、諄、中、忠、照、炤、
木ㄔ：
敘、超、稱、撐、川、釧、充、柴、儕、豺、篩、朝、晁、成、城、程、誠、盛、承、呈、丞、晟、
騁、船、傳、崇、重、

火ㄕ：

紹、邵、少、劭、善、擅、繕、勝、聖、盛、率、帥、

土ㄖ：

然、燃、榮、

木ㄗ：

栽、早、棗、增、纂、宗、棕、綜、縱、踪、總、

金ㄘ：

燦、

火ㄨ：

萬、

木ㄩ：

鳶、鴛、庸、鏞、雍、墉、邕、元、原、員、園、圓、緣、媛、芫、袁、遠、永、勇、擁、詠、

事業適用字

木ㄅ：

包、苞、褒、班、般、斑、頒、標、飆、鏢、彪、邊、編、斌、賓、彬、繽、保、寶、堡、葆、宝、褓、版、坂、阪、闆、比、筆、扁、丙、秉、柄、炳、

木ㄆ：

攀、匹、丕、霹、飄、篇、偏、翩、娉、牌、袍、盤、磐、蟠、彭、鵬、棚、朋、篷、芃、埤、琵、毘、貔、豼、頻、蘋、品、平、評、屏、憑、萍、苹、

木ㄈ：
番、籓、凡、繁、帆、藩、蕃、樊、礬、釩、風、豐、封、峰、鋒、楓、蜂、丰、逢、馮、烽、

土ㄉ：
燈、灯、

木ㄊ：
苔、台、臺、掏、韜、陶、桃、萄、坍、談、壇、檀、曇、譚、坦、藤、騰、籐、題、堤、媞、緹、醍、禔、體、鐵、鉄、調、迢、苕、窕、天、田、甜、恬、闐、廷、庭、亭、婷、霆、挺、團、通、同、童、桐、銅、彤、仝、佟、硐、統、

土ㄍ
耿、

土ㄐ：
杰、炯、炅、

火ㄑ：
器、企、棄、契、恰、鍥、俏、倩、茜、蒨、芡、慶、罄、磬、勸、炁、

木ㄓ：
齋、宅、翟、朝、招、昭、召、釗、霑、瞻、占、展、爭、徵、箏、錚、征、鉦、諍、整、拯、專、顓、轉、諄、中、忠、照、炤、

木ㄔ：
叙、超、稱、撐、川、釧、充、柴、儕、豺、篩、朝、晁、成、城、程、誠、盛、承、呈、丞、晟、騁、船、傳、崇、重、

火ㄕ：紹、邵、少、劭、善、擅、繕、勝、聖、盛、率、帥、

土ㄖ：然、燃、榮、

木ㄗ：栽、宰、早、棗、增、纂、宗、棕、綜、縱、踪、總、

金ㄘ：燦、

火ㄨ：萬、

木ㄩ：鳶、鴛、庸、鏞、雍、墉、邕、元、原、員、園、圓、緣、媛、芫、袁、遠、永、勇、擁、詠、

徵音　納音為金之所屬字彙

確定文字屬陰者

個性適用字缺

事業適用字缺

確定文字屬陽者

個性適用字

土ㄇ：

咪、瑪、碼、摩、模、謨、梅、枚、眉、玫、莓、瑂、美、媺、媄、謀、牟、繆、眸、門、芒、莽、畝、牡、

土ㄉ：

當、鐺、璫、督、多、敦、惇、達、妲、韃、德、得、斗、黨、檔、讀、篤、鐸、

土ㄋ：

囊、努、女、

土ㄌ：

雷、擂、鐳、畾、蕾、磊、耒、郎、瑯、朗、盧、蘆、蘿、鑼、倫、輪、崙、旅、侶、履、

土ㄍ：

歌、根、剛、鋼、岡、綱、崗、罡、規、歸、圭、瑰、珪、光、格、閣、革、葛、舸、古、鼓、谷、穀、國、幗、果、菓、癸、晷、鯀、袞、廣、港、沽、洸、

金ㄎ：

科、柯、珂、軻、坷、康、慷、糠、坤、堃、昆、崑、琨、錕、匡、劻、克、恪、寇、伉、庫、擴、廓、闊、礦、鄺、曠、眖、貺、

土ㄐ：

居、駒、局、菊、橘、鞠、掬、桔、舉、矩、覺、爵、蕨、厥、玨、玦、均、軍、君、鈞、

土ㄖ：
柔、媃、人、仁、壬、芢、忍、稔、荏、穰、禳、如、儒、茹、孺、蕊、
金ㄘ：
次、側、策、冊、惻、倉、蒼、簇、搓、錯、厝、措、催、崔、翠、脆、粹、萃、村、寸、

事業適用字

土ㄇ：
咪、瑪、碼、摩、模、謨、梅、枚、眉、玫、莓、瑁、美、嬍、媄、謀、牟、繆、眸、門、芒、莽、
畝、牡、
土ㄉ：
當、鐺、璫、督、多、敦、惇、達、妲、韃、德、得、斗、黨、檔、讀、篤、鐸、
土ㄋ：
曩、努、女、
土ㄌ：
雷、擂、鐳、畾、蕾、磊、耒、郎、瑯、朗、盧、蘆、蘿、鑼、倫、輪、崙、旅、侶、履、
土ㄍ：
歌、根、剛、鋼、岡、綱、崗、罡、規、歸、圭、瑰、珪、光、格、閣、革、葛、舸、古、鼓、谷、
穀、國、幗、果、菓、癸、晷、鯀、袞、廣、港、沽、洸、
金ㄎ：
科、柯、珂、軻、坷、康、慷、糠、坤、堃、昆、崑、琨、錕、匡、劻、克、恪、寇、伉、庫、擴、

廓、闊、礦、鄺、曠、眖、貺、

土ㄐ：

居、駒、局、菊、橘、鞠、掬、桔、舉、矩、覺、爵、蕨、厥、玨、玦、均、軍、君、鈞、

土ㄖ：

柔、媃、人、仁、壬、荏、忍、稔、荏、穰、禳、如、儒、茹、獳、蕊、

金ㄘ：

次、側、策、冊、惻、倉、蒼、簇、搓、錯、厝、措、催、崔、翠、脆、粹、萃、村、寸、

尚未確定文字陰陽者

個性適用字

土ㄇ：

錨、茅、髦、卯、茆、盟、蒙、萌、檬、猛、錳、艋、迷、謎、彌、米、弭、苗、描、緲、杳、邈、

棉、綿、勉、緬、冕、丏、民、旻、岷、珉、敏、閔、閩、憫、名、明、銘、鳴、茗、酩、滿、濛、

瀰、淼、沔、湎、泯、澠、洺、溟、

土ㄉ：

丹、耽、登、雕、鵰、彫、丁、端、東、冬、苳、島、導、禱、玥、戥、迪、笛、狄、敵、荻、鏑、

嫡、砥、瓞、典、碘、鉠、頂、鼎、董、懂、滌、汀、

土ㄋ：

妞、乃、迺、撓、橈、瑙、南、男、楠、能、尼、妮、倪、霓、昵、蔦、孃、裊、紐、鈕、年、粘、

寧、凝、甯、暖、農、儂、湳、濃、涅、

土ㄌ：

來、萊、錸、徠、蘭、稜、崚、棱、黎、璃、孋、蠡、驪、鸝、李、里、理、禮、鯉、豊、鋰、醴、
寮、僚、遼、琉、瑠、鎏、柳、連、聯、蓮、廉、璉、簾、林、臨、霖、琳、麟、遴、璘、嶙、凜、
懔、廩、量、良、樑、粮、玲、靈、齡、鈴、凌、陵、伶、苓、菱、翎、羚、聆、綾、舲、領、嶺、
鑾、鸞、巒、欒、龍、隆、瓏、漓、溜、濂、漣、潾、凜、梁、涼、淩、泠、瀧、

土ㄍ：

高、皋、甘、柑、干、竿、酐、耕、庚、官、觀、倌、公、工、供、宮、功、恭、肱、感、管、莞、
琯、拱、鞏、

金ㄎ：

開、勘、鏗、寬、愾、檜、

土ㄐ：

積、機、基、績、跡、姬、蹟、稽、磯、嵇、箕、笄、羁、迹、吉、籍、集、擊、輯、楫、伋、佶、
笈、戟、家、加、佳、嘉、珈、迦、枷、葭、笳、甲、岬、舺、揭、階、偕、節、傑、結、捷、絜、
婕、詰、拮、桀、頡、倢、解、交、教、嬌、驕、佼、皎、姣、赳、九、久、玖、灸、韭、監、兼、
堅、緘、箋、鶼、檢、簡、儉、翦、戩、金、斤、巾、衿、矜、錦、謹、瑾、堇、槿、菫、將、疆、
蔣、經、精、晶、京、菁、警、景、璟、憬、娟、鵑、鐫、卷、汲、洁、潔、江、涓、津、

土ㄖ：

嬈、冉、苒、仍、容、融、蓉、榕、絨、鎔、嶸、戎、

金ㄘ：

操、參、璨、粲、聰、蔥、璁、驄、瑽、

事業適用字

土ㄇ：

錨、茅、卯、盟、蒙、萌、檬、錳、艋、迷、彌、米、弭、苗、描、緲、杳、邈、棉、綿、勉、緬、冕、丏、民、岷、珉、敏、閔、閩、憫、名、明、銘、鳴、茗、酩、滿、濛、瀰、淼、沔、湎、泯、澠、洺、溟、

土ㄉ：

丹、耽、登、雕、鵰、彫、丁、端、東、冬、苳、島、導、禱、玬、戥、迪、笛、狄、敵、荻、鏑、嫡、砥、蝶、碟、典、碘、錪、頂、鼎、董、懂、滌、汀、

土ㄋ：

妞、乃、迺、撓、橈、瑙、南、男、楠、能、尼、妮、倪、霓、昵、蔦、娘、裊、紐、鈕、年、粘、寧、凝、甯、暖、農、湳、濃、涅、

土ㄌ：

來、萊、錸、徠、蘭、稜、崚、棱、黎、璃、孋、蠡、驪、鸝、李、里、理、禮、鯉、豊、鋰、醴、寮、僚、遼、琉、瑠、鎏、柳、連、聯、蓮、廉、璉、簾、林、臨、霖、琳、麟、遴、璘、嶙、凜、懍、廩、量、良、樑、粮、玲、靈、齡、鈴、凌、陵、伶、苓、菱、翎、羚、聆、綾、舲、領、嶺、鑾、鸞、巒、欒、龍、隆、瓏、漓、溜、濂、漣、潾、澟、梁、涼、淩、泠、瀧、

土ㄍ：

高、皋、甘、柑、干、竿、庚、官、觀、公、工、供、宮、功、恭、肱、感、管、莞、琯、拱、鞏、

金ㄎ：

開、勘、鏗、寬、愾、檜、

土ㄐ：

積、機、基、績、跡、姬、蹟、稽、磯、嵇、箕、笄、羈、迹、吉、籍、集、擊、疾、輯、棘、楫、
伋、佶、笈、戟、家、加、佳、嘉、珈、迦、枷、葭、笳、甲、岬、舺、揭、階、偕、節、傑、結、
捷、絜、婕、詰、拮、桀、頡、倢、解、交、教、嬌、驕、佼、皎、姣、赳、九、久、玖、灸、韭、
監、兼、堅、緘、箋、鶼、檢、簡、儉、翦、戩、金、斤、巾、衿、矜、錦、謹、瑾、菫、槿、菫、
將、疆、蔣、經、精、晶、京、菁、警、景、璟、憬、娟、鵑、鐫、卷、
汲、洁、潔、江、涓、津、

土ㄖ：

冉、苒、仍、容、融、蓉、榕、絨、鎔、戎、

金ㄘ：

操、參、璨、粲、聰、蔥、璁、驄、琮、

羽音 納音為土之所屬字彙

確定文字屬陰者

個性適用字缺

事業適用字缺

確定文字屬陽者

個性適用字

土ㄇ：

莫、末、墨、茉、陌、寞、秣、妹、媚、魅、袂、木、目、幕、慕、牧、穆、睦、募、沫、漠、沬、沐、蕩、

土ㄉ：

大、竇、荳、度、杜、鍍、舵、對、頓、盾、遁、渡、

土ㄋ：

納、娜、鈉、訥、內、諾、

土ㄌ：

樂、勒、路、陸、錄、鹿、露、祿、璐、輅、駱、酪、珞、論、綠、率、律、葎、菉、略、潞、漉、淥、淕、洛、烙、

土ㄍ：

構、顧、固、卦、過、貴、櫃、桂、汩、

土ㄐ：

具、句、聚、鉅、鋸、巨、踞、雋、俊、駿、郡、峻、竣、儁、浚、濬、炬、

火ㄑ：

璩、蕖、瞿、群、渠、

火ㄕ：

施、師、詩、莎、紗、奢、賒、收、身、申、伸、紳、珅、商、書、疏、舒、殊、樞、姝、抒、梳、雙、霜、双、時、石、實、拾、蒔、寔、使、史、駛、始、矢、捨、誰、首、守、審、賞、叔、菽、數、蜀、深、沈、淑、水、

土ㄖ：

日、任、認、韌、軔、讓、若、瑞、睿、銳、芮、叡、閏、潤、

火ㄜ：

額、娥、峨、莪、

火ㄨ：

威、葳、崴、吾、梧、五、武、舞、午、伍、我、為、維、微、薇、惟、巍、文、雯、紋、玟、琝、穩、王、溫、汶、汪、

事業適用字

土ㄇ：

莫、末、默、墨、茉、陌、寞、秣、妹、媚、魅、袂、木、目、幕、慕、牧、穆、睦、募、沫、漠、沐、沭、蕩、

土ㄉ：

大、竇、荳、度、杜、鍍、舵、對、頓、盾、遁、渡、

土ㄋ：

納、娜、鈉、訥、內、諾、

土ㄌ：

樂、勒、路、陸、錄、鹿、露、祿、璐、輅、駱、酪、珞、論、綠、率、律、葎、菉、略、浪、潞、

漉、淥、淕、洛、烙、

土ㄍ：

構、顧、固、卦、過、貴、櫃、桂、汩、

土ㄐ：

具、句、聚、鉅、鋸、巨、踞、雋、俊、駿、郡、峻、竣、儁、浚、濬、炬、

火ㄑ：

璩、蕖、瞿、群、渠、

火ㄕ：

施、師、詩、獅、莎、紗、奢、賒、收、身、申、伸、紳、珅、商、書、疏、舒、殊、樞、姝、抒、

梳、雙、霜、双、時、石、實、拾、蒔、寔、使、史、駛、始、矢、捨、誰、首、守、審、賞、叔、

菽、數、蜀、深、沈、淑、水、

土ㄖ：

日、任、認、韌、軔、讓、若、瑞、睿、銳、芮、叡、閏、潤、

火ㄜ：

額、娥、峨、莪、

火ㄨ：

威、葳、崴、吾、梧、五、武、舞、午、伍、我、為、維、微、薇、惟、巍、文、雯、紋、玟、琝、

穩、王、溫、汶、汪、

尚未確定文字陰陽者

個性適用字

土ㄇ：
麥、邁、脈、茂、冒、貿、貌、懋、瑁、曼、蔓、幔、夢、孟、蜜、覓、宓、冪、廟、妙、玅、命、漫、汨、滅、

土ㄉ：
戴、黛、岱、玳、道、稻、旦、彈、第、地、蒂、遞、棣、締、娣、諦、玓、調、殿、甸、鈿、佃、定、碇、錠、段、緞、鍛、動、棟、淡、澹、洞、

土ㄋ：
奈、耐、鼐、聶、念、甯、

土ㄌ：
籟、立、利、力、麗、莉、粒、歷、勵、栗、曆、笠、琍、隸、吏、礪、苙、靂、櫟、酈、列、料、六、練、戀、鍊、斂、量、亮、諒、令、蒞、瀝、烈、煉、

土ㄍ：
蓋、概、告、誥、鋯、桿、幹、贛、艮、茛、冠、貫、瓘、共、溉、淦、

土ㄐ：
計、季、記、紀、繼、暨、繫、際、伎、冀、霽、稷、薺、偈、藉、玠、教、轎、校、究、建、健、

艦、鑑、薦、鑒、荐、進、近、晉、縉、匠、將、絳、靜、境、勁、鏡、敬、靖、靚、徑、崢、絹、濟、漸、澗、洊、涇、淨、瀞、

火ㄑ：

秋、丘、坵、千、謙、騫、芊、阡、親、欽、衾、鏘、青、卿、其、期、旗、齊、琪、棋、崎、琦、祈、祺、麒、錡、祁、頎、起、啟、綺、伽、且、橋、喬、樵、蕎、巧、酋、乾、前、虔、勤、琴、秦、芹、鏹、強、薔、情、晴、擎、請、全、權、銓、醛、詮、荃、芎、穹、瓊、淇、清、泉、

火ㄕ：

篩、山、杉、姍、生、聲、昇、陞、韶、杓、玿、省、

土ㄖ：

繞、

火ㄨ：

彎、翁、丸、婉、宛、琬、綰、皖、灣、浣、

事業適用字

土ㄇ：

麥、邁、脈、茂、冒、貿、貌、懋、瑁、曼、蔓、嫚、幔、夢、孟、密、蜜、秘、覓、宓、冪、廟、妙、玅、命、漫、汨、滅、

土ㄉ：

黛、岱、玳、道、稻、旦、誕、第、地、弟、蒂、帝、遞、棣、締、娣、玓、調、殿、甸、鈿、佃、

定、碇、錠、段、緞、鍛、動、棟、淡、澹、洞、

土ㄋ：

奈、耐、聶、念、甯、

土ㄌ：

籟、立、利、力、麗、莉、粒、歷、勵、俐、栗、儷、蒞、曆、笠、琍、隸、吏、礪、苙、靂、櫟、娳、酈、列、料、六、練、戀、鍊、斂、量、亮、諒、令、蒞、瀝、烈、煉、

土ㄍ：

蓋、概、告、誥、鋯、桿、幹、贛、艮、茛、冠、貫、瓘、共、溉、淦、

土ㄐ：

計、季、記、紀、繼、暨、繫、際、冀、霽、稷、薺、偈、藉、玠、教、轎、校、究、建、健、鑑、薦、鑒、荐、進、近、晉、縉、匠、將、絳、靜、境、勁、鏡、敬、靖、靚、徑、竫、絹、濟、漸、澗、洊、涇、淨、瀞、

火ㄑ：

秋、丘、坵、千、謙、芊、阡、親、欽、衾、鏘、青、卿、其、期、旗、齊、琪、棋、崎、琦、祈、祺、麒、錡、祁、頎、起、啟、綺、伽、且、橋、喬、樵、蕎、巧、酋、乾、前、虔、勤、琴、秦、芹、強、薔、情、晴、擎、全、權、銓、詮、荃、芎、穹、瓊、淇、清、泉、

火ㄕ：

篩、山、珊、衫、杉、姍、生、聲、升、昇、陞、笙、栓、韶、杓、芍、玿、省、

土ㄖ：

繞、

火乂：

彎、翁、丸、婉、宛、琬、綰、皖、灣、浣、

第六節、《諧音之吉凶影響分析與申論》

是否諧音之認知，乃為眾人之見執，故必依環境人文習俗而有所不同，並無典則。

然以人心之所思以復所得而為執，必受眾人信念之廣泛影響，故不能為忽略，必以世人視為論凶之諧音為取名禁忌，而以論吉諧音為擇善，而復以姓名能為教化，是知能申道德者多為善名，學者可以此為取名定則。

第七節、《取名所配合日課之運用》

相關日課之運用方法，已申論於「易道乾坤八法神機索隱」一書中，論選擇性之命題，這邊主要補充學者運用日課以判定取名吉凶之守則。

日課以十分鐘為一卦，而學者於此十分鐘內，僅能做一組名字吉凶之判定，主要理由在於學者所建成之認知，若同時一卦論多組，難避免循機之弊而為失準，故若學者未知得卦之吉凶，而做多組之判定，此或為可，然此心亦為循機巧作，乃違行道義，故亦言不可。

此為取名運用日課之守則，學者必以之也，然若取名之業甚繁，則於同時以定不同緣客之姓名吉凶，則能言適當，此理即思即明也。

太上乾坤姓名學第五回主旨：【圓滿命之道之叮嚀】

第一節、《針對名字取象涵義所做的衍生分析方法申論》

此法最主要根據文字之【形】來判斷，而音與義則大都為輔助取象，這是由於形之取象最能呈現，故以形為主，要能做正確分析，須分三個步驟，由文字整體而至拆字最後補字，依序各取其象，這三步驟的原則如下：

《第一步》文字整體取象

如同依圖說故事，必分你我，將文字分為上下或者左右之獨立字彙來分你我，位居上與右者曰乾，剩下的曰坤，由此分內外以成卦，曰乾者為外，故坤為內，內為不易，為自己，為本質，外為變，為他，為環境，由以上原則以得文字之卦象，這適用於大部分的字彙，但若文字無法分上下左右者，則不論文字卦象。

《第二步》文字拆字取象

文字中之各項組合，只要拆而成字者，但不包含部首，即根據所拆成之字而取象，這取象原則如整體取象以成卦，或已不能成卦，則單以此拆成之字取象。

由這二步文字取象原則，可得二項主要資訊，一為文字所得之卦，一為獨立文字之取象，由所得之卦則可提供客人此卦之文王繫辭，以引申其義，而獨立文字之取象，則依此文字所代表之八經卦，取六十四卦中八純卦之文王繫辭來引申，由此二項資訊所得之卦意，即能完整表現文字之取象，再配合文字之義，此【義】之資訊可參考字典，如此即算完成，基本上均忽略補字這個步驟，理由在於補字為虛，非名字中實際存在之形，因此其力甚微，故忽略不論。

由以上分析，可知文字取象之正確方法，學者大致上能夠掌握與運用，只要根據這些原則積極練習，並如實記錄分析，就能提升學者的文字取象能力，進而能以名知人。此名字取象之法非為容易，而其根基皆在易之道，須由習易才能真實運用，此皆由持誦易經繫辭，就能紮實這個基礎。

日行反復持恆，則易道入心，則臨觀所見皆能循易理會，是如字彙象義之衍生而演吉凶之變，此為測字之玄學，亦必由此也，學者若存此心，則必以之也。

以上反覆申論字彙象義之要，以為取名循善之必，學者若從此業，當以之為正，不可從邪，循人性衍尚乃惑人心，此則成過矣，學者必知敬慎也，否則幽冥申誡，必損道行矣。

第二節、《姓名學所成之見執乃申命之必之思考理會》

姓名學建成命之道之理，其實乃為此心之我執而生。此仙境道場本虛擬，而建構此世界之法則，乃執心而胤生，此為五行制義之所主，乃此心動而漸生其必，是言心想事成而別得失吉凶，而論其成，必見難易，論其為善者，乃成道性之煅煉，必為難，反之論為惡者，乃成道性之毀傷，實為易，此即虛擬世界之法則，執修于其中，欲得正，靈子當知辨明也，乃定心有主。

是復言姓名之理，自為執而成，故循座右銘之教化而從之，乃人如其名，故申其性，乃成命之道，而主後天建成，故依緣業而成善惡之別，是知引善之道乃循名之正，即形義皆履義，能申道德，如此以成教化。

以上所論，為姓名學之大正，然如實之目的皆在道場修行之所宗，即般實道性以成水火聖結，此仙靈化生之必，為所有學修之終道，學者能明此，則此心當得定也。

第三節、《依姓名學行道必重客戶資料建立之理由申論》

在學者接到取名工作後，要優先將客人資料呈現在標準表格，這個做法在建立完整的取名步驟，讓學者習慣依步驟取名，以提升取名效率，避免錯誤，而這個標準表格必包含命主之八字，連絡電話、住址，客人之禁忌用字與喜用文字，如此即可。

建立此表，可做歸納建檔，對取名之客人做追蹤，以及分析客人之反應，做為學者執取名之業之參考，而此表可名之為【客人委託取名資訊簡要表】。

由建立【客人委託取名資訊簡要表】後，學者接下來針對取名步驟來建立完整之表格，這必包含以下步驟：

《第一步》分析姓氏納音五行，以確定第二字與第三字所能選用之納音。

《第二步》依命主八字用神，取文字納音包含用神之組合。

《第三步》由命主八字確定命主之個性與事業之陰陽。

《第四步》根據納音組合與確定選用之文字陰陽，依照字彙資料庫來選字。

《第五步》根據選字做組合字義，以做定局。

《第六步》選擇組合字義定局，起卦判斷以定所選名字之吉凶。

以上六個步驟為取名標準步驟，學者依照這六步建立表格，則不會遺漏任何步驟，而此表名之為【取名標準步驟流程運作程序表】。

第四節、《取完名後對客人之重要叮嚀詳述申論與分析》

這點最主要在於所取名字之稱呼，最好依照名字第二、三字稱呼，而不要擅自根據名字中其中一字以做暱稱，或加【小】字，或以【重字】，這些方式均會明顯對命主產生影響，甚至改變名字之有利作用，所以必要避免各種暱稱。

這個理由在於納音之作用，已知姓名之最大影響為文字之納音，乃根據此納音以取名，而所謂暱稱所產生之聲聞，必非符合命主之條件，而命主由小即以暱稱稱之，則其內心之潛意識所相孚契者必非本名，故此暱稱即為其名，因此造成極大影響。

而這些暱稱方式又以【重字】最嚴重，蓋重複之字為伏吟，這各別代表了個性事業，使命主之個性事業必呈現強烈之伏吟，個性必執拗難改，猶疑不進，而事業躑躅不前，不能堅持，這個問題相當嚴重，是學者必要叮嚀客人之重點。

每個人所使用之名字，必具因果理由，在因果未圓之前，此名字之影響不會消失，然於起心動念以改名，或為被動因緣之故，於各種改名之機呈現時，則前名之因果已見圓滿，故知此理，則得無執之必，外界多言改名之法，乃循複雜，依人性而多執利，徒益緣客之執而已，絕非善道，以緣業之行，簡易大道，方得正人心，學者必知也。

復言名字之選擇，必以緣客心意為主，若有不能決，則可請示仙佛，以得三聖杯方能為定心，故若求證於仙佛則必以此，以上重要叮嚀，不離寬執之要，而主建人生重要事理，必賴自己經營，必知姓名之所能為，乃若座右銘，以引善人生境遇，而導人心以適性，如此人間百年，德性適當，道行履義，乃實證其圓滿也。

姓名學真義全在此也，學者明之，當能以之行道也，由此乃建道功矣。

五行觀相術第一回主旨：【觀相基礎皆在純陽與微芒】

第一節、《觀相術之學習必重正確之態度與觀念此理由之分析申論》

五行觀相術，自古神仙秘傳，實論神異，無足福緣者不能得觀，今萬法末劫，教化生滅，故於此普傳，讓世人能自行解救。

觀相之術為識心之法，能知人，此聖賢所傳在於濟世利民，在於導惡從善，並為施行教化，學者有緣習此觀相之術，自不可負聖賢之託，非為正道，專謀私利，必要具備正確之態度，以此為行道之輔，如此方得其正用，學者既發心行道，為了因果，為結宿緣，自不可背道而馳，而毀道行，此間利害必要明白。

觀相術，其善惡之用明顯非常，自古非有德者不傳，故聖賢所書皆為隱語，不識易者必不能明，以習易能為修身，去惡從善，故以易之理以為述作，是知習聖賢之術必由易，亦必培養道德，方能得其精粹，此為自然之守護，明善惡之界，不為惡用者也。

以上所申論，為學者習觀相之術之正確態度與觀念，是否能精進，端賴學者自己修為，而必為善，藉以行道，至若為惡，則天譴自獲，無可挽救，關於這點，學者必要清楚明白，絕不可或忘，俗謂業果自食絕非妄論，不可僥倖，徒然自欺耳。

此五行觀相術，學者習之必能迅速，只要依照五回課程，逐步理解，再照其中建議，持恆習作，皆能有所成，然重要前提有二，一為習易，一為習卜，此不可忽略，亦可言著重在此，學者欲能成就，必要為此。

第二節、《外界通用面相看法之是非申論並研究討論其中之得失與盛行之源由分析》

目前外界之面相頗為複雜，諸子百家無所取捨全屬套用，蓋未申明其理故難明是非，其中最明顯之錯誤，就是分男相女相，由此而是非顛倒論斷不準，長久以往，故面相之道無法彰顯，淪落旁門，亦乏人研究，若失價值，自古對觀相之術甚為重視，有專門看相為業者，藉觀相以知未來之禍福與人生可能之發展，或財情運體之吉凶。

如何發展至此？最大的理由在於論斷失準，而會論斷失準，除不為重視，難明其理，缺乏研究，不易辯證這些理由外，更主要的是偽書盛行，導致真假難辨，屬於人為刻意之誤導，歷時既久自然積非成是而難分是非，偽書盛行之理由，起因於魏晉南北朝天下大亂，統治者所為之愚眾政策，即謂愚民，便於統治，此時期為五術之衰，歷代以來五術之名人以此時期最多，也是由此。

世間萬事，有始必有終，有其盛必有其衰，此為事之自然，然而終亦有始，故五術之正亦隨運會重現世間，眾人有緣習此五術之正，可謂福慧深厚，絕對要珍惜。

由以上申論，可知目前觀相之術非為正確，學者若曾習觀相，必有難以運用之疑惑，大都淪為猜測，或說感覺，而必難斷定，或是或非，此亦可為明證。

蓋真正之學術論其理必有所本，而非僅僅運用，能知理之來由，故能衍生，而能確定其因果，故必能運用，若未知理之來由，則必不明因果，故難以確定發展違論運用，此理清楚明白，學者應能理會，此段專言外界面相術之錯誤並其來由，學者既明此理當有取捨。

第三節、《觀相之法綜合介紹主在純陽相法與相辨微芒之分析申論研究》

自古聖賢所傳觀相之術，最為實用且廣為人知者，包含鬼谷子相辨微芒、林宗五行相法、達摩相法、許負相術、麻衣相術、唐舉相神、曾國藩冰鑑，最後純陽相法為入門之相術，總計八種，為習觀相之宗。

這八種觀相術中，以達摩相法、許負相術、唐舉相神、曾國藩冰鑑、林宗五行相法，此五術為進階之觀相術，學者初習觀相不可由此，必以純陽相法為入門，其次鬼谷子相辨微芒，再來麻衣相術，如此學者觀相之根基方得此術之正而能紮實，此由入門基礎築基，進而千變萬化存於一心，必要由此八種觀相之術理解並融會貫通，並配合實際經驗以驗證，才能達到這個境界。

以純陽相法而言，此為八仙呂仙祖所傳，僅有五十六字，為七言計八句，這八句七言如下。

閱人先欲辨五形。次察陰陽精氣神。三停八卦求相稱。五嶽四瀆定高深。
語默動靜身須識。吉凶悔吝色當明。行年為主運限決。相逐心生相術真。

此可謂相術之總斷法門，雖僅八句，含藏至理，學者必要熟記，再看鬼谷子相辨微芒，此為戰國時代鬼谷仙師所傳，也是僅有七言八句。

大道無形無執著。揣摩簡練出其下。有時或在方寸間。有時或在郛廓外。
空空洞洞本來真。彷彷彿彿難測度。消息只此箇中存。東周叔服豈欺我。

此為鬼谷仙師針對相法之進一步申論，同樣必要熟記，學者依此交相體會其中之深意，而能融會貫通，則能觀相，再求進階。

本節主要介紹相法基礎，為純陽相法與鬼谷子相辨微芒總計十六句七言，除必熟記外，也必要理解其中之道理，以下章節將針對此作完整之申論，至於痲衣相術，此為相術築基後之第一步觀相術，為整體觀相之初階，往後再行申論，而其餘五種進階之觀相術，不在本課程中，均不論，紮實根基，方言進步，學習之重要方法無他，穩健踏實而已，此為至論，學者必要理解。

第四節、《入門第一之純陽相法七言八句真義申論》

本節直接依純陽相法之八句七言作分析以申論其義。

第一句先論五行即「閱人先欲辨五形」：

人體秉五行之氣而存於世間，必由五行之勝而呈現其特性，故水形之人必具坎象，中實而圓，機智多端，偏黑色，其韻深藏，多謀反傷，此為水形之人共同之特色，而木形之人具震象，瘦直下實，仁慈無方，其韻外漏，無知成傷，偏青色，次論火形之人明顯離象，內虛外銳，實禮無常，偏赤色，其韻侵略，剋害刑傷，再論土形之人為艮象，敦厚外實，具信無疑，偏黃色，其韻悅止，無妄致傷，再來金形之人必為乾象，全陽方正，偏白色，真義無動，其韻進步，輾轉刑傷。

以上為五行特性所形成之人格特質與外表形象，由此特性必能判斷此人之五行偏勝，若由八字學，即是八字中包含胎元所分析出之最強旺五行，故必能於八字中，由此強旺五行以斷此人之長相與人格特質，故觀相入門必先識此人之五行，而後之變化均由此人之根本五行來作衍生，故曰：「閱人先欲辨五形」。

第二句論氣色為「次察陰陽精氣神」：

此為身體狀況，論骨肉，論其精，論其神，辨其氣，由陽實陰虛之理，故骨為陽而以肉為陰，以陰陽平和則能一生無災，如以陽勝陰論剛露，剛為難，故多刑剋，又如陰勝陽論陽失，陽為生氣，故多夭折，此論骨肉陰陽之理，次論精氣神，精能養血，血主氣，氣為神之本，神乃精之附，故此精氣神缺一不可，為完美之循環，自成太極，若精缺，則氣虛，氣虛則神妄，神妄則精遺。

由此判斷此人之貴賤與當時之行運，蓋神足氣旺必行事順利，必屬當運，若神情萎靡必為厄運，行事必淹蹇，此全為心理之反射，心情好，氣色自然紅潤，心情差，則氣滯枯乾，蓋心主神，為神之居，心動以神妄，故有此應，由精氣神以論心之動靜，而以心之動為神妄之始，故知定心之要，為修精氣神之本，此先識人之五行，後依陰陽以識貴賤，再以精氣神以知行運吉凶，此為第二句之要義。

第三句論面相八卦為「三停八卦求相稱」：

此專指面相不言體相，凡天中至印堂曰上停，山根至準頭曰中停，下停則為人中至地閣，三停必相稱，非長短均相同之意，此三停必中停最短，而上下停等長，如此謂相稱，重點在於整體予人之感覺，如中停過短或過長感覺必不相稱，稱不上相而論凶，而由三停之意，上下停長而中停短具離象，為生命，為光輝，為文采，為成就，故三停匀稱有此取象。

此論面上八卦，由面上分九宮依後天卦位而定，主要用來判斷氣色之吉凶，以卦位本質五行為主，逢氣色五行剋卦位者必論凶，餘皆不論，一般外界以相生論吉，此未能為準則，是以不論。

第四句論德行論道行為「五嶽四瀆定高深」：

面上五嶽，為兩顴、額、鼻、頦，而四瀆即耳目與口鼻，以五嶽朝拱論吉，此意為鼻居中，其他四嶽感覺有輔，朝望之意，而四瀆以流通論吉，此流通之意為澄淨不濁，此為取象，可論感覺，以五嶽中何者不朝論此項之缺，以四瀆中何者不淨論此項之失，由此缺失以知福報所缺以及所虧之德行，以上為此第四句之重點。

第五句論修養為「語默動靜身須識」：

此專論言行所為之得失，以言語不妄為吉，此為口德，而緘默自持為心德，為定心，故亦不妄，為吉，有此修養則補面相之失而轉其形，這是此句之重點，此為相由心生之意。

第六句論剋應時機為「吉凶悔吝色當明」：

吉為得，凶為失，悔論自凶趨吉，吝則自吉向凶，人之吉凶悔吝必呈現相對之時機，而以面上之氣色變化以呈現，然均屬隱晦之氣色，為藏於皮下故忽隱忽現難以測度，所以這種判斷方式必賴文王卦之日課來判斷，以面上八卦出現相剋之氣色之時機凝時起卦，來判斷所呈現之吉凶悔吝，以上為本句之重點。

第七句論流年大運與壽夭並榮枯與旺衰以及一生發展極限為「行年為主運限決」：

流年運氣九十九，由「流年運氣部位歌」判斷，再由「識限歌」以定大運，此不分男相女相均同論，若流年部位形狀氣色論佳，自必心想事成以之論吉，至若缺陷破壞、氣色晦暗，必然論凶，行必淹蹇，根據未來之流年部位，若為嚴重缺陷或色惡，則為發展極限，必為壽終，為絕，而識限歌所定之大運，如同八字大運，為那段流年之發展傾向，也是呈現主要之變化。

以上所言為本句所申論之主要重點，至於「流年運氣部位歌」與「識限歌」，請參考「神相全編」，在此不贅述，其中注意流年運氣部位歌中有言「男左女右各分形」此為錯誤，為刻意之誤導，觀相之術男女同論，這個理由留待後論。

第八句直指相隨心生即「相逐心生相術真」：

有心無相，相必逐心生，有相無心，相必逐心滅，此即萬法唯心，此為至論，為觀相總論，故由其相，而得因果，縱橫吉凶，秋毫不藏，此為第八句之申論。

以上八句七言為純陽相法之總論，其後所申論之各節內容為總論之衍生，非初階課程故不論，學者先細心體會此總論之所言，以形成觀相之基礎輪廓，而能累積經驗再求進步，若不紮實觀相基礎，則必混雜而迷惑無所決斷，而此總斷即是基礎，為第一入門，學者不可忽視，必要理解研究分析比較，反復以行積極，學習之要法就是在此，也只能靠學者自己之修持，不可懈怠，才為成就之本。

五行觀相術第二回主旨：【整體觀相皆循易以識正】

第一節、《觀相當配合日課之申述》

觀相之本質必由心，論直覺，這必依相者而異，絕不能為準則，再則由外形觀相易生錯誤，而所呈現之氣色又必隱晦難明或呈現其之一瞬，絕難明辨，而相又不可獨斷，須綜合以判斷，凡此種種問題，不能單靠相者之學識與經驗就能做完整的判斷，只能依賴日課輔助，才能做綜合之斷定，如此觀相才論完整。

此法為外界相者所忽略，所不知運用，實因此法失傳既久並不為世所知，五術之道配合卜筮屬於必然，且謂密不可分，建議學者必積極於此。

第二節、《鬼谷子相辨微芒其七言八句之取象真義申論與分析》

一言以蔽之「由心觀相」如此而已，易經澤山咸卦，所謂為感應，為止而言，為定方能得，心以定靜，則與萬物自然交感，故知萬事，且知萬象，此觀相之法必賴修持，如心之術皆是如此，而修持由易最為簡捷，為成聖賢之方，是為捷徑，既明此理，方向既定，必賴以積極，而終能成。

第一句為「大道無形無執著」：

此所謂相不獨斷，世間萬物，取象以衍生，而由虛化實，故無形者以生有形，知其無形則知有形，而以無形論變化，而無有定法，謂不可拘泥，故言無執著。

人體本無化有，此亦為道，為自然，為因果，所謂道能生形而形不能生道，故須以道論形方得其正，若單以形論則易失其要旨。此句主要申論以道觀相之重要性，而道必為變，故執著而非。

第二句為「揣摩簡練出其下」：

此所謂拘泥形象定法之失，絕難為善相之意，由形難明其道且易有失，故為其下，各種部位定法，非錙銖計較其位置方能明其吉凶，依同性相求之理，同居一方之部位必具同性，必能互相衍生，故以吉言則論均吉，若為論凶自必皆凶，此為毋須簡練之意，以上申論為本句之主旨，就是在講以簡馭繁。

第三句為「有時或在方寸間」：

此專言相由心生，心為身主，為道之所在，為無恆定，故言有時，為有變化，而其變化自然在心，觀相先觀其心，則能知其變化，故先由形以知其心，再察其變，此為本句之要義。

第四句為「有時或在郛廓外」：

此亦言相由心生，故亦言有時，心之變化，既成外相，則其形神，亦具外相，故言郛廓外，此為相由心生之變化，或在方寸，或已呈現於外相，均必綜觀論其衍生，由形知心，再由心明其變，此亦為本句要義。

這二句為同義，分陰陽，需悟之。

第五句為「空空洞洞本來真」：

此言取象要義為觀相之重點，取象為心之反應，為非真，為鏡中之物，故言空空，也如洞洞，而由相隨心生之義，故也必為真，所以言本來，故知此句重在依感覺取象以觀相，為相由心生進一步之衍生。

第六句為「彷彷彿彿難測度」：

觀相只以形論不察其心，如同好像，故為彷彿，蓋不知心不知其變，故難測度，此句論觀心之重要，不觀其心易有失，此為本句要義。

最後第七句及第八句為「消息只此箇中存」「東周叔服豈欺我」：

此所謂觀相之術盡為前面所言，此為東周叔服所闡述，不用懷疑之意，綜合觀相之論，盡在於心，形象皆為心之幻化，必以知心為觀相之要，其他定法概皆為輔不為定則，如此方能為善相，此為明確方向，以上所言即為學習觀相術之正確方向，學者明此理並體會其意，積極以行，則能有所成。

此鬼谷子相辨微芒，皆在定心以觀，以得直覺，觀相秘法在此，全部在此心相應，欲為精進，必在持恆反復之練習，如此而已，成就之法本在此。

第三節、《鬼谷子相辨微芒之簡略介紹》

鬼谷子相辨微芒流傳於世者僅為總論，即上一節之八句七言，其餘內容流於秘傳，故只能由總論引申發揮，此鬼谷子相辨微芒為何流於秘傳，蓋為人之私心作用以致，聖賢所傳之法，所為濟世，豈是為少數人之利益而為秘傳？此本人心之惡，不為發揚而為私藏，此豈能無過？

或以此術不得妄傳為理由更屬無稽，蓋聖賢所傳之術，必解易之道方能悟，而習易本在正心，正心以定，心定而後能靜，靜而後能安，而後所慮能得，豈是奸邪心妄之人所能習之？

自古以來，多有聖賢之術流於秘傳，甚為可惜，也是天數，只能嘆宛，然而此傳於世間之總論卻為契機，由此引申亦有機會窺其全貌，而能令鬼谷仙師觀相之術利益世間，以下簡單申論其中之義。

已知觀相必由心，不可執著外在形態，先由形象以知其心，再以心察其變，此即為總論之所言，根據這個方法，先辨形相為五行之類，再依五行經卦所屬，由此經卦分別其性，此性即此心，再由此衍生其變化，而再觀其形象以輔，以為佐證，如此明其吉凶。

此法所指僅為大概，為預測未來發展，至於細節也是由此法，針對部位以行推衍，而此法關鍵在於易之道，必明易理方有能推衍，而輔以凝時起卦以定推論，如此即為完整之觀相，鬼谷仙師所傳之法，其要義在此，依此法，以行積極反復，乾如以始，並以直方大，則觀相之術終能成就，以上所言為觀相正確之步驟，為最正確之學習方法。

外界皆由面部成象以窺相術，不知此為末節，面部成象變化豈止萬千，何能盡識？又面部各有所主，已知不可獨斷，互為相應，必不知何者為本，又執著男相女相之別，徒為繁複，不利於學習，分別男女相，也從不明此理，僅知套用，不知原本即為誤，又拘泥面上部位之分，而於氣色多做猜測，對於骨肉未知其重，於人之神形少有揣摩，而於五行之分，未知陰陽各有其性，又未必定心以觀相，捨此觀相所最重，最要定心，如此種種，怎能成就觀相之術？故而漸漸放棄終難以運用，而無法體會此間妙道，學者對此應有所感。

第四節、《整體觀相入門為麻衣相術之介紹並描述簡介其重點要訣》

觀相術基礎加上此麻衣相術，其實尚有月波洞中記，此為包含陰陽相法完整之觀相基礎，皆言入門，麻衣相術綜觀整體、細分部位，為相術之進一步申論，雖知觀相由心不拘形象，然必由形象以辨五行，是知麻衣相術專門用來確定所相之五行，既定五行，後方能知心，而能觀其真相。

而麻衣相術確定五行之法同樣由心，由綜合之形象，分別主要用來確定五行之部位，再視此部位五行是否產生變化，而以變化之結果為最終確定之五行，而要判斷這個變化即用此心，這說明了觀相術之本質只能靠直覺或言經驗，所有變化存乎一心，依各種定法所做的綜合判斷。

故知學者習相，在確定由心觀相這個大方向後，就是要開始學習面上部位之所象所指，並且牢記於胸，明白其吉凶變化，如此於實際觀相時，才有能力做綜合判斷而生直覺，此直覺必隨經驗之豐富而更加強烈，而達到由心觀相之目標，而此法即是麻衣相術。

關於麻衣相術之內容，學者可於「神相全編」中獲得「相心之論」、「麻衣金鎖賦」、「麻衣雜論」僅此三項，而於「太清神鑑」卷四中，五形與論形不足、論形有餘及五短之形這四項為麻衣相術之內容，而其他古籍亦有收錄，然學者不用深究，以神相全編、太清神鑑所收錄之內容以做學習即可，此於以下各節再做詳細申論，由以上之分析，學者既定學習之方向，也能掌握重要之原則，再來就是靠學者自己積極成就。

再言麻衣相心之法，此為重點要訣，從「訣曰」開始，接寬平榮貴而至「語非真」結束，這內容必要熟記，如此隨時隨地體會麻衣相心之所言，更能做驗證，以下直接分析此內容之涵義。

心為身主。五宮之先。神為合止。智慮之元。

心地為神之所居，心一動則為行，故為身主，故必由心化形，此為相由心生，五宮即五臟，為心肝脾肺腎，以心為離，為火，為性命之元，故論五臟之主，為其先，受胎之形，必先凝心而後開始，以心定，靜安而後能慮，而心即神，心動即神為，神為既定，如同合止而不妄，如此而能智慮，而為智慮之本，此言定心方為智，並相由心生之理，此為觀相之要義。

寬博平厚。榮祿高遷。坑陷偏側。貧弱夭年。

由形象而為寬博平厚，大約論吉，而坑陷偏側必然論凶，故有榮祿高遷貧弱夭年之別，此即言相亦言心，為相由心生之理，需據以衍生。

善則福至。惡則禍纏。心宜坦然。先觀動靜。次見心田。

心為善惡，因果禍福，此理明白，故言心宜坦然，而若隱晦必非陽謀，此為衍生之意，必觀其形象之動靜而見其心田，論善或論惡，論正或論邪，是為妄或無妄，藉由此而定其吉凶。

以上所言，大約為人之心所為之吉凶，善惡各具形象，而由心所化，故心善則善則吉，心惡則禍則凶，此相由心生之理，亦言人之禍福吉凶皆人之所為，自取之也，這個道理必能理解。

運智藏神。一體之先。相者但能觀外表。內者誰能識得全。

此言人心在內運籌帷幄，而其呈現為外在之行為，歷久則形象成，而心形合一，故言一體之先，此謂必然如此，而大多數之相者，拘泥外在形象，忽略其心，不知其變，而失論斷，此即外象容易觀察，而內心隱晦難明，故有此言，亦直指多數相者之失。

寬平榮貴。狹隘無錢。不言不語心機重。發語無私梗直人，最怕笑來嗔怒者。口唇尖薄語非真。

此言人心之特性，直論善惡之別與其吉凶之剋應，此數語可謂清楚明白，兼具形象特性，學者應能理會。

以上所言麻衣相心，其重點在相由心生，更由此所衍生外相之吉凶善惡與所生特性之辨別，以之為觀相之法，此即麻衣相心之重要申論與精神要義，學者除持誦外也要積極驗證，方能真正入心。

相心必由取象，取象必由衍生，故實際運用之方法，即是體會相心之訣之所言，必依情理並由人性而據以衍生，此中含易之道，若知易，則因果明白，即容易作衍生，如心為身主，以知心之動靜知身之動靜，且必能由身之動靜而得知心之動靜，此即衍生，為因果相循之理，亦為易之道。

如此應能明白，欲能做真正的實際運用，必在於讀易，只有讀易能快速理解因果，且為取象訓練，最能助于衍生，故學者習相必要積極於此，否則難以成就。

而習易之法，以習卦為最簡便，最能進步，最能理解，最容易進入易之道，故學者以習文王卦為目標，才可說真正進入五術之道，蓋易之道為五術之本，不知易，如何言五術？以上所言為實際運用麻衣相心訣之正確方法，而必藉由易之道以學習，這個觀念學者必要理解而能力行。

第五節、《許負相耳之真義申論與分析此直論根基之研究》

耳相專論早年之福報，受父母之保護，可謂先天也可謂人生發展之基礎，故可由此論根基，若為吉相則人生發展容易順利，若為凶相自是不同，欲得成就必然困難，此為耳相吉凶之基本差別，以下為許負相耳之完整內容。

耳高於目。合受他祿。高如眉一寸。永不踐貧困。耳高輪廓。亦主安樂。耳有刀環。五等高官。耳門垂厚。富貴長久。耳門容筋。家貧易去。耳有毫毛。長壽富貴。兼沒災殃。目能自覩者吉。耳如獸耳。

自安自止。耳門寬大。聰明財足。耳門薄小。命短食少。耳白於面。名滿赤縣。
輪廓分明有墜珠。一生仁義最相宜。木星得地招文學。自有聲名達帝都。
耳反無輪最不堪。又如箭羽少資粮。命門空小人無壽。青黑皮粗走異鄉。
耳生貼肉廓輪成。紅反盡屬富而榮。露光薄乾貧苦相。毛長出耳壽千春。
耳白過面少高名。前看不見富貴榮。前看見耳多貧苦。耳前生靨近聾貧。

以上之內容，應容易掌握耳相之吉凶，尚有含義未明者並不須深究，蓋實際觀相必以日課為輔，主要該重視者，大約耳欲高不欲低，欲有輪廓而不欲飛反，欲現垂珠而不欲珠不現，欲其色白帶光澤而不欲帶黃且黯淡無光，大約以此做吉凶之分辨，而由日課確定。

觀外相之重點，分先後天而論，則耳為先天，眼為後天，以先後天皆能配合者，也就是眼耳之相均能論吉，則必屬成就之人，若眼耳相均論凶，則不須言，人生必無成，至於眼相吉耳相凶者，此為修持之人，可能成就或是無成，然人生亦美滿，至若眼相凶耳相吉者，則為取盡，無福之人，不僅無成，亦招災禍，此由己所生，可論自得。

以天生眼相於命主而言可論最吉，蓋最能具足神光，若為人工開眼，神光或失，自成凶相，至於其心不端，也終成凶相，同論自招，眼相欲能論吉必防此，且必重正心，此由眼耳先後天之取象以其吉凶衍生其義，可據以直斷，蓋能成此相者已難變化，故如此言。【論貴在眼。見福在耳】，綜觀外相，此為最主要之重點。

第六節、《達摩相眼之分析申論》

眼論神識，為觀面相最主要之部分，可謂觀相第一步，若能掌握眼相這個重點，則能得其八九，不至於失錯，此法為達摩祖師所傳，專門針對眼相，蓋眼為心，故由眼觀心，此亦觀相由心之法。

其中內容為前面總斷，再來歌訣，再來七言絕句，兼五言絕句，最後再為七言絕句，包含了所有之眼相，且可據以直斷，故學者可以熟悉而且方便運用，而學者最可能遇到的問題，在於各種形象之分辨，以及內容涵意多具隱言，未能確認其所指，此為最大之困難點，也有為何可以直斷之問題。

這些問題均非為初階課程，故在此不做申論，而編排於此之理由，為提供學者直斷之方法，並令學者知道能夠確定，此法能予以直斷，再於實際運用上能累積成就與經驗，而更增信心，方能持恆精進，以下為達摩相眼之內容。

秀而正

秀者論其光。正者論其體。

細而長

細而不長。小巧之人。長而不細。則惡矣。

定而出

定而不露。若不出。則愚人也。出。謂神出。

出而入
出則有神。然不入則蕩子也。
上下不白
上白多。必奸。下白多。必刑。
視久不脫
神足也。
遇變不眊
有養也。

訣曰。目秀而長。必近君王。眼似鯽魚。必定家肥。目大而光。多進田莊。目頭破缺。家財歇滅。目露四白。陣亡兵絕。目如鳳鸞。必定高官。目有三角。其人必惡。目長眉短。愈益田莊。目睛如凸。必定夭折。赤痕侵瞳。官事重重。目赤睛黃。必主夭亡。目長一寸。必佐明王。目烈有威。萬人皈依。目如羊目。相刑骨肉。目如蜂目。惡死孤獨。目如蛇睛。狠毒孤刑。目尾相垂。夫妻相離。又云。紅眼金睛。不認六親。烏睛少而白睛多。不為囚繫主奔波。
眼如日月要分明。鳳目龍睛切要清。最怕黃睛兼赤脉。一生凶害活無成。
浮大羊睛必主凶。身孤無着貨財空。細深多是無心腹。斜視之人不可逢。
睛目為身主。還同日月臺。羣星天上伏。萬象鑑中開。秀媚官榮至。清長富貴來。莫教黃更露。往往見迍災。

眼內多白女殺夫。男兒似此亦多愚。更兼睛黃及赤脉。男人發病女妨夫。眼深定是乏資粮。帶泣妨夫子不強。

更見目中塵蒙現。多因貧賤死他鄉。眼中黑靨女多奸。兩眼方而保壽顏。莫見黑睛圓更大。定知賢士更多賢。

看君左眼雖然小。我且知君是長男。見右眼輪還不薄。女人最大敢言談。兩眼胞下痣分明。家有食粮僧道人。左眼直下還生痣。封侯伯子至公卿。眼下橫肉臥蠶子。知君久遠絕子嗣。更生紋靨多癱瘓。剋子無兒端的是。眼下一字封侯伯。龍眉鳳眼人中貴。黑白分明信義流。雞眼昏暗終是害。兩眼光明是貴人。虎觀獅視國將軍。牛眼多慈龜目滯。蛇睛羊眼莫為隣。偷眼視人賊兵死。鼠望貓窺亦如此。鷹眼從來道不慈。猿猴之眼顛狂死。左眼小知君怕婦。魚目多在兵刑死。大小不同何所招。弟兄生時異父母。妻刑財破要知根。眼後紋多入鬢門。更見右邊口角畔。豎紋黑靨沒毫分。

以上為達摩相眼全部之內容，於神相全編中亦有完整收錄，學者可做參考，其實一樣，差別在其後所附之眼相圖，此為後人所編纂，參考即可，亦難實用，要知觀相之法重在心之反應，即為感覺，或為直覺，這個道理前已申論不再重述，學者配合此達摩相眼之所論，熟悉觀相由心之法，積極驗證，就必能有進一步之體會，學習之妙法，必在無為而為，此在熟悉入心，如此而已，學者必要體會以得真切。

眼為神之所居，蓋眼為心識，故以得清為正，神旺論吉，濁為穢，無神必迷，大眼無機密又為神散無智慧，白多黑寡陽大於陰，故主侵略而為傷害，若黑多白寡陰勝於陽，則主敦厚而易利他，至於三點神為氣足神旺形中藏神，必心思澄明具大智慧，而赤筋貫瞳其象為坎，為鬼，為盜，為亟心，其應必速。

此約論眼之所相以明吉凶之理，依此法必能理解熟記，必能分辨眼相之吉凶，且由眼相進而衍生其隱藏之意，而能為實際之斷，故知此法為習相之要義，申論至此應能明白，必知積極之所在，學者必須知此。

五行觀相術第三回主旨：【面相成卦六十四】

第一節、《觀相由心取象由形乃循易之大正指明並衍生觀相要訣之申述》

由易道而明卦象，乃知萬事萬物皆得由成卦引申其真義，此之於面相亦必得建其形也。

從一陰一陽之理，乃証明暗之別，而見圓缺、厭喜、悅得、重輕、快滯、行塞、清濁、善惡等等之類而皆成卦象，此必由心證，乃知咸感，故能衍其得，乃見學術之成，而復驗於人生，乃實得斷訣。

此為學術研究之歷程也，而諸學者習相不必由此，蓋皆從心證，乃為取象萬千，難為準則，真正如實之法，在定心以稱感受，而所得直覺者是，然人多惑於見執乃捨直覺，故必學而習，乃明究竟，此即觀相術所呈之法，正無為而為也，學者能知，必當乾行也。

第二節、《觀相由心實為感應論為直覺之分析與申論》

人體為五行所生成，五行為動之力量，故必積極發生並散播人體現況之所有資訊，依五行貪生忘剋之理，相同所生必以安靜之五行為主要目標，因此心若能靜則體內五行氣穩定，屬於安靜之五行，而能為論動之五行所生，而既為所生，則生因果，由因果相循之理，因即果，果即因，如為一體，故能得知此論動五行所帶來之各種資訊。

然而這種資訊不可能明顯，須由心之感受進而衍生，也就是需體會，這必賴經驗，以及廣泛了解各種事物之因果，才可能由此感受解讀真正確之資訊。此為靜心而能感應資訊之理由申論，主要還是在於萬事萬物其因果之衍生，這類修持還是讀易，申論再三，學者不用疑惑其重要性，欲成就五術只能由此。

此論心之感應與直覺，人皆必有此體驗，其精確度甚高，若知重視則吉凶易明，這屬人人皆具有之天賦，欲能如實運用必在定心，而這自然需要反復之訓練，而主要重點必在於具信，這點須由體會，無法言傳，欲習此法皆賴學者自己，建議學者必要積極作此訓練，對人生必大有助益。

第三節、《觀相術之基礎為老君所傳於太白山月波洞即月波洞中記之簡略介紹與思考研究》

此亦為觀相術基礎，前面課堂所言者，也是論觀相術之基礎，那這兩者有何差別，由月波洞中記所言之內容，專論面上部位各細節之剋應，與由心觀相可謂互為表裡，這二種一陰一陽互為配合，如此成為完整之觀相術，而論皆為基礎。

關於月波洞中記，為太上老君所傳，記於太白山月波洞，為唐任逍遙所得，此記載於宋鄭樵通志藝文略，計九篇，今所得之版本已非原貌，次序編排也大不相同，又參雜後人之論述，故難窺其奧且亦不顯，今本門在此予以更正，重現老君之術。

月波洞中記目前所傳，為宋齊邱收錄於玉管照神局中，分上下二篇，其中上篇分仙濟、九天玄微、冥度、靈嶽、幽隱、河嶽、貫德、眉限四年、上下唇二十年、頦限五年，其中收錄之心隱為後人夾雜，以及玉枕、耳限十五年、額限十年、眼限六年還有鼻限十年皆屬之，故均不論。

而下篇分為眉耳限額初主、眼限鼻限上為中主、凶暴五章、惡死五章這四段而已，除此外均為後人所穿鑿附會，本門所提供大約照此編排，也是分上下二篇，再更正其中之內容，必注意者，為觀象申義，而盡在此心體會，故所為申論皆從簡以實悟道，以下二節即作申術，學者當知理會。

第四節、《上篇月波洞中記之分析與申論》

仙濟

此論以形觀氣量，以知志之所向，其正確內容為。

燕雀之志，嘗思爪下之食，腸不盈於百粒，聲不遠於五畦，翱翔藩籬之下，其氣量亦自足矣。鸞鳳之志，一舉千里，非梧桐而不棲，非竹實而不食，鳴於朝陽，天下稱其慶，志度氣象，固自有殊也。是知有衢天之翼者，必不肯棲托桑榆，有方外之材者，必不肯貪求名利，志之所向取舍，以此觀之，賢愚之分，鳳雀之別，其形盎然，氣量深淺，自可見矣，或未知其類，蒙昧不辨，則非道也。

此段所言為明顯之外在形象所呈現之分別，依據形象再以衍生，而知其志故分其賢愚，而為鸞鳳燕雀之分，此為識其重者，以為觀相之前提，此即論分別形象五行之重要性，由心觀相也是由此，而必知其類方有能辨別形象五行，故言未知其類則非道。

而辨別五行形象之法，即麻衣相術中五形之法，困難在於多數人五行參雜難以辨明，是故明言直覺，由此而知鸞鳳中亦有燕雀之輩，而燕雀中亦藏鸞鳳，此變中之變，唯有心能察覺，這個道理應能理解。

冥度

此言骨肉氣色，言適其形之重要性，而氣色蘊藏於內，為輔其形象，立其根骨為用，此謂神，以神形配合必然論吉，或其中有缺，則以之察其所失，以下為正確之內容。

百劫廣修異骨生，骨肉不合神非靈，嶽牧旌旗骨上生，先看骨肉不聽聲，玉柱相成千萬兵，次看食地廣能平，天倉地庫連滿城，龍宮日月應天庭，神形清潔君呼名，審神察形自有程，有此骨者身必榮，錄在天府仙洞經，天地之內人最靈，直見一生推豪英。

以上老君之歌，直指面上各部位各種吉相，要能理解真正之所指，才能為實際之運用，這邊先讓學者自己思考。

九天玄微

此即九貴骨，為觀相之先，只要具此骨相必有其貴，然未必明顯，非屬易斷，其正確內容如下。

凡欲相人，先視其首，頭者，五臟之主，百體之宗，四維八方，並須停正，如下為八方，左耳為西方，右耳論東方，此依觀相者而言，定東西方為後天八卦，鼻為中宮，額為南方，地頤為北，左頰為西北角，右頰為東北角，左壽堂為西南部落，右壽堂為東南部落。

方維既正，乃視其骨，骨法九般皆貴相也，所謂九骨者，一曰顴骨，二曰驛馬骨，三曰將軍，四曰日角，五曰月角，六曰龍宮，七曰伏犀，八曰巨鼇，九曰龍角。

能為九骨，百劫修來，必有其貴，此貴所應者，乃志向堅定而衍生，非指命定，亦必賴乾行，東西兩嶽高成，為顴骨，勢入天倉為驛馬，耳齊為將軍骨，左眉上隱隱而起者，名曰日角骨，右眉上隱隱而起者，名曰月角骨，遶眼圓起者名龍宮骨，鼻上一骨起者，山根不凹，不崩破，無黑子，無障礙，則骨勢沖天至腦名曰伏犀骨，耳兩畔溝瀆骨高者，耳根成深溝，名曰巨鼇骨，兩眉骨高入邊地者，名龍角骨，亦名輔角骨。

以上九骨，皆三品之相，或為公卿，或為巨賈，或為高士，至於人額上骨圓大，名天成骨，為貴相，當居高官，顴勢入耳，名壽骨，兩耳後骨起，名玉堂骨，亦曰玉階骨，項後骨起如雞子者，名天柱骨，亦貴相也。

靈嶽

此同樣言九貴骨，為進一步之申論，以下為正確之內容。

顴骨成權合主兵，驛馬兮茅列土人，將軍骨起將軍位，日角月角佐明君，龍骨清明好官勳，伏犀刺史隱衡門，巨鰲邊瀆尚書榮，龍角玉枕三台臣，九成八成臣中尊，五成六成臣中臣，三成四成五品人，一成二成有微動，有之不成不白身，無成無骨永沉淪，三品貴者皆識人，識人必貴自通神，神魂清淨貴人親，君須識覽洞中文。

以上九貴骨非易明辨，要能確認只能根據經驗，故學者對此先不用深究，可多依名人之相尋覓其蹤，才能漸漸掌握方向而能辨別。

河嶽

此專論五嶽四瀆所謂之吉相，基本上必正其形清其氣才有機會論吉，否則就算其形朝輔，而神不足也只能論凶，故其重在精神，而四瀆即為精神之所在，神旺則氣清則四瀆成其形，使五嶽具其神，如此方真正論吉，故知五嶽四瀆必相互配合。

五嶽阜成終不貧，圓頭項短足珠珍，耳有垂珠度百春，驛馬骨成主萬人，巨鼇骨圓尚書身，虎頭燕頷主騎兵，鳳頭千里受其榮，從少至老不識貧，如同靈鶴在凡群。

以上內容包含九貴骨之看法，明顯並沒有論及四瀆，其實這理由根據裡面之內容即可探知，四瀆之看法已隱藏在裡面，五嶽阜成必要鼻清，而圓頭項短則指雙眼，即近龍宮處須為圓且不生魚尾紋，而必黑白分明有光澤，如同珍珠，耳有垂珠亦賴耳清方為潤澤，而驛馬骨成，專職號令，可取象為口，同賴口之清方可言主萬人，由此可知，老君之歌必藏隱語，須賴取象衍生其中之深意。

以上由仙濟至河嶽概言人之氣象、志之所在，並九貴骨之重要性，以及五嶽四瀆必要配合含藏精神而能論吉，此為月波洞中記上篇主要之論述。

上下唇二十年頦限五年

此專論口齒與頤頦言吉之相，均以年計，論口除重其氣清之外，次為脣紅齒白，而頤頦為五嶽之一，重要朝拱，專指老年運，若蓄鬚者須為美，則富貴得力，基本上此二者必兼具美觀，若為醜惡自然論凶。

若口不方者。不易貴，是一齊之齒，四海之方圓，合要方，開要圓，齒齊密者，取富貴准也，若齒有

三十六箇者，大貴，脣紅齒白，富貴之苗也，唇齒之相，主在悅心觀，能為美者，必口德有守而建形，反之，其形怒心，見之生厭，故其重，不在具形，而在實心感知。

髮疏鬢美者，富貴得助，頦下有成膂肉者，足富，頦中有蠶者，豐圓飽滿之謂，為限外有餘，壽命七十有三，勒腰蠶者，整部頤頦均飽滿之謂，壽七十八，若不固，則壽減三年，八九十者，餘限豐滿即為此論，若頦下其肉結實有力，必主有權。

由以上內容並非原貌，蓋取其意者也，其中所論壽命之長短只能參考，老君之本意不在此，其為易之數，七十有三者，卦為八數，以做乘除，餘一數，故為乾卦，乾為剛難之意，可能命終，蓋頦中有蠶之象即似乾卦，故壽命可能為七十三，得同卦象曰伏吟，為終始之象，故如此論，此論壽之相，非觀相之重，人性之邪，好定他人之死生，此唯立因果而已，學者當誡。

幽隱

此專言氣血，氣血以毛髮呈現，故由此見其吉凶，基本上毛髮之吉凶非為黑白，而重在光澤，光澤代表有精神，為氣血旺盛之象，若為枯草之樣必為凶象，氣血必衰，其中又論多寡，或為整潔和順，或為紛亂成結，觀此為吉凶，亦論所生位置，正常不生毛之處除背上外，大約可以論吉，以下為更正後之內容。

凡人氣血之成，出於毛髮，毫白者，主壽，黑子上生毫者，須為長且瑩亮有光澤，大約生成頦之範圍，其餘之處亦不論，此即主貴相，若頭髮老來勝者，不宜壽，鬚髮少白，不宜壽，眉耳生長毫者，至壽，眉生白毛、玉堂骨起，仙人之相，胸上生毛，主學道術，背上生毛，若其色黑剛烈，則為凶惡之人，兩肩上或臂上生毛，主慈孝有祿，腹上生毛，大富，膝上生毛者，須粗黑感覺明顯，則少官祿，足下生毛者，極仙品人，若足下生黑子，此黑子為實體非平面，則論有祿之人，一孔三毫，富貴之身，圓面豐頂，後連山勢起，即蓄長髮，若髮少者，則為富貴之相。

以上所生毛髮呈現之吉凶大都可論，然必重視整體感覺，必要順眼方可，若難入眼只可論為凶相，並非具其相即依此論，這點要注意。

貫德

此專言氣色，即為精氣神，為氣血衍生之論，必以氣色和潤通暢論吉，而凝滯無光論凶，其重點在此，所更正後之內容如下。

三品貴者皆識人，此其象也，賤人者，雖能語而無神，雖有形而無骨，視其氣則不潤，察其色則無光，手足失墜，筋節不續，舉措悚懾，作事乖違，其精神語笑，禮度接對，一見可知，更不在相也。

由以上內容根據所相之人之應對，即可察其精神，非必由觀相，概言人之呈現必為其一言一行，此最真實，或為虛假，則觀其眼可知，若閃爍不定自為非真，此論氣色而以其言行辨別吉凶，蓋因氣色最難辨，而由言行可知，為簡易之法也。

眉限四年

此專論眉毛之吉凶，重點在於整齊有光彩即大約論吉，若為雜亂或無光彩，約論蒙昧之人，難以論吉，亦論其形，依其取象，這有多般，在此不論。

若眉細長稀疏，正平有彩者，貴，黑濃粗無光者，不貴，若陰人得正陰眉者，平生多樂也，若陽人得陽眉，平生亦多樂也，陰人得陽眉者敗，陽人得陰眉者濫，陽人有聖眉者，必食陰人重疊之財，若眉重者，是眉上有肉附高也，若男子眉不停者，出子於眾母也，如眉散逆者，必棄前妻後就富妻，此人命短及絕嗣，有大德者減半，若眉毛如勾，是積行人也，其父母必為有德之人。

陽人陰眉散者，此謂眉尾散缺，必妨妻，其妻必辛苦，經濟必困乏，此無財報之象，散在小背者，此謂散缺之象明顯紛亂，則為重妻，即妨兩三箇也，散在大背者，此謂不僅散缺紛亂且不入眼，醜惡之象，必然重妻，且妨三五箇也，若陰人得正陽眉及散者，謂女具男相而且眉尾散缺，則必妨夫，其數不定，有嫁必妨，若陽眉不正及散者，謂如男相且眉尾散缺，則亦妨夫，但妨兩三夫，若十分陽眉散者，即散缺明顯紛亂，感情必流離且必乏財，故易落娼或為他人之外婦，此分男女之相，為婚姻之別故有此論，並非觀相須分男女。

陽人眉有角者，是眉毛三五根成縷也，必見兩三箇妻也，眉生四角者，此謂眉毛互相纏繞為成角，且其數恰好為四，為妻多，必見三五箇妻也，若其數超過四，稱眉角盛，同為妻多，其數難計，以眉角之數為多妻之象徵，蓋眉為保壽官，生角之象為長久，為長壽，而眉又近夫妻宮，眉中生角有傷妻之象，故為妨妻，必為再娶，而為長壽故為妻多，此為取象衍生意，非為直斷，若眉眼相近者，此為眉壓眼，田宅宮狹窄，為缺福祿之象，亦心地欠寬之象，故不宜初子也，此初子為處子，為不明世事之謂，若其婚姻對象如此，則必多災，注意有聖眉者，此聖眉之謂為眉高之象，為眉眼相遠，田宅宮寬廣多福祿，故得陰人之財，陰人泛指祖先與妻子，如眉上有附肉高者則可直斷，故曰眉上有附肉高者是也。

以上為眉限四年眉相之重點，所言之內容有些不解其意，先留置無妨，蓋觀相由心，取象由形，箇中變化，心領神會，不執此相，而為無惑，以得真相，藉由外相之呈現以衍生其內心之所向，由識因果而能衍生未來，故能有所決斷，此觀相之正法重申再三，蓋因人性皆注重表象，而拘泥於此難知其心之故也。

形神之間，其別在內蘊，而內蘊之現，在五行感知，即以心觀，更言直覺者是，學者欲由此，必習定心爾，此循易為直徑，故有志者當乾乾也，恆復以之必得。

第五節、《下篇初主中主凶暴惡死此四章之申論與分析並描述皆屬月波洞中記》

眉耳額限初主

此論眉耳額論吉凶之條件，故言限，這類觀相法大都可據以直斷，由其以論凶之相絕無差錯，此亦含醫之理，五臟六腑之情狀必明顯呈現於相應之部位，故由觀相亦可知此，如下為更正後之內容。

先論耳，此為八限之先，不欲焦黑或粥衣，主腎臟有疾，無志，不為貴，如年命肖猴同主腎臟有疾，然有志，仍可為貴，無珠者不貴，此為耳限，至於輪廓分明，必要紅潤有刀環，而耳不欲向前，如果向前則須風門，此風門不可小，否則為無學之人，且耳不欲低於眉，如又反輪，則破祖滅家一生無成，耳又不欲上廣下狹，大都父母早亡，如為獸相耳為獸形，則論正相，反而論吉而非凶相。

風門小而有學者，其耳必高於眉且紅潤有氣，然而初年駁雜，必五十歲後方能有成，至於行運，由右耳起算一至七歲，再接左耳為八至十四歲，如耳有缺陷，則於行運內必有疾厄，此則必驗。

農曆生日過十五歲起交額，此額論十年，額上生紋理主學業無成，好玩樂而不學，故早年不遂心，有亂紋如波者，同主學業無成，然家境寬裕故論小貴，額不平滿非貴，除非日月角分明，即具九貴骨，如伏犀高顯，天倉骨入兩府邊地弔庭輔角，有一於此，限至亦貴，於二十四歲前均看此額，為學習之階段，以此分別其成就，大約形好者皆能論吉，學業順利。

若為重額，且必端正，必屬高材，若為男相額上有邊則為官，但如有剋陷及瘢疵黑痣，則須自立，無提拔之貴人，早年難成，若是女相為重額，論照夫鏡，不重婦德者，然同論高材，婚姻難圓，老而殘疾，若日月角分明，則非如上之論，為女中英豪，百年難出，必應世而出，蓋此具龍相故非凡，此分男女相同樣在婚姻上之差別，非男女相不同論也，此特指婚姻之差別，在於人性情理之自然發展所得之因果，此點細思就能明白，只要具此相則必有其應，絕不分男女，這點不可搞混。

農曆生日過二十五歲起交眉限，右眉為始，為二十五至二十八為四年，後接左眉，二十九至三十二，也為四年，左眉為紫氣，右為月孛，不欲相敗如為鬥，就是兩眉相近，也代表印堂狹窄或多生毛，如小角散者，小角為眉尾，即眉尾散缺，則妨妻或妨夫，必為漏財之輩。

如眉形，如毛筆書寫正楷之一字，主有高學，若為劍形斜立，不為善終，蓋為凶狠好殺之輩，必逢刀光，兩眉下垂如八字，則感情不忠好淫慾，如眉相中斷或為醜惡，或有瘢痕，或兩眉相異，謂之眉殺，指無德之人，非為善類。

論眉之形，以疏而秀，此必根根見肉，且含光彩，則平生多樂，為有福之人，若眉黑濃細者必具婦德，女人為善，男人則為丑。

若女人其眉相陽剛，必具男人之性，而不妨夫必是額論吉相，若男子其眉相陰柔，同具女人之性，而能有成其眉必隱含青彩之色，有如輝光，若眉相明顯陽剛然而壓眼，則為自立，主成就，至於明顯陰柔而濃厚或者散缺，則為賤，無成就，如眉毛二三根纏繞成縷，此論眉角，為忠貞之相，若婚姻不圓滿，必是此眉角突出，或山林部位有缺陷。

以上所論三限，為初主，為一至三十二歲之大運所指，其重在眉，眉主心性，故論其重，蓋心性為德，論其福，而有重眉者，此即眉分二也，主身閒有財，且人伶俐有口才，同為福人，大約積善者有此相，初主之限其重在此。

眼限鼻限上為中主

眼者人之瞻視，欲藏神而白睛少者，必主貴，眼珠呈現三光，為三點神，或具餘光，此皆晶瑩剔透之謂，必守道德，必然有成，如眼神忽然散離，而凝時起卦有喪亡之意，則七日內身亡，此不可論，否則必攬因果，上下瞼相逆而塌者，此謂上下眼瞼忽然一瞬間翻出，而凝時起卦論凶，則七日內身亡，也是不可論，但若瞬間翻出而為定，即不翻回，則止於大病，未為身亡，然有病危之虞，也可能身亡，如有紅絲貫睛者，不善終，為逞兇鬥狠故如此，然而正虎形之人此為本相，不論凶反而論吉。

下視、斜視、偷視者，多陰賊，若女相如此，則狐淫不貞，若眉眼相近，即眉壓眼，而眉眼感覺暗黑，此必為嫉妒奸猾之人，不可與交，否則必受其害，眉壓眼，必屬陽眉端正而不陰暗方得其善，其餘大多無成，多為嫉妒，以西洋人之相，大都眉壓眼，然此為白種人之普遍特性，故不做此論，若反見其闊者，則以善相論，必有成。

由相由心生之理，觀相之法本即一致，東西方生存環境所造成的差別即屬於外相，所言外相不可同論，本人種之別，基因之分，屬環境之變，也為心之變，也為觀念之差異，不同之習性，故衍生之因果亦有所不同，即此心多變化，為萬象之紛紜，明此變化，仍須由心，此為進階之觀相，由此衍生得知，觀相之術世界通用，非外界所言只適合東方人種，這個道理必要明白，只要細思有其形必有其象，而由心生相之理，自然能夠理解這個道理。

如眼神黯淡失落而似有淚光，必感情不利之象，為孤獨，為長期之鬱悶，故謂寡婦守空床，若能眼神不渙散，此謂神光不散，視線穩定，此謂顧盼有常，而感覺眼神端正，此謂精神不亂視淫邪，必為貴，若視線不正，即偷視或看人不休，又言語多笑而媚者，男為淫夫女則為妓，似此所言為感覺，亦為行為舉止，由此亦可為相之斷。

觀眼相，其重大約不欲露，即眼不欲大，而如閉半目，此為最佳，而印不欲深，此指印堂必要平滿，不可凹陷崩破，或為深紋，臥蠶要明潤，指眼袋為黃明色，非為青黑或白赤，如此眼相可謂上吉，若臥蠶無光且為塵土色者，不為貴，再加上多亂紋且必明顯，則必為孤獨之人，若眼神炯炯有神，銳氣逼人，此為龍視，若威如沉穩，傲氣逼人，此為虎視，至於鷹視，高視望遠，志氣逼人，具此三視，皆為富貴之人，而必重在有神。

只要兩眼無神必有凶應，故需知養神之功夫，所為養神，眾人所知為閉目以養神，此為養神正法，蓋眼睛若受到太多的刺激則必傷神，而如今所處之環境，光怪陸離之象甚眾，若不行剋制必然如此，而最佳剋制之法，為思考萬象之本質，而令此心不為好奇不為迷惑，然此賴智慧，亦賴堅定之意志力，亦可賴五音之聲以助心定而後思慮能清，而五音之聲必藉由古琴，彈奏古琴無須樂譜，皆由心聲，為修身定性之妙法，此法學者可行積極。

農曆生日過三十五歲起，此即進入三十五歲，為鼻限，由山根起始至準頭為終，為十年限，到四十四歲，此十年中鼻之全相均論，並無特定之重點，如鼻梁平正而準頭圓，則為貴，若含明潤之氣，此為鼻清，則無論鼻梁平正與否，皆可為貴，但若梁曲而非鼻清，則淫蕩之象，不崇道德者也，所謂梁曲，非由正面以視所得之曲直，而是由側面以視鼻梁有明顯之凹突曲紋，如此為梁曲，此相多見於感情離異者，乃少理智，故見證其行。

山根若有明顯橫紋，早年不遂，且主三十五歲有災，非疾厄即為財損，若年上有紋，需要明顯，主困於經濟，若於壽上有紋，則多災厄，一生不順，若準頭有，則做事無成，以上之所論，所有紋路必明顯方論，而橫紋或直紋並無差別，剋應均相同，只要有此相即缺經濟，必過此限後方能改善，而鼻上之氣色專論白色，若年上白者，忽而見，主傷財，若壽上忽而見白，主鬱悶生災，或自損其命，或犯刑，若準上有白色者，主與人相鬥有損傷，若再起日課而見凶，則當可據以直斷，而必言適當建議以作引善。

再論鼻露竅，此即鼻孔明顯，謂井竈空，若為虎形豬形之人，為其正相自無妨，但不論吉，均為不守財之意，只是影響不大，而正常之人相則影響強烈，其財易失，而易陷於經濟，且於四十四歲大破，若為鷹鶴形之人，其鼻準必尖，故亦為露竅，於年上部位最高而壽上偏低，此必為鼻梁曲，然為正相故均無防，但不可論吉，有其形必有其象，只是影響不大而已。

如果鼻露竅而金銀櫃有收兜無缺陷惡痣，此為兩郡有庫，同樣影響不大，然而於此鼻限亦傷財，若為流年所主部位，有缺陷瘢痕惡痣，則當年為嚴重敗財之象，若有仙庫者富貴雙全，此要蘭臺紅潤，若是淨庫，為蘭臺紅潤但有失光澤，則為富不為貴，若為俗庫，即蘭臺上有紋路，此不論是否紅潤光澤，為子孫不得力。

農曆生日過四十六歲即進入四十六歲，限入上唇，上下唇各為十年，為二十年限，即到六十五歲，此限觀相之重點為齒相與口相加上人中，口相即為唇相，欲得方樣，即端正不偏薄，而人中欲深長，此皆衣祿不缺之相，人中上廣主初年得子，此須深長而上方略廣方如此論，若為下廣，此非深長，即人中之相不佳，如此方論晚年得子，此為辛勞之象，自然之理如此。

外界所言人中，有言女相之產道，為人之血管，兼看肚量心性，此非完全正確，蓋此種看法只為外相，加上心之變化必生差異，故與心性相關不可據以直斷，然若為女相之產道則可為直斷，人中之情狀為產道之相應部位，故可由人中之變化以判斷，如生痘疔者，為癸水來臨不潔之象。

如人中不正，或生明顯瘢痕惡痣，則有妨子女，大約子女不孝或者無成，再論人中，此為上唇之輔助，故與上唇同論，上唇若紅潤者，主貴，若有紋理缺陷定有災，此災與食祿相關，於限內必應，若唇掀齒露者，六親不合，搬弄是非，為無德之人，且好言語，怠惰不動，一生必無成，若具此相而能論貴，必要配合人中深長且唇紅齒白方有可能，若得下唇相應有氣而不唇掀齒露，為貴相，總之脣紅齒白為富貴之苗。

以上所言鼻限與唇限，由三十五至四十四，以及四十五至六十五，此為中主，為人生最重要之階段，是否能成就，全賴此處之行運，故知由山根以至於上下唇這直下之部位，為斷人一生成就之重要根據，若為九貴骨等異相，自然以九貴骨為主，故學者習相，可先專注於此，以下為綜論。

觀人有四學堂，一曰眼，此為官學堂，若長而氣清則論貴，二曰額，此為祿學堂，闊而長，有官而壽，三曰門牙兩齒，為內學堂，圓而正主忠信，疏缺而小主狂妄，若齒小而往內傾，為狼食之輩，雖屬高才，必為自私，此類莫與交，四曰耳門之前，此為外學堂，為命門處，若豐滿光潤，主實學有才有智慧，反此者，蒙而愚，以上四學堂主看人之福祿與修養，故言學堂。

其中內學堂最為要緊且可直斷，若整排牙齒往外傾，為忠信有口才，為人寬厚不自私，具此相者必為良友，此相與狼食之輩相異，差別在私心耳，同樣必為高才，若門牙有缺，沒有保護之象，為貧賤之人。

額現黑氣，俗謂印堂發黑，橫災於旬日內，即十日內必有意外之災，面若塗膏，慘白之意，主獄亡，此為受刑獄致死或抑鬱而亡，仙庫呈黑氣者，主噎食病死，承漿地閣有黑氣者，主食毒物，對身體造成的剋應七日內明顯呈現，顯青色在承漿者，主因酒食而鬥爭，嚴重者刑傷，若青中帶紅，必連帶產生其他災害，且於七日內呈現。

再看奸門有白氣者，主妻有私通或傾向自殺，此為感情所困，有青紅色者，此言青中帶紅，主為鬼祟之災，即遭鬼祟附身，此類成因為業障之討報，故必要行功德之事才能真正圓滿，而所謂行功德之事，就是無求行善，或者發願，此必針對此業障之善行，此必為有求，然是針對此業障之圓滿，可謂直接之法，故也能解決。

再看日月角忽然紅色起者，此非為一瞬，而是一直呈現，必主十日內得財，若此紅色不明顯，則百日內得財，這所得之財相對於被相者而言屬於鉅款，鼻直有白氣色者，指整個鼻梁明顯泛白而不雜他色，此主孝服，於十日內家中必有人喪亡，井部有黑氣者，即鼻孔附近感覺暗淡而無光，主業障討報，必犯災禍，此災禍不是損財就是疾厄，一般業障討報皆為這兩種，金匱有青黑色者必主傷財，門閣有青色者，此為上唇，主凶事入宅，必為驚恐之事，有黑色起於兩頰者，四十日身亡，此必一直呈黑色，且必配合眼神必要渙散才能這麼論，一般所言必死之相，均屬眼神渙散才能論，若觀得此相，絕不可直言，只可以建議多做善行。

人之有行也，積於心而行於眉，故由眉知心性，於眉小角有似曲鉤者，眉尾有毛捲如鈎鉤，乃父母積德也，且自身多有行也，然父母若亡不見此曲鉤，觀其心性非以此論，是故曰行在眉，取盡者為大煞，此取盡之意即眉尾散缺，代表福報用盡，必困於經濟且入錢坑，要能避免只能無求之行善，否則難以挽回。

或二眉等而促及短破斷者，孛與紫氣有缺者，此即二眉有缺陷，或短或破或斷，此為無德之人，非為善類，必為取盡，此為善惡之相，對觀相之吉凶必有影響，臨事當細辨之，善惡之別在於心之傾向，故必呈現外相之變化，此時必不同彼時，故於觀相之吉凶必生強烈影響，此為實際觀相必要注意之重點，切不可忽略。

凶暴五章

眉尖眼雙豎，赤縷貫瞳神，氣亂精神急，凶亡不保身。

骨節粗無比，言高似虎威，鼻梁垂劍脊，凶暴必身危。

羊眼口尖掀，身粗坐更偏，色焦神氣露，因此喪天年。
鬢反若無德，凶亡為氣豪，眼斜賢更避，須中小人刀。
橫肉三拳面，微微貫赤筋，目圓睛白凸，性暴是凶人。

此凶暴五章之內容，所指為五種凶暴之相，以下申論其義。

眉尖眼雙豎，此即眉斜立如劍戟而雙眼怒視或為大眼，予人之感覺，為怒目不可侵犯，若兼赤縷貫瞳神，又加上氣亂精神急，則必凶亡，此身難保，其應期必在五十天內，此須一直呈現此象方如此論，這種結果為自然之呈現，五為生數之極，十則為變，故於五十天內產生變化而生剋應。

面部之骨明顯粗壯或為骨露，若其言高聲如吼，習性如此，兼鼻如刀背，即鼻梁尖而不圓，如受刺激而發怒，則必危及身命，大都凶死，此指發怒時間須至少維持十天以上才這麼論。

若眼白多過黑，感覺明顯，而口尖或者唇掀，身體感覺粗壯，且坐必偏斜不端正，而面部氣色凝滯黯淡，更加上眼神渙散，必喪夭年，為身亡之兆，此現象必至少持續十天才這麼論。

鬢部粗惡或多生毛髮，大約為無德之輩，必為衝動之個性，習性必為逞兇鬥狠，若兼眼斜，則必好殺，必不講理，必為小人所害，或導致身亡，此為自然之遭遇，不論應期，一生皆如此，難以改變，若為眼神渙散，持續呈現，則為死期將至，應期不超過十天，且必為凶死，這無法挽回，唯有多行善事，此為唯一建議。

臉上橫肉明顯或者臉大呈現霸氣，明顯感覺非為善類，若加上眼球出現赤筋，且為圓目睛凸，這種人本性殘暴不仁，這不論剋應，因為均有可能。

以上凶暴五章為凶暴之相之具體描述與所生之剋應，此皆為心之呈現，若已得此相，必久為習性已難復返，故可據以直斷其凶。

惡死五章

刑殺帶豪強，知君主惡傷，眼頭尖尾大，心暴必強梁。
眉亂凶神起，雙眸帶殺光，額尖通口聚，虎口遇豺狼。
兩眼傾如劍，雙眉起似鎗，莫教聲帶殺，垂淚赴輱幢。
睡眼開還合，惟嫌露白睛，假饒形相善，生不保前程。
口闊無收拾，形粗眼帶凶，莫教神氣暴，賊死向山中。

此為五種惡死之相，亦可為直斷，以下申論其義。

面上帶崩破缺陷或滿臉橫肉，感覺凶惡多殺氣，如此必為惡所傷，或因惡受傷，所為惡為壞事，不道德之舉動，若眼頭明顯尖銳且有深刻之魚尾紋，則其心暴虐嗜殺，必為強梁，必有惡死，不得善終。

眉毛亂生，其形雜亂無章，並且眼神凶悍帶殺氣，或為上白或為下白，兼額上狹窄口又尖，此為狼之相，必有刑獄，而為獄死。

兩眼傾斜，眼頭較低而其尾較高，此為憤世嫉俗之相，若雙眉又明顯斜立，此為嗜殺之相，再加上聲音帶殺氣，則必為亟心衝動之人，必死於非命，其志難伸，故曰垂淚赴氈幢。

兩眼無神，睡眼惺忪之樣，若開若合，若長期露白睛且為明顯，就算其形象似乎為善不為凶惡，仍然必無成就，一生抑鬱，而引發惡疾身亡。

嘴大不合口，此多言人之是非，加上面部醜惡，眼神凶狠帶殺氣，若教發狂發怒而持續至少十天以上，則必為意外身亡，大都為車關。

以上所言惡死五章，為呈現惡死之相之具體描述，皆可據以直斷，然若真遇此相切不可直言，只能建議多做行善，這點要注意。

第六節、《身體五臟六腑之情狀必呈現於面上相應部位而直指吉凶之申論分析與實際運用之研究》

已知由八卦九宮各有特指之經卦，此經卦之取象所相應之臟腑，其吉凶之呈現即在於相應之經卦，而又以耳論腎，眼論肝，舌論心，而鼻論脾兼論肺，此亦為取象，然亦為體內臟府情狀呈現之相應部位，故由此與相應之經卦，即能判斷五臟六腑之情狀與吉凶，並預測其衍生發展，此為醫之道之範圍。

於觀相術之研究中，面相所呈現之五臟六腑吉凶亦為必要之一環，此由觀相之目的，在於對命主做適當之建議，而藉由五臟六腑之吉凶而知適當建議，以令身體五行平衡而能健康，進而呈現良好之精神而能使外相論吉，進而改變命主人生之發展，亦如趨吉避凶，此即觀相之重要建議。

故知觀相之法，一則在於五臟六腑吉凶之判斷與其未來之衍生，一則在於心中執念所衍生之善惡形象，此二者之結果以為建議，此即為觀相之目的，針對此點必不可或忘，不言建議，不能令他人趨吉避凶，而無利於他人，如此觀相無益，既習五術，自以利他為目標，此為崇高之價值，必視為執心之願。

第七節、《神秘論之真義中論與實用研究》

此神秘論為觀相之總結，或以為作者與人倫風鑑為同一人，然事實上皆為神仙之傳，以神秘為名，故一切神秘，無留其名，此神秘論七言一句，用句遣辭文雅明白適於持誦，學者積極經驗必有所感，以下為其完整之內容。

人之所稟在精神。以火為神水為精。火本藏心心為志。精備而後神方生。神生而後形方備。形備而後色方明。是知色隨形所生。氣乃逐聲各有形。有形不如有骨。有骨不如有神。有神爭如有氣。神之得

氣旺於春。大都神氣賦於人。神氣若油人若燈。神安自然精可實。油清然後燈方明。夜宿此心如寂寂。日居於眼覺惺惺。有時又有清中濁。有時又有濁中清。更兼風韻細數藏。坐久凝然力轉強。如此之人堪立事。輕浮淺薄便尋常。

其次更看形與骨。骨細皮膚軟而滑。要觀生就與未就。旋有旋生終可久。或然未好已先盈。花未開而實已生。老人不欲似後生。老者應須要老成。男子不欲帶女相。女人不欲似男形。陰反為陽夫早死。老懷嫩色壽星傾。丈夫女子兩般評。女要柔兮男要剛。女人屬陰本要靜。未言先笑定非良。良人有威而少媚。娼婦有媚而少威。令人一見便生侮。所以居身在至微。

木要瘦兮金要方。水肥土厚火尖長。形體相生最為吉。若然相剋定為殃。金得金剛毅深。木得木資財足。水得水才學貴。火得火威武播。土得土多倉庫。金不金反沉吟。木不木多孤獨。水不水多官鬼。火不火多凶禍。土不土多辛苦。只於形體本先瘦。次後初肥最為要。若然始瘦又枯乾。木帶金兮災愈繁。一如形體本方正。次後背隆最為應。若然始方卻又尖。金見火兮實為災。

初中最好末生災。腰臀都小步不開。初中不好末主好。腹肚初生懸壁倒。有臀有背能負荷。無背無臀空老大。看前雖好未為好。看後須好好到老。馬上大兮馬下小。更兼藏韻與藏神。八座三台官豈小。有財之人面似方。有土之人多在背。其在清資併極貴。面似月兮身似貝，有時舉眼隨身起。有時接語和身轉。近觀有媚遠無威。久視方明初似晦。更有一法何所謂。只有鋒鋩始為貴。器宇瀟灑風韻美。如此之人豈常類。

信知顴骨有四般。入耳無邊壽數寬。插上天倉須兩府。髮鬢之下當守土。清奇古怪秀異端。七者為身亦合論。清而無神謂之寒。奇而無神安有官。古若無神謂之俗。怪若無神乃主辱。秀而無神謂之薄。異若無神多削弱。端而無神謂之麄。七者有神為眾殊。

遠視之人心必遠。視高之人心必高。視平之人心必善。下斜偷視主凶豪。眼睛若露終凶死。精神矍鑠亦徒勞。須知眉平眼又平。必然為道又為僧。紫衣師號如何得。伏犀骨肉頂中生。眉眼多生神殺現。縱為僧道不成名。少年得第踏青雲。眉目分明氣骨清。眉目分明氣骨俗。只有文章豈有名。更有一般行尸肉。須看肩高與頭縮。

要知南人面似北。身大而肥有水色。欲知北體似南人。體厚形小氣薄清。南人似北終須富。北人似南終享榮。富人不過厚其形。貴者當論骨與神。貴在於眼富在耳。貴人同富誤於人。不貴似貴終須貴。不貧似貧終須貧。貧中得貴因何識。看取驛馬先生骨。富中反賤又何分。胸高骨寒神太昏。

借問相中何取壽。認取聲名骨又秀。若或氣短骨又露。四十之前壽必故。耳要白兮口要紅。眉清目秀鼻如筒。更兼六府相朝揖。富貴一生到老終。鼻梁深兮山根折。少哭尊親并骨血。弟兄無一眉麄短。耳無輪廓主無兒。

更有一法須要識。結喉露齒主妨妻。大凡須看氣與色。色浮皮外氣居皮。來時如爾去牽絲。去似馬尾將欲撤。為福定隨日影去。為災直須終日聚。不拘青黑與紅黃。但認發之在何處。若能依部以看之。足知為善與為悲。稱意之人何所識。看取三光并五澤。若還諸事不如心。其位自然皆暗黑。形滯之人行步重。神滞之人聲必硬。色滞之人面塵埃。

飛禽走獸有數般。莫將禽向獸中看。瘦長但向禽中取。肥短之人以獸觀。似虎之人取其項。似犀之人取其背。鳳要眼長鶴身削。似禽不嫌身瘦小。似瘦若肥最為要。禽肥必定不能飛。獸若瘦兮安能走。呼嗟流俗不知因。要知飛走取其形。若入正形須大貴。依稀相似出羣人。

日角龍文雖謂奇。所謂不吉仍可為。三尖五露不入相。所為若善福相隨。若不以心而論相。是將人事逆天時。若還人心相應相。相逐心生信有之。大凡微妙不難識。要在心通與眼力。但將此論細推之。長短於中無不得。

根據以上之內容，思考其實際運用之法，同樣在於熟悉，此法亦無他，積極持誦而已。

五行觀相術第四回主旨：【面相八卦與識限】

第一節、《觀外相之基本方法申論》

面上各部位為內心之變化所呈現，故於相應之處必有其資訊直指內心之變化，而由因必生果之理，內心之變化必有其衍生規律，而足以預測未來之結果，以心御行，心之變化即未來，故知由相應之面上部位即可推測命主未來之發展，此亦萬法唯心造之理，由此衍生觀外相之法，即以外相知心，而對外相做綜合性的分類整理，如此能方便研究各種外相所呈現之涵義，進而預測未來之發展。

而由先聖先賢所研究出之結果，與心之變化明顯呈相應之面上部位，總計至少二百三十五個部位，其餘不能確定者為未知數，由此結果，可知必思考實用之問題，蓋太過複雜而於面上無法一一分辨，由易之道，物必以類聚，同性以相求，依此理化繁為簡，為解決此問題之最佳方法，必能由此簡化，必符合易之道，即自然之理。

故前輩聖賢將此二百三十五個部位簡化，而為面部一百二十位，以天中至地閣劃一直線為經，此直線之各部位衍生成緯，而左右成對，相對位置論同一部位。

如此總計二百二十七位，剩餘八位在於頸部，而這些部位所呈現並非重要，蓋心之變化所呈現主要在面上，呈現於頸部者為次要之資訊，而面上必有相同之主要資訊，故能忽略不論，而以總計二百二十七位各賦予相對應之名稱以利研究發展，此即為面部一百二十位之由來。

藉由此一百二十位之申論，就能理解面上各部位所指之涵義，而能藉由外相以觀心，而知命主未來之發展，依此以做實際運用，然而總計二百二十七位雖簡化為一百二十位仍嫌複雜，於實際運用上仍難實用。

故再由易經八卦之理，將面上一百二十位歸納於九宮位置，再由物以類聚同性相求之理，而能確定同卦位之各部位，其五行作用所呈現之吉凶必然相同，如此可以九宮之吉凶直斷各部位之吉凶，而九宮吉凶之判斷必為容易，如此能真正達到實用之目標，只要能夠熟悉此八卦九宮其各卦所包含之面部含意，必能以所得之吉凶作衍生，此即為觀外相之正確方法。

第二節、《面部一百二十位之介紹並思考其實際運用》

面上部位之分不只這一百二十位，真正所分部位之數目為二百三十五位，此為一百二十位之衍生，但非為必要，鬼谷仙師有言：「揣摩簡練出其下」，即不用錙銖計較各部位之含義，必須以簡馭繁，方為相術之道。

本節所介紹之面上一百二十部位，主要目的在令學者能夠大致了解面上各部落之含義與其所指，非要熟記此一百二十部位，可依同性相求之理而能知其共同之吉凶，此面部一百二十位，收錄於太清神鑑卷二，其中內容亦須更正，真正正確之內容如下。

面部一百二十位

人生也，雖有善惡之形，而貴賤未可分，雖有吉凶之色，而禍福莫可詳，是以聖人以一面之形分百二十之部，上應三才下配五嶽，俯仰天地之位，辯別內外之方，見其形則知其貴賤，察其色則驗其吉凶也，其謂至賾至深莫可得而隱也。

且天中者最中之位以象人主，所以威制萬方，故刑獄在傍，兵衛在後，公卿前列，府庫左右，精舍為神靈之府故動於眉睫之上，學堂為聰明之館故近於耳門之前，目者受色禍故妻兒俱列於目下，財者為人之貪，故盜賊依於金匱，山林近於仙路，弓弩落於邊方，承漿近口，日角居天。

且上停者又為天日主祿，中停者又為人曰主壽，下停者又為地曰主富，三部亦為三主，上停初主，中停中主，下停末主，故上停豐滿初年福祿，中停隆厚中年成立，下停缺陷者晚年破敗，大體吉凶貴賤無所不攝。

中央直下一十三位

天中

主順利又主官祿，高起直者初年得官，平滿者宜遠行有官祿，缺陷者主刑獄死。

天庭

主三公貴品之部，若有骨起者當為卿，監骨起而兩邊玄角應之必任宰輔，有惡痣缺陷主刑死，一名天牢主貴人之牢，亦名鴻臚寺，亦名四方館，骨陷色惡不宜此處任官。

司空

主天官三公之部，骨起光澤者當任三公九卿，色惡不吉。

中正

主群寮之事，詳品人物之司，亦主官位高下進退，骨起色潤澤主官不歇滅。

印堂

主天印兩士，亦名揚闕庭，掌符璽之官，方寸起而瑩者二千石守，方寸平而靜者三品任官不離闕庭，方寸陷者亦主富貴，眉接連不廣一生無祿，當傍有黑痣瘢痕事或不吉也。

山根

主有勢，斷絕主多厄無兄弟，狹薄而低者並無勢力，眉鼻上亦名玉衡，又廷中平滿或有奇骨伏起者招國祖之喜，但衡上依依上侵則名聞朝野，若陷窪而目得相見者則情淺識露謀事難成。

年上

主己身之隱疾，未見骨生無重疾，患陷缺者主惡死，有黑痣者主貧苦。

壽上

主命之長短事之吉凶，陷缺者無壽，又名怪部，青色赤黑交錯怪兆也，應林木為怪，應欄櫪牛馬為怪，應井竈釜鳴井沸為怪。

準頭

主富貴貧賤百事吉凶，端正圓平直充滿者富貴有官，準頭齊者心性慈，準頭分妨剋兒，左右名蘭台又名廷尉，成就平好者聰明見識。

人中

主人心性亦主子孫，深直端廣者忠信有子孫，狹窄而短者夭命孤獨貧，有黑痣女人當自嫁。

正口

主信文，充實平正稜成者有信行，薄弱缺陷者多詐妄，有黑痣者主貴吉利。

承漿

主飲酒，如有黑痣不宜飲酒，醉而當死，平滿者一飲五斗常朝酒食，一名藥部主服藥，色暗服藥不得力。

地閣

主地土屋宅，平厚者多田宅而富，狹薄者即主貧苦，頦頤主貧富，圓厚平澤者富，尖陷者貧窮，長者主剋害骨肉。

天中橫列八位

天獄

一名理獄主刑厄，平滿者較不易逢刑獄，缺陷及色惡者易見。

左廂

主丞相，平滿者吉利，骨起與伏犀相連者當入宰輔，陷缺坎壞者亦多災厄。

內府

主功名財富，骨起平滿家累珠玉身復仁孝，缺陷者淫蕩消折亦獄死。

高廣

主方伯之座，豐起者當任刺史，平吉利，有黑痣少喪父母。

陽尺

主近佐之官，肉骨豐起位佐郡之職，缺陷者主官歇滅，有黑痣者淪外鄉客。

武庫

主兵甲之吏，骨肉起者宜任兵之官，若有瘢疵缺陷者不宜任此職，易從軍之敗，有黑痣兵死，赤色主鬪傷，黃色不宜受寄尸兵。

轉角

主郡守之位，骨起而色明者主任藩府，一名弓弩，有黑痣主兵死徵，黑主退官失祿，赤色暴病或爭競官職，輔骨大即官大，輔骨小即官小，如無骨不可求官。

邊地

主邊郡之職亦主遠行吉凶，肉起吉利，邊地骨峻起者主護御之權，黑色不能遠行，陷者無主張，或其心如之必無自信，有黑痣色惡者，易逢意外。

天庭橫列八位

日角

主公侯之坐，見光澤邪人不侵。

天府

一名王府，主入朝否泰，見滿光澤，有位能為權。

房心

主師侍之位，骨起者為人之師，骨起而黃色光澤者為國師，色惡者非時主病。

上墓

左右主父母之位，骨起者宜父母，光澤子孫滿堂，黑痣缺陷主溺死，色枯燥者父母不能葬。

四煞

主手足妨之病四時煞害之事，黃色憂傷損，黑色被賊引，縮缺骨起皆憂煞害，平滿光澤者一生不被害。

戰堂

主征戰事，色斑惡者戰不還，色好平滿戰勝，缺陷兵死，骨起為將。

驛馬

主乘騎之事，色澤者如乘馬去，陷缺者無乘馬之祿，色惡者乘馬有死。

弔庭

主喪亡之事，弔庭白如梨花父母早亡，白為披服之象，黑為服喪多時未淨之象。

司空橫列八位

額角

主公卿之位，缺陷一生難成，骨起為公卿一名，額中色紅黃者大吉，黑色主災，意外死亡之象，色惡主厄，向人叩頭，赤色發如豆主刀兵死。

上卿

主正卿之位亦主家鄉，骨肉起而常光澤為官必親御座，色惡遠離家鄉。

少府

主府寺之位，骨起者任府寺，色惡有官主失職，右府黃起貴人徵名，不出季月應之。

交朋

主貴人之位亦指人際關係，骨起及色紅黃者交友善直貴人得力，缺陷者一生寡合，色惡與朋友爭競，色青桃花糾纏，色赤外婦求離，色白妻有分情。

道上

主出行之位亦名衡上，骨起一生常在道路，平滿一生不出遊，缺陷及色如馬肝主客死道傍。

交額

主福祿之位，骨起肉起及色好者主有福德，黑痣者吉，色惡及陷缺者一生不崇福德。

重眉

主勇怯之位，骨肉如重眉主有勇富貴，缺及色惡皆主怯弱貧賤。

山林

主野積之象，山林廣厚必多藏蓄又多勢力，淺薄無勢力不可委任大事，一名崖色，有黑痣入山林主被蟲傷，亦名四季天子，即看兵馬強壯四方人物美惡，色黑四方有賊，黃色四方安靜，凡人色黑不宜遠行。

中正橫列九位

龍角

為才智之位，有骨肉端美從眉上積起涉額如龍角者，主為使相權輔，若明顯骨露，其心多妒忌不行正道，非為善類，為逞凶鬥勇之類，易受刀光。

虎角

大人之位主御眾之能當主兵權，一名疑路主行之象也，色好宜行，色惡慎出，有黑痣者多見刀兵刑。

牛角

主權貴之位，骨起如角者使相之權。

輔角

乃職制之位，骨大者官職大，骨小者官職小，陷缺者終身無祿。

玄角

主官祿之位，骨起有角者全祿，無角者不可求官。

釜戟

主金吾之位，骨肉起者有兵革之權，色好武選清顯，陷缺者兵死。

華蓋

主邪正之事，深厚主壽有官，淺薄無成多刑剋壽不永，為無福之輩不善之人，不信因果不識神佛，再言淺薄殃邪，一名厄門，有惡色黑痣及平落主暴死，一名皮部，乾枯者主經商銷折。

福堂

主福祿之事，豐厚者有官祿無災富壽，狹薄者貧夭無官一生又遭非橫之災。

郊外

主出行之事，若惡色不可遠行，骨起者出遊見險，有黑痣陷缺者亦然。

印堂橫列八位

家獄

主刑厄之事，平滿潤澤者一生不徒囚，一名頻路，若是常不潔者主多憂，陷缺者獄死。

蠶室

主護家事，平滿光靜必顧家，陷缺色惡者反之。

林平

主仙道之位，骨肉起及色常光澤者修道德，或急或惡缺陷者服藥死。

精舍

主僧道之位，平滿色澤釋慧有成，缺陷色惡者釋無成。

嬪門

主宮嬪之位，豐潤色好者妻婦吉慶，缺陷崩破者妻早亡。

劫門

主劫盜之位，骨起肉豐及色好者較不逢盜賊，有黑痣常被劫，發惡色遭賊劫或為盜賊已是長久。

青路

主私路出入，色瑩澤好者出入則吉，色惡者不宜出入則有厄難。

巷路

主公路出入，色澤淨平者出入則獲福，泛青色惡者出入則有凶惡也。

山根橫列十位

太陽

主口舌喜慶，色惡主鬪訟，有黑痣常憂爭競，色好男得好婦女得好夫。

中陽

主感情之事，青色夫妻欲離，若呈黑色主為隱疾，且極可能為惡疾，赤色夫妻鬪競，其色好得暴財之吉。

少陽

主灾厄，若呈明顯顏色而不光亮則有災厄，若是乾淨或為明亮則少災厄或正行運，若泛青色起而入目為憂思之象，色顯鞭箠之厄，必為皮肉之傷。

外陽

主平反，為解釋，言相謀之事，此受人之冤而為解釋，若為黑色，為他人刻意相害，若為青色，則被冤枉死，無法解釋。

魚尾

一名盜部，主盜賊之事，有黑色為盜所害，若為吉色，無盜賊之害，陷缺是賊人也，色惡被引也。

奸門

主奸私之事，有黑痣為奸盜所害，奸門有肉起淫穢不避親疎，若兼色惡，則事跡敗露坐受奸刑，若此色吉，則為良配，必為美。

天倉

主食祿之位，平滿圓成肉豐主食祿，此天倉凹陷縱得官常得貧，大約為清廉之輩，一名軍門，有黑痣陷缺者有軍中之難也，具此相者不宜從軍，否則有身亡之虞或有嚴重傷害。

天井

主財帛之位，平滿富盛，有痣井厄。

天門

主開闔詳占之事，若所發之色論吉必有吉慶，其應十五天內，若其色論凶必主爭訟，應期相同且必衍生事端，再十五天後方可解。

玄中

主修行之路，在天門之後近耳也，此處無毛為豐廣，主學道有成，若藏黑痣則不可出家，必難正心故必無成，此玄中之位可觀道行，若能寬廣明亮則為道行高深，大都修練有成，必為世外高人，若屬僧尼之相自非此論。

年上橫列十位

夫坐

為婚姻，為夫妻吉凶之位，光澤端滿者，對象必如意，有黑痣者，妨妻或妨夫，婚姻不圓滿。

長男

主長男之位，定長男好惡，黑痣主妨長男，為不生男之相。

中男

主中男之位，論中男之吉凶，非時發赤色如豆者，為突然出現之意，如青春痘，不出一月共婦鬪競也，指與小人較量，易為小人所害。

小男

主小男之位，定小男之好惡，若有黑痣則主妨妻或妨夫。

此夫坐至小男之位，若有黑痣則所有剋應均論，蓋於八卦九宮居同宮位，均為艮宮，故同論吉凶，九個宮位各宮位之彼此界線，皆為特別部位所劃分，這點先理解，至於由哪一個部位劃分有機會再論。

外男

主外子亦主孫息之位，如有黑痣必妨父母，此帶仇怨而來，必要化解，即必要持恆行善，無所求而為才做得到，此類因果化解之法即是如此，此為最有效且最迅速之化解法；一名外宅，色平滿好者，男得貴家之妻，即得賢妻也，而女亦得賢夫，目下亦名房中春，如為女相，且於三月呈青黃色者，為有孕之相，若為男相有此青黃色，且亦於三月有之，則必有女之相，非必為妻所生，或為外婦，若為女相，而此三月呈現青黃色大都生男，若黃色不明顯大都生女，此看女相是否懷孕為最明顯之看法，有黑痣憂子災，其子多疾厄，目下端平光澤，子女不只一二，必為三四位以上，且生男較多。

金匱

主金銀之位，平滿光澤者經濟不困，必有積蓄，枯陷者主財乏，有黑痣者主有財被盜。

盜賊

主偷盜之位，平滿者不易被盜賊侵害，發惡色本身即為賊，此為黑赤色且無光澤。

內禁

主內禁口舌之事，平滿者一生不說人長短，缺陷有黑痣常懷毀謗。

遊軍

主離鄉背井之業，若為平澤色美，宜外出發展，若屬色惡則不宜遠行。

書上

主學識之位，若常不潔淨或有黑痣缺陷者主無學問，必非文化中人，必為舉止粗俗，不學無術，大都非為善類，不可與交。

壽上橫列十位

甲匱

一名財府主財帛之庫，平滿光澤者一生足財，若陷缺色惡者一生乏財。

往來

主行人之位，色澤紅黃論吉者，客人不出月內至，此為行商店家必如此論，若受雇於他人則指貴人至，必對命主有利，如枯燥者客人不來亦無貴人，同時代表人際關係不佳。

堂上

主六親之位，色紅黃主親戚相聚之喜，若為色白無光澤主家人有喪，最可能為父母，次為兄弟。

端正

看人難易之位，色枯燥缺陷者性難，色澤端正者主性易也，此指個性之好壞，是否好相處。

此由甲匱至端正吉凶同論，均屬艮卦位，主要論財帛之有無，總之吉相有財凶相無財。

姑姨

主姑姨之位，骨起肉色好者姑姨美好，枯燥則姑姨命蹇多病厄，缺陷者無姑姨，此姑姨之位又名外婦之位，常帶黃白色且有光澤者必有外情，男女皆同，欲判斷有無外情主要由此。

權勢

主勢權之位，端圓豐澤者必有權勢，隳毀者無權勢。

兄弟

主兄弟之數，右邊震卦論姊妹之數，若為色惡缺陷必妨手足，若為色吉圓滿端潤光澤者兄弟強眾，兩顴如雞子單身一世。

外孫

主外孫之位，看平滿光澤則定外孫之吉，若枯燥色暗則定外孫之凶。

命門

主壽命長短，骨起入耳其年百歲，有黑痣火燒赤痣皆非善終，色惡必有隱疾且難以根除。

學堂

主學識之位，骨隆端色淨潔者，必有文學，骨陷色枯黑痣瘢疵，非有學之人，大都為粗俗鄙陋者，氣若亂者無善終。

準頭橫列八位

號令

主號令之位，端淨分明者主施設號令眾數咸伏，若無出令人終慢之，此指法令紋必要明顯且為深紋則為吉，一名壽部，長而美重而分，此指法令紋長過水星，為長而美，若法令非單紋或有分叉，此為重而分，皆主高壽。

上竈

主宅舍之位，平滿主好宅舍，若為陷缺色惡則宅舍簡陋。

宮室

為臥榻之位，色惡及缺陷者主易逢病厄，這代表臥室有嚴重的風水問題。

典御

主僕使之位，此指朋友，平滿一生多友，陷缺枯燥一生友寡，代表人際關係不佳，沒有貴人。

囷倉

主食祿之位，平滿主有祿食，缺陷色惡者不得食而死，大約為腸胃之惡疾，若突發青色主憂官災。

後閣

主論依賴，判斷是否獨立之位，骨肉豐起必獨立，若為缺陷則離鄉背井且無法自立無成就。

此由號令至囷倉，皆同居艮卦位，而後閣至於其他則為兌卦位。

中門

主富祿之位，平滿無黑痣者主家道富，若缺陷則一生貧困。

兵人

主兵使之位，主為保護，不為他人所傷害，若平滿者不為他人所害，缺陷急惡者必常遭欺凌，為他人所傷害，故知此相必乏自信，一生難有成就。

人中橫列八位

井部

主恆產之位，代表不動產，平滿者利於不動產得財，若為缺陷則無恆產，有黑痣者溺死，或屬肺部惡疾，總之呼吸困難而死。

帳子

主廚神之位，豐潤必善廚藝，狹窄則不善廚藝，此廚神之位只看廚藝，好壞之差別必與口福相關，故其次為細廚。

細廚

主飲食之位，平滿者有口福，陷缺乏饍，若發惡色，因食而死，白色咽酒食致死，帶黑痣者餓死，黃色則因食暴死。

此井部至細廚均為坎卦位。

內閣

主情趣之位，豐滿者美好，色惡缺陷則為荒淫。

小吏

主看妾室或姘夫，帶黃白色且有光澤者則有別情，前面所指姑姨外婦之位也如此看，但要確定有無必以姑姨外婦之位為主，此小吏之位只為輔助，若兩部位具有此相，則此外情早生，為長久之外情。

妓堂

乃論荒淫之位，若帶黃白且有光澤，則不論荒淫，若為色惡缺陷則為荒淫之相。

媵妾

論縱慾是否過度，缺陷色惡者即是。

嬰門

主病藥之位，若為缺陷不喜服藥，且諱疾忌醫，然大都能身體健康，只是一生惡疾即無救藥，若能平滿則知醫藥善保健，身體必更健康，故知嬰門兼看惡疾，且屬長期隱伏之惡疾，缺陷色惡最可能生惡疾。

正口橫列八位

玄璧

主財富之位，高峻色美家蓄金玉，色惡缺陷金玉散失矣，此指財富散失。

門閨

主閨房之事，色惡缺陷夫妻感情生變，為房事所致，可能衍生外情。

比隣

主鄰人之位，平滿色好者逢良鄰，缺陷色惡有黑痣，鄰為惡人或與鄰不和。

惡巷

主里巷之位，如惡色發者出入逢劫，若為平潤則少賊害。

客舍

主賓客之位，平滿端好者喜交朋友，缺陷者容易自閉或不喜與人交際，或為人際關係不佳。

兵蘭

主至交之位，缺陷者無知心交。

家食

主穀食之位，平滿色美足糧食，缺陷色惡虛名商旅，不可營商，否則嚴重傷損。

山頭

主出入之位，平滿者出入少險難，缺陷多災。

承漿橫列六位

祖舍

主父母田宅，若為平滿光澤則足祖業，此能保之意，陷缺者沒有祖產，有黑痣主棄祖移居或喪祖業。

外院

主投資財富，若為缺陷投資必失利，若為色惡，則本錢無還，若為平滿必要光澤，則宜投資必生利益，欲知投資吉凶可看外院，此為最明顯之看法。

下墓

主墓田之位，平滿色潤主有墓，陷缺色枯者積代不葬，此指人生最終歸宿，非有墓方為善，若足善行因果者不須得墓，蓋已超升，此為至善，或遺骨於大海為完美之回歸，人生需積極於此，而非貪其墓田之位，故知下墓亦可看德行與善行，如能平滿色潤必為積善人也。

野土

主外財之位，論額外收入，若為黃白色且帶光澤，必見意外之財。

荒丘

主出國之類，平滿光澤者宜外國遊行，或有遠客來訪，且必為有利，此利益大多與投資相關。

欽庫

主坐車之位，若為缺陷易見車關，無身亡之虞，主要破財。

地角橫列七位

下舍

為恆產，即不動產，若為平滿則宜置產，若為缺陷有黑痣，必貧而無恆產。

奴婢

為部屬，平滿者部屬得力，缺陷黑痣不得部屬。

坑塹

主厄難之位，有黑痣者主墮坑險死，此指高空墮落，可能身亡。

陂塘

主眾人之事，所謂江湖，若為平滿則能如意，若為缺陷則無所發揮，若生黑痣，則因江湖而亡，若發惡色必憂口舌。

鵝鴨

主蓄禽養之利，此指是否利於農牧，同樣以平滿為吉。

大海

主水死之位，若生黑痣或為赤黑色主溺死，而若發黃白色且帶光澤，則主導眾人之事，大都為江湖中人。

另**碓磨**

所主無關緊要，故忽略不論。

以上為面部一百二十位之所指部位與涵義申論，學者可藉持誦以熟悉，要盡量熟記各部位，如此能搭配流年運氣部位歌而做實際之運用，而必要積極比較與分析，並思考各部位之專用名稱與其含義之關聯，且思考相鄰各部位所指涵義之衍生，而後能以簡馭繁，歸納於八卦九宮，此即為面部一百二十位之申論重點與目的。

此相關於八卦九宮之分類，並由各宮位之所屬經卦，配合宮位內各部位所指涵義，而藉由取象完整連貫各宮位所包含之部位涵義，如此即是實際運用之法。

以上所言皆為觀外相之法，必要先熟悉此法而能觀心，而真正進入觀相之界，此由觀相基礎本須由心，進而言以外相為主，乃觀外相方能知心，再回歸觀相之原來本在於心，此為陰陽配合之義。

所謂由象知心，由心觀相，而至取象由形，此為一循環，無謂前後，針對這個道理，需要仔細思量方能理解明白，如此而知觀相之要義，故必能成就。

第三節、《面部八卦之運用申論主要簡化面部一百二十位之看法研究與分析》

由上節面部一百二十位之分析，實論複雜，故必化繁為簡才能做實際運用，而須能不遺漏各部位之含義與呈現之取象，由易經所言同性相求之理，物必以類聚，故同部落之面相各部位必屬同性，故五行作用之吉凶必相同。

由天地所分八個卦位，為自然之方位，必取其後天卦為相應面上之各部落，以卦位分其性辨其吉凶，依此法化繁為簡，此運用之法即於面上分九宮，而以相者之角度於八個宮位，填上相應之後天八卦，而以各卦位之五行，論此相應部落之本質。

再由面上各種變化，如痘疔、瘢痕、凹陷或屬惡痣並論氣色，衍生而論卦象，此內包含本質五行與變化五行之生剋，以及這類的取象成卦，由五行生剋而定吉凶，以所得成卦而明剋應並察其應變，此即為面部八卦之運用。

第四節、《面部吉凶之判斷方法申論並理解思考確定分析討論研究其實際》

此吉凶判斷，主要由八卦九宮，只要面部所形成之變化，此必包含氣色、突發之痘疔與瘢痕、惡痣，其成色與取象之代表五行剋卦位之本質五行，如此皆論凶，主要看法在此。

其次則以平滿入眼論吉，而以缺陷不入眼論凶，此為面部吉凶之直接判斷，而真正之吉凶仍需由日課，這點申論再三，切不可忽略。

第五節、《麻衣金鎖賦與雜論之真義分析並討論思考理解》

麻衣金鎖賦專門針對面上部位明顯且必然之吉凶剋應作一敘述，故對其中之內容必要理解，方能熟記，面上各部位各有其所特指，在不論氣色之條件下，單看外在形象，就有一些可以確定之資訊，以此為觀相基礎，而此即為麻衣金鎖賦，以下針對內容作詳細之分析，神相全編所收錄之麻衣金鎖賦內容非完全正確，學者以這邊所提供之版本為主。

取象由心假還真。自心觀相方得清。不執表象尋變化。相不獨斷為本家。若為金鎖特別相。直言決斷莫疑他。此謂金鎖無變化。世間因果早如他。他論定局不為變。唯有積善能變化。此為人間奧妙訣。若言此道福慧深。宿世積來有道行。濟世利民做志願。圓滿因果在眼前。

金鎖不變外相訣。以下如賦必記明。六害眉心親義絕。無貴無朋起自家。山根斷兮早虛花。祖業飄零足破家。兄弟無緣離祖宅。老來轉見事如麻。眉高而黑神憔悴。愛管他人事罣懷。初來乍到有精神。

久看原來色轉昏。似此之人終壽短。除眉之外怕偏斜。耳偏口側末年破。鼻曲迎突四十年。讀盡詩書生得寒。文章千載不為官。平生雖有衝天志。爭奈鶯雛翼未乾。面大眉寒止秀才。唇掀齒露更多災。終朝腳跡忙忙走。富貴平生不帶來。唯有積善能乘加。

形愛恢弘又怕肥。恢主榮華肥死期。二十之上肥定死。四十形恢定發時。瘦自瘦兮寒自寒。寒瘦之人不一般。瘦有精神終必達。寒雖形彩定孤單。色怕嫩兮又怕嬌。氣嬌神嫩不相饒。老年色嫩招辛苦。少年色嫩不堅牢。百千行業團團走。老來無能建一家。如有髭鬚必黑稀。依稀見肉始為奇。最怕濃濁枯草樣。父子不和孤獨老。議論爭差識者稀。附於金鎖號銀匙。眉高性巧能通變。侍待王公在此時。

再來為麻衣雜論，神相全編收錄之內容亦有錯誤，同樣以這邊所提供之版本為主。

凡人之相。必以清奇古怪而為貴。惡俗貧薄而為敗。清奇則名高位顯。古怪則貫巧粟陳。惡俗則貧賤之徒。孤薄則刑害之子。貴人則身重　輕。小人則身輕　重。齒似乾而濕。目似水而乾。手掌熱如火。軟如綿。色常潤者。乃福人也。

名在眉。職在鼻。計在口。俊在目。壽在耳。貴在額。福在背。富在腹。遠視賢。近視愚。平視德。高視激。下視狠。斜視盜。亂視淫。猛視暴。凡有此視者。必有此驗矣。

用則神施於外。收則神合於心。近觀有志。遠觀有威。瞻視有力。睡臥易醒。此乃神之全也。氣之為氣要內堅。即音須潤和暢。不在剛健震鳴急促。內蘊則和。外施則暢。

色須形於面目皮膚。欲深而不欲浮。欲聚而不欲散。發於五臟之表。為一身之光彩。有所得而喜主於內。有所失而憂生於中。或有少而色老者。弱也。面有三光。烏有四澤。烏有三暗。形與神相照。氣與色相附。神全則氣全。氣全則色全矣。

此麻衣雜論除論外相外兼論氣色，但所論非為絕對，不可據以獨斷，是為觀相基礎，學者也必熟悉方能有所掌握。而欲觀氣色，實論最難，本門所傳之法，以文王卦日課為輔，來斷定氣色所呈現之吉凶，此卜筮本為五術絕對之配合，此理必要明白。

五行觀相術第五回主旨：【明理識因定心觀相必無為之妙法】

第一節、《相法妙訣之介紹與分析申論並實用討論研究理解》

習全相法妙訣，對於人際關係之運用即可言完整，不欲求深入者，專心於相法妙訣所言即可，大道至簡，無須複雜，學者必知此，所學方能實際。

此論外相總結，類似說歌、神秘論，而全在外相之分辨，可論最實際之觀相術，最適用於社會大眾學習，以下為其完整內容，乃根據其段落，一一做詳述。

相人形貌有多般

觀面相之術，其法甚繁，難以盡學，也不須此，若能掌握重點，則一法足以貫之。

須辨三停端不端

這是觀面相第一個重點，此三停，外面相書皆有固定之論法，可先作參考，但不用管其吉凶判斷，端不端之吉凶，主要在內心感覺是否順眼，而無絲毫排斥，這必代表觀相對象對自己無妨害，非貴人也非小人，這種看法為直覺，只要定心以觀，皆得真切。

五嶽四瀆要相應

此同上句之意，仍在於直覺，五嶽四瀆，相書上皆有定論，可為參考，任何一個部位心中覺得差錯不順眼，必指受相者，此差錯部位所指出現問題，這個判斷方法最為實際，確定五嶽四瀆所言，就可為直斷。

以上三句所言，為觀相第一重點，欲學觀相必掌握此，也是觀相首要步驟，【定心，問直覺，知利害，明吉凶】。

或長或短不需論

受相者之美醜，不是觀相之重點，然美者易令人順眼，醜相則反之，怎能不論？絕對理由在於【觀相不可帶成見】，否則絕難定心而失之偏頗，故言不論長短。

這句所言為觀相態度，不具任何成見，內心定靜，則必如實，此相關修身煉心，欲求精進必由此。

接下來所論，直指外相吉凶與直斷之法，逢之必可據以直斷，故言妙訣，能為實際運用之法，必在於熟悉入心，故必要持誦，基本上連續持誦四十九天，一天至少七回，即可達到熟悉入心之目的。

額要潤兮鼻更直

額頭論光明之鏡，最忌晦暗蒙塵，最喜油潤生光，行運是否順遂主要在此，其凶相必生災厄，若屬晦暗皆十日內應之，此真正剋應時機，必在未來日辰納音能剋當時觀相之日辰納音時呈現，至於屬何種災厄剋應，觀相難以確定，然只論大約即可，而這所謂之大約，皆相關財情運體，論此即可，要能精確只能由日課，以上為額潤之要義。

再言鼻更直，此為鼻樑，由山根至準頭，此為端正之意，直接代表內心端正，若為曲斜，這是感覺直覺不正即是，此人心必有圖謀，必知小心防範，這句所論之二個重點，其一在運勢吉凶判斷，另一則在內心是否端正，內心不正必影響運勢，非必現在呈現，然未來必發生，兩者互有因果，故合論，是知人心端正，論吉之運勢才容易維持，而不至於遭破壞提早結束。

口分四字多衣食

此為嘴大則多福祿，相書言口能容拳，此為取象，其實整體感覺論方潤即是，此方為正，不可偏斜，方可如此論，如為小嘴，此須整體感覺明顯為小，則直論為無福之輩，此大約指錢財與口福，這可直斷，又言吹火口者，此上下唇多縱紋，則更嚴重，老必孤貧，此急須修善，方有機會改變。

頭圓似月照天庭

此指臉型如滿月，且前額油亮生光。

眉目彎彎多學識

眉型彎而不直，直覺清秀，細看之，眉毛根根見底，此接連上一句，這二類相貌皆為多學識之輩。

眉頭昂而性必剛

此非劍眉，亦非眉尾上翹，而是眉頭之毛直豎令人注目，此個性必然剛烈，衝動行事，屬直白之輩，沒有心機。

以上三句皆合論，前二句言學識，與性情剛烈似無相關，合論之理由，在於如有前二句富學識之條件，其眉頭又昂起，則剛烈之性必然更加明顯，此類人之底線，為面子，論自尊，如有妨害必無往來，若其性非剛烈且多學識，此必可為友朋，最符孔子交友要義，這個觀點非常實際，必能如實運用，尤其在人際關係之來往，必知眉頭昂皆論其性剛烈，最好面子，能為全方可為友。

申論至此，相法妙訣前面九句，主論人際關係與對象條件，注意這二點，才能建立良好且有效之人脈，重點在此，學者由此衍生思考，付諸於實際，則必有所體會而知運用。

接下來之詩句主要論凶相，逢之則能敬惕，蓋與人往來，逢善者無妨，逢惡者要能隨緣，若有所執，刑傷難免，是知與人交往要能明善惡，這是經營人生是否能如意之主要前提，學者須知此，相法妙訣主論人際關係，為真正養貴之法，避小人之方，得識者必足福緣，必知珍視。

此相法妙訣，論最實用之理由，即在於人際關係，並非在精進相術，所謂知己知彼者方能百勝，由相法妙訣整篇內容，大約已完整涵蓋人與人之交往所須重視之問題，只要藉由持誦以熟悉入心，必能擁有良好之人際關係，而對人生之經營產生極大之幫助。

相法妙訣中所論斷訣，皆可直斷，皆屬明顯之外相，絕不難分辨，由此論人之善惡必不失準，學者若能積極驗證，則更有進一步之體會。

以上所言為相法妙訣之完整介紹，也是學者學習之重要方向，這是必要明白之前提，此為綜觀，如此以定方向，方能不為迷失，此為研究學術能為成就之絕對理由，【不識盧山真面目。只緣身在此山中】，此不定方向終入迷，學者必要知此。

接下來所言這十句，皆屬刑剋重之輩，基本上其性必帶殺，或為殺他，或為殺己，殺他論暴戾，殺己為自死，為自囚自困。

縱理重重入天倉

此為左右天倉部位，皆出現明顯之縱紋，此經濟必出問題，論朝不保夕之輩，錢財必無餘，論福報取盡，必難翻身。

下視之人多毒害

此為目光向下，須配合上白眼，為凶殘狠毒之輩，最易犯刑獄，或傷害他人，此為長期心中難平積怨而成，為人入鬼道，最易產生幻覺，故行為無端，無法扭轉，而生暴戾。

羊睛四白定孤孀

此瞳孔明顯為黃色，稱為羊睛，眼白明顯多者論四白，此非黑瞳小而居中之意，兼具這二種，則必為孤孀，且必辛勞夾命，一世孤苦，無法改變。

鼻星屈曲多孤獨

這直指鼻相不美，或有缺陷，或形象怪異，並非指鷹勾鼻之類，簡單說直覺不順眼，這種人思考模式必不合群，傾向怪異，故人際關係不佳，是言多孤獨，難能成就。

項短結喉神不足

項短為聳肩，結喉者講話結巴不清明，具此相者，乃長期神識不明，如元神不穩，行事必糊塗，逢事難主張，有如三魂不齊，眼神必空洞，最易產生意外災禍，或者庸碌無為，失魂落魄，放蕩一生，此為神不足之嚴重取象。

前五句，為五種必無成之相，具此相能為改變者，只能靠自覺，並無他法，多成定局。

男具女相女如男

行為舉止，男相似女，或女相似男，聲音亦有此相者，皆為此意，並不是指長相，這點要清楚，全指後天行為。

陰陽不正非吉相

此接連上一句，具此相者，論陰陽不正，論衝擊，相干格，其心難定必生妄，故言非吉相。

此生必然多刑剋

此連上一句，妄而生災，故多刑剋。

以上三句，皆指陰陽不正必然產生之問題，為明顯之因果，形成此相之原因，在長期缺乏自信，解決之法只能由此。

大約感情無所適

此綜論前三句主要之成因，為感情受創而失自信。

自然孤獨多抑鬱

此接連上一句，感情為此心之所重，難言捨，故感情受制者，必自囚而孤獨，煩悶而抑鬱，如此執著深入，故行為舉措與世人相異，甚至荒誕不經。

這二句加上前三句，其實都指感情所衍生之問題，且論感情問題嚴重才形成此相，是知解決之法須去感情之執，此方能如實，要做到這一點，仍在積德行善而已。

以上十句之總論，皆在無成之凶相，且屬難為改變，故若成此相，必可直斷。

眼濁無神多淫慾

此為眼白無光，故覺帶濁，其睛不亮，故言無神，此相為淫慾過度，身體受損，其人必無志氣，難言長進，屬難成之相。

若兼赤縷凶禍至

此連上一句，赤縷之意，為眼白出現明顯不規則血絲，此論嗜欲無節，身體已生惡疾，必嚴重影響人生，是知凶禍至，若逢赤縷暫退，則尚能挽回，且必要禁慾，否則難保。

眼小或眇有精神

整體形象感覺眼睛小，或者眼睛半閉，這種面相大都精神狀態佳，頭腦靈活，多屬聰明。

更觀黑白須分明

此連上一句，意思明顯，能有此相必帶神光，為頭腦清楚之輩，必有堅定之人生方向，為最能成就之相。

以上四句相關成就，重在志向，多淫慾者毀精神，有志者不為此，具明顯目標，故現神光，是知人生缺乏自律，必失其志氣，由此人生難成。

遠視有威近秀媚

初看此人，似不易親近，然而相處之後，覺得和藹可親無壓力。

披緇學道好音聲

此連上一句，這種成相，皆屬修行者，且為有成，故其聲音皆溫柔而不排斥，此類人最適合交友，必能為貴，且能為除疑為建議，遇此不可錯過。

眼睛黑少白多惡

此為陽勝陰，必具侵略個性，容易對他人產生刑害，此類人私心重，最不可與交，是論為惡，若已交往，則不能妨害其利益，如此善相與而無妨害。

眉長眼細足人情

眉毛過眼論長，單眼皮論眼細，非必為眼小，此論重感情，心軟，但必理智，也足為交友。

眼睛若露唇皮反

眼睛若露指凸眼，唇皮反者乃嘴唇厚，具此二相其中之一，皆屬亟心之輩，由此易生災厄。

男憂惡死女憂產

亟心之相，所最易形成者，在於意外之災厄，故若亟心過度，則難為善終，若能不亟心反而消極，則所能有限，無法大用，此皆上句所言亟心之相必然之結果。

若是頭圓須出家

臉部呈圓形之相，大約屬修行者，大都有成，此須之意，在於這種命主之心願皆在濟世，人生為此而來，故言須出家。

單獨此句衍生之意，相應前面所言頭圓似月那句，此指多學識，故能為濟世，由此而論修行有成，然不可逢臉圓者即成定見，必要配合者，為整體容光煥發，慈眉善目，這點須注意。

輪廓飛反多破散

此為耳骨反，為輪廓不護，如國防不固，故易遭侵害，或者奸佞易入，是言多破散，其理本在此。

此須特別注意，並非輪廓飛反者，皆論多破散，若配合財星即鼻子部位，直覺端正油亮，則不論此，這理由在於財星強旺，不懼破敗，此亦為事理，基本上輪廓飛反之相，須兩耳並具方如此論，若僅具一耳，此為耳相全陰陽，反論富貴，不可同論。

此相極少見，逢之者，必知其為修行者，是知此相來自於後天，且必具神異之能，此即陰陽法身之呈相，而其飛反之相，必在其右耳，陰陽全相即如此呈現，山之道所言陰陽法身一旦成就，必明現此相，此能穿梭陰陽法界，於行道之路必有大助。

耳若聳長有輪廓

此為輪廓清楚，且耳朵明顯論長，非必要耳高於眉，有此直覺即是。

衣食自然終不薄

這自然指福報豐隆，不須擔憂經濟，大約能富有，除非後天福報取盡，此必明顯呈現在雙眼凶相，雙眼濁而不清者即是，此須配合此耳相，才能做此論，也就是耳相論吉，眼相論凶，皆論福報取盡，能否挽救，自然在於正確之心態與行善之行為。

上二句，言耳朵所論福報，直指財報，相關經濟，必注意雙眼之凶相，以觀是否取盡。

頭大身小性慳貪

這為明顯感覺，為大頭鬼之取象，為慳貪之輩。

身大頭小多消索

直覺若如此，論無得之輩，必缺智慧，受人擺佈，故言消索，其壽不永，約入世還債，故命運乖張，坎坷荊棘，必多抑鬱，又兼無明，此壽不永之由。

上二句，言頭部比例，直覺不正常，而皆屬無明深執之輩，其中身大頭小者，更可能為愚痴，這點須注意，而愚痴者論永壽，此為相異。

坐要端兮立要直　不直不端無見識

此須自我要求，若得此形相，則知此人能大用。

先笑後語定非良

具此相者，所謂藏刀者即如此，內心必有圖謀。

不言不語人難測

此論寡言寡語，所謂禍從口出，話多事敗，此亟言必守口，他人難以測度，自然不對己身產生刑害。

此四句論言行，一吉一凶，皆在後天之養成，若已成相，必具其應，此為思考衍生重點，若能自我惕勵必有相應，如今此論已不為世人所重，然其應無變，若能重視，必有增益，建議學者積極於此。

面上看來眉不同

雙眉呈相明顯不同，為此句之意，必知非善類，這個判斷前提，在於內心直覺怪異，方可如此論，此直覺必能準確，為內心之相應，此為觀相之神機，絕不可忽略。

一上一下形如蟲

此論其眉形給人之感覺非常不順眼，此由內心所生之直覺以作判斷。

如此之人若與交

此連上一句，專指其意，知必為其所害。

六親中人亦不中

此連上一句，如具此相者為六親之中，也最好保持距離，否則所受之害更重。

以上四句，論眉所生惡相，人之善惡，發之內心，藏之於神識，明顯表現者，即在其雙眉。

仔細看之須尋古

此論細觀面相，所明顯感受之順眼部位，即所謂之尋古，此必其獨特之處，為其特殊能力，欲用人者，須能明此。

但看金木水火土

此必連上一句，五行各自代表五官部位該尋古之處，金為左耳，論所剩下之福報，木為右耳，論此人積德行善之行為，水為嘴形，論此人口才，火為雙眼，論此人智慧，土為鼻，論此人之計劃能力。

相刑相剋定取形

此連上一句，論尋古部位，非論各部位相互間之刑剋，而是內心直覺明顯不順眼者，其中定取形之意，在此刑剋部位，必為此人嚴重之缺點。

若也相生須得地

此連上一句，相生為內心直覺順眼，須得地之意，為不論何時看皆有此感覺，必為此人最大之優點。

以上四句，專言個人特色，為優缺點，皆屬直覺判斷，必相信直覺，此為觀相由心之要義，學者不可忽略，若能積極做驗證，必有更進一步之體會。

人中斜曲非善終

人中斜曲曰心不正，此既已成相，論果已定，故其終不善，如為意外傷害導致，自然不如此論，此觀相之時，特別感覺人中明顯斜曲方如此論，似此皆為惡徒，必要知所防範，不可與交。

單論人中者為此句，此人中亦相關人體生殖器言，須知男女同論，若有異樣，皆相應於此部位，三天內發生剋應，這取象於斜曲必論惡徒，在於影響人之繁衍，是知人中斜曲，必難生子嗣，這點先注意。

上唇飛反多辛苦

上唇飛反之意，為上嘴唇明顯大過下嘴唇，外界嘴唇以船象之，此即為翻船之象，所得無存，故知多辛苦，基本上皆為人作嫁，己身無得。

此與唇皮反之亟心之相，其實相近，差別在己身難得，論更凶之相。

兩眼高低若不同

此自然為明顯感覺，直覺兩眼位置高低相異，其性必有扭曲。

父母必定無關懷

這必連上一句，指有其相者與雙親無緣，必渴望父母之愛，故性格易扭曲。

兩眼大小若相異　家財祖業多離散

這也是明顯感覺，大小有所不同，心性必屬投機，福報必然取盡，故必有經濟問題。

此前三句，論雙眼高低大小所生之差異，皆論不正常，皆屬內心之深執所呈相，以雙眼為神識，論智慧，既不正常，則思考模式有違常規，論父母與祖業者，乃相關雙眼離火之象，論生命之源，故如此，故下一句為【家財祖業多離散】，是知為明顯因果。

更須看眼與單重

單重之分，為單眼皮與雙眼皮。

重眼必為桃花開

此自然接上一句，雙眼皮者論桃花旺盛，但非指人際關係，屬感情較紛亂，難有主張，這方面執念深入，必生猶疑。

單眼求得心自在　感情之事不亂來

此指單眼皮者，對於感情之事，其心較能穩定，也比較不執著，以感情最易燒灼內心，不受此刑害，故言心自在。

上三句所論，由眼皮之單重論感情，此非內心直覺判斷，只要具此成相即是，以雙眼為神識所居，必論智慧，如雙眼皮，論眼大神散，故容易無明，其象在此，單眼皮反之，能除無明，故接下句【感情之事不亂來】，此能節制之故，為智慧之表現，只要論眼皆直指智慧，這點要能理解，而必能記憶。

南人似北多富貴

南人屬火為離卦，並非指居住南方之人，而是直指火形人，此為八字原局火論最旺即是，似北之意為肥胖，具此相多富貴，此成既濟，是為定，全艮象，故論富貴，此直覺豐腴而面相嚴肅即能直斷，基本上此類人必為修道者，且必能有成。

北人似南只有名

北人屬水為坎卦，直論水形人，為八字原局水旺即是，論似南，其意不和善，此雖有智，然其心無修，故成此相，故僅具虛名，難言富貴，此直覺面貌姣好，然不和善者即是。

有背自然能負荷

此如虎背，感覺厚實之意，具此相者必善於承擔，所謀可託付，為土形信實之輩。

此三句所論，指五行形象之特性，一則言貴，一則論虛名，一則為信實，皆具此以為直斷，其餘金木二類較具變化不能直斷，故不論。

學堂學館廣中親

學堂學廣皆在額部，直覺寬廣無紋路，且必感覺順眼。

何須眉目定其貴

此連上一句，既具其相，必有富貴，不須再看眉目，然若雙眼為明顯凶相，必有特別影響，雖仍能言富貴，然必有破敗之處，以雙眼凶相皆論取盡，故破敗之處必在錢財，此亦可為直斷，故能言富貴不永，甚至影響壽命，或帶惡疾，故遇此相必兼論眼是否取盡。

先看骨兮又看肉

此觀面相，須注意骨肉特別感覺突出之處，必為明顯個性。

骨肉兩般事更別

此為骨頭特別顯著，似覺無肉，這種所論之個性，必然更加強烈，若違逆其個性，其反應必非常人所能理會。

此上二句，言極端個性，必有常人難理會之處，絕對為深執之輩，且必具侵略性，必有極端。

清必貴兮濁難貴

整體令人感覺順眼，必屬貴相，若覺不順眼，自然反之，此所謂必屬貴相，是能為貴人之意，並非直指其富貴，此為因緣之合，故有此直覺，這點不可搞混，此善惡之人於己未必為善惡，全在因緣之內而存在之善惡，此理外界不言，然為觀相之所重，學者必能理解。

濁中藏清方始貴

如觀此人直覺不順眼，然之後有越來越順眼之感覺，此為產生良好因緣，必能成為貴人，此為方始貴之意。

上二句明言貴人辨識之法，必初觀感覺順眼者，或者漸覺順眼者，方為真正之貴人。

若還認得濁中清　必能食祿居官位

此為觀面相中，有特別引人注目之處，此為濁中清之意，不論此部位在何處，皆能論貴格，必有特殊才能，必能揚名，此須注意令人注目之意，未必然為順眼，然觀面相之整體感覺須要順眼，才可如此論，如下一句之意，乃【必能食祿居官位】，直論富貴。

清怕虛兼濁怕實

初觀此人，但覺順眼，但心中似警覺怪異，若覺不順，心中又起警覺，此即清怕虛濁怕實，此必非為貴，且可能造成刑傷，故言怕字。

更怕眉尾麄是一

此連上一句，若此人眉尾雜亂，則必對自己產生刑傷，不僅要防，且必要遠之。

此二句，專言如何判斷可能對自己產生刑傷者，此重在內心所產生之警訊，此必能精準，遇之不可猶豫。

又云面圓人亦好

如觀此人為圓臉，內心感覺順眼，對自己亦充滿善意，此須能自我警覺，須辨小人之害。

更審聲音語須小

此必連上一句，如其人言語，意義隱晦，聲音不宏亮，如同不明朗。

如此之人若與交　面前背後必難料

上二句所言，屬偽君子之判斷，必圓臉者，僅圓臉方可直斷，故其下連二句，為【如此之人若與交】。

面前背後心難料】，此重在自我警覺，逢人之善，必要能省視本身之條件，以事理揆之，明白其由，自能知其真切，以防小人之害。

大凡相法識根源

總之真正之相法，必由心以觀之，講究者為直覺，此方為根源，為觀相之本。

五行變化接連分

此取象由形，重要因果事理之推衍，此在於悟，仍是由心，而得其真切，接連分者，為因果推衍也。

此二句，總言觀相心法，即在【觀相由心。取象由形】，必由心之直覺以斷，這點外界不言，蓋受魔道之惑，著於獨相，故亦難信直覺，由此相術不揚，而終為支離。

相剋相刑多破敗

此自以直覺而論，直覺不順眼，自然相刑，由此因果衍生，而多所破敗，故知必防此類人。

忽若相生富有年

此除了直覺順眼，也包括由不順眼轉成順眼，故言忽若，此彼此能為貴，能互為增益。

上二句，再言貴人分辨之法，蓋人生之際遇，必相關一生之成就，如何分辨貴人，自為人生經營之重點，此相法妙訣所論盡在於此，必能為實際運用，此法必能利己，也能利他，實願有緣能得識者皆能為廣傳，必屬功德之舉。

第二節、《由心觀相之法主要學習方式之申論與實際運用之分析》

觀相之要義，在於解讀心之反應，而心之反應，必為思考推衍，若思考甚速如一瞬間，即是直覺，此必由長期經驗之累積方能產生，而此種學習方式，即是在於訓練思考反應。

人心之思考可謂從不間斷，或為繁雜，也可專一，然不停歇，也可謂思考反應一直在於練習之中，而其重是否為此心之所執，此謂執念，則心於此執念之反應變化必然熟悉而易生直覺，此曰熟能生巧。

故由此心之特性，以做習相之功夫，自須令面相之術能於此心深執，而行思考訓練，而能絲毫不間斷，如此必能熟悉而具直覺，也就是根據習相之目的強化此心念，並由所得之成果衍生之成就而成深執之心念，如此必能時時學習不懈怠而終能成。

言五術之道，專為濟世利民，非為謀己私利，習聖賢之所為，為脫離人生之輪迴，藉此執化他執，而令此心專一，此即定心之法，再進一步更化此執，如此心中方無執而能為靜，而無念頭，而解束縛，故能自由，分析到這邊，可知執與不執之道理，只能藉執以化執，故知五術聖賢之功，此成聖成賢之道，即為圓滿因果脫離輪迴之要方。

此藉由強化面相之術之心中執念以成就此面相之術，而論執心之理與圓因果之方，學者必要理解，而能擇善以固執，成就此業並圓滿此業，細心以思考必有所體會，而能確定人之所為，真正正確之方向，絕對在於濟世利民。

五行觀相術第六回主旨：【仙佛直傳本章無為持誦指明】

第一節、《太清神鑑綜合雜說之詳述申論與實用研究理解其中之真義》

這些學術包含二儀相應、四瀆、五官六府並雜說、三輔學堂、五行之於五臟所生出，大約專注於外相之衍生分析，同樣取其形而為心之反應，這種相類似之看法甚多，學者多做研究比較，必有進一步之體會。

易道所言【直方大。不習无不利者】即此也，這學術之內容多為通俗，學者自行研究即能理解，重點在積極作經驗上之驗證，持久必有所得，以下為這些學術之完整內容。

二儀相應

肅肅出天赫赫發乎地。兩者交通已成和。而萬物生焉。此乾坤二儀之應也。故能富萬物盛德。大業無所不至矣。且人之二儀者亦有像焉。以頭為天以頦為地。又以天庭像天。地角像地。此兩位欲得豐滿相朝。上下相應。故亦能富貴福祿矣。

四瀆

地之四瀆者。所以相朝以接其流通。人之形貌亦有像焉。且鼻為濟。目為淮。耳為江。口為河。故四瀆欲得端直。清大。明淨。流暢。涯岸成就者。則應於神。故貴而多智也。

五官

五官者。目為鑒察官。鼻為審辨官。口為出納官。耳為採聽官。眉為保壽官。五者欲得清而秀。豐而隆。或五官皆吉則貴。任一官為缺陷醜惡者凶。

三輔學堂

上輔學堂者。身自天中至印。左右橫列十位謂之二分部。光潤全起成就。平如徑寸主大貴。出將入相官至二品。更若中輔全者。位極人臣一品之職。上輔有一部缺陷。仍以中下輔參之。此而不成就。止主參領權務出納。主命官至二品。或中下全陷無部應得。主給承郎武侯。更東西嶽起。地角高額相應之時節戟方面。或中輔更一分應之。必為真宰之位。當榮極旺二十年。早遂中限當秉生殺。若下輔二分應者。亦無缺陷當主大權。燃下輔主繁冗之職。即不能久居相府。當鎮方郡必建旌旗。若下二分與上輔全備即使相矣。若上合一分中輔一分全者。亦主內制清要之位。或只相部合一分五鼇。餘別無應形足兎清。必給評御史之職。更中輔五鼇應之。必殊常緊要之位。才名挺動四方。中輔二分全者應為成就。主卿監丞相兵將之權。或東西嶽起地角朝厚。武官主侯伯之封。中上三分全好者。大權一為皆少通無滯。一為旺二十年。所謂蘭膏成就學堂寬博真貴人也。若學堂或圓或方。五分俱起統攝萬邦。助國王侯伯之相。以上若一位枯乾惡色亂紋痕壓。皆為破陷。雖郡城職位。多滯迍邅也。

中輔學堂者。自山根下至準上。兩眼正口并額骨六位。謂之一分位。若位豐隆或若紅紫色光澤無斷紋痕翳靨黑痣。主都察臺閣清資。不然兵刑之位。一生少滯無災有聲名。更下輔一家全應。必為四品蔭深正郎之職。若下輔二分全與中輔俱好。即三公尚書侍郎。不入兩府有威。權重名動朝野。武臣則建節方外將帥之權。其下輔成其中輔。有五鼇不成就。亦主卿監四品官。若中輔全就而龍虎外起。並主三品之位。如形神端靜部位相稱。骨氣清秀頭角深長高入髮際。主給諫清要之職。其氣昏濁部位不明疵瘢黑痣是謂缺陷有破。乃一生少權無聲多滯。官職歇滅。凡相人宜細詳消息則不失矣。

下輔學堂者。自玄壁下至頤頷四位。謂之二分位。二位豐滿明澤光潤而全成就者。主卿監正郎兵將藩府繁劇要務之任。如武臣則防團刺史守邊之職。如二分俱備只左右破陷四鼇者。可取準頭應之。若中輔兼得二鼇光潤平滿。亦可位至員郎。或上輔兩三部中相應合成一分七鼇者。主正郎聲望清顯。其上中下三輔合得八鼇者。文主令錄幕府之官。武當借職班行之位。若三兩處每處二三鼇合成一分者。雖無官職亦主衣食自足。若上部一分學堂員郎之位。二分學堂兩眉分制。或中下學堂應之。則將相資財職。上部學堂二分共三分者。不入兩府主兵將之權。共得四分者出將入相。五分全就者。總攝四方貴不可言也。上左右十位二分。中六位一分。下四位二分。都計五分此也。

六府

兩目上為二府。兩輔角為四府。兩顴骨為六府。六府者欲得平滿光而瑩。若六府均吉則富貴。若任一府為缺陷瘢疵或惡痣者。必應部位所象之凶。

大貴之相有三。曰聲曰神曰氣。蓋聲清則神清。神清則氣清。驗此三者。其形骨次之。是以古者方伎之妙。有聞人之聲韻而知其必貴者。得之於神也。有察人之喜怒操守而知其必貴者。得之於氣也。故聲欲響潤而長。神欲精粹而藏。氣欲舒緩而靜。反此者不貴也。若夫有聲而有神然而氣不應。則其富貴必遲。若為氣怯有神而聲破。則其官貴不遠。有氣有神而聲慢則無富貴。故知其聲乃富貴之準。最忌慢也。而慢之意為無聲之意。音量太小。為無信心之人。故不言富貴。此三者幽而難明。玄而難測。惟意所解。口莫能宣也。

形體身骨相之根本也。氣色相之枝葉也。根本固則枝葉繁。根本枯則枝葉謝。論相所以先究形體身骨而後氣色也。夫氣舒則色暢。氣恬色定靜。氣若通暢色必光潤華明。此為氣色之善。氣偏則色焦。氣滯則色枯。氣蔽則憔悴暗黑見於色。此皆氣色之凶也。若夫形如枯木。心如死灰。淡然不與世俱。此又至人之相。不可以氣而論也。

五臟所出

此見五臟之病徵。肝出為眼。又主筋脉爪甲。心出為舌。必主血氣毛髮。可由舌觀氣血。肺出為鼻。又主皮膚喘息。脾出為唇。又主肉。腎出為耳。又主骨齒也。

五行相剋歌

耳大唇薄水剋火。衣食貧寒空有智。唇大耳薄亦如然。此相之人終不貴。鼻大眼小金剋木。一世貧寒受孤獨。眼大鼻小難為咸。雖有資財壽命促。舌小耳大水剋火。妄心孤獨區人我。耳小舌大亦不仁。妄心貪求多災禍。舌大鼻小火剋金。錢財方盛禍來侵。鼻大舌小祿不足。

壽長無子送郊林。眼大唇小無智慧。相此之人終不富。唇大眼小貴難求。到老貧寒死無墓。

身坐金章朝省堂。

五行相生歌

耳有垂珠鼻有梁。金水相生主大昌。眼明耳好多神氣。若不為官富更強。口方鼻直人須貴。金土相生紫綬郎。唇方眼黑木生火。為人志氣多財糧。舌長唇厚火生土。此人有福中年昌。眼長眉秀真學識。

五行所生

木為仁。主英華茂秀定亨否也。
火為禮。主勢威猛烈定剛柔也。
金為義。主誅伐刑法定壽夭也。
水為智。主聰慧明敏定知蒙也。
土為信。主德載萬物定貧富也。

以上所申論之各學術，均能由持誦而為熟悉，故得而實際運用，此為進一步之觀相術，仔細比較驗證必有所得，必賴學者積極，以行反復。學習之道無他，須能為親，此即成為興趣，如此方能長久，方能真正行之積極，此易道坤卦之理，善培能者也。

第二節、《太清神鑑說歌之介紹與真義申論》

此亦為神仙之傳，亦屬觀相之總結，恰與神祕論可互為配合，同樣七言一句，也適合持誦，其內容相較之下，專重五行氣之變化而為心之感覺，以下為完整之內容，學者先自行體悟。

道為貌兮天與形。默授陰陽稟性情。陰陽之氣天地真。化出塵寰幾樣人。五嶽四瀆皆有神。金木水火土為兮。君須識取造化理。相逢始可論人倫。貴人骨格定奇異。看之乃為神仙鄰。若非古怪即清秀。若非端正即停勻。骨格灑落松上鶴。頭角挺特真麒麟。森森修竹鎖流水。峨峨怪石收閒雲。崑山片玉已琢出。南海明珠光照室。夭桃繁杏媚春華。可憐容易摧風日。坐中初看似昂藏。熟視稍覺無晶光。語言泛泛失倫序。舉動碌碌多倉忙。若人賦得此形相。薄祿為官不久長。坐中初見似塵俗。熟視稍覺多清涼。議論琅琅悉可聽。容止悠悠而細長。若人賦得此形相。高名美譽攬金章。

更看面部何氣色。數中惟有火多殃。青多憂饒黑多病。白多破財黃乃昌。湛然沉靜無瑕翳。青雲萬里看翺翔。富貴貧賤生處定。但把形神來取正。一部吉兮吉必生。一部凶兮凶必應。部位吉凶各有主。存神定意詳觀聽。妙理不過於五行。當究五行之正性。木瘦金方乃常談。水圓土厚何須競。不露不麁不枯槁。三停大體求相稱。火形有祿終須破。奔走貧寒多阻挫。雖因神秀暫榮華。四十之上亦難過。其餘相法固非一。天收地歛終無失。氣和神定最有常。骨聳額寬根本實。腰背端如萬斛舟。瞻視盼顧如星斗。肉隱骨中骨隱體。色隱神中神隱眸。若人賦得此形相。定知不是尋常流。氣宇汪洋有容物。智量深遠多權謀。動作令人不可料。時通亦自為公侯。易喜易怒屬淺薄。易驕易滿屬輕浮。淺薄輕浮神不定。一生自是常常憂。

欲知富貴何所致。馬面牛頭聳鼻樑。有聲有韻骨格清。有頤有面含神光。欲知貧者何所兮。面帶塵埃眼目昏。出語三言不辨兩。凹胸削背仍高臀。赤脉縱橫貫雙眼。殺人偷盜身無存。人生具體皆相同。貴賤相近有西東。沖和而上主清輕。認其清者宜高崇。滯伏而下主重濁。認其濁者皆凡庸。清濁一分知貴賤。貴賤不離清濁中。大道無形故無相。此理元來本至公。人能移惡歸諸善。自然可以消災凶。人能安分委天命。自然可以濟窮通。予作此詩真有理。寄言賢者莫匆匆。

由以上之內容以思考運用之法，學者必知亦無他法，仍在積極持誦而已，神仙作此七言詩歌其用意在此，綜合前面課堂之所言，由觀相陰陽之法，於心於外在形象之吉凶取象呈現，多有神仙以及聖賢所傳之法大都以詩歌呈現，以利學者之實習，這些均須積極持誦以行入心。

依照課堂所介紹之順序，將這些詩歌整理羅列，而能每天至少複誦一次，日積月累根基日深，於面相之道自能有成，持誦建議於第七節再提供，習相之法就是在此，此理已明不再申辯，還望學者積極成就面相之術。

第三節、《面相入門必要持誦之經文綜合整理與最佳排序提供此為如實習相之法精進之妙訣》

入心之法，在日日持誦，乃無為而為，學者能持恆，必得見玄，故提供學者須日日持誦之經文以為功課，此為學習面相之捷徑，學者有志，必要乾乾，依以下所排列之順序日日反復由心默念。

相辨微芒

大道無形無執著。揣摩簡練出其下。有時或在方寸間。有時或在郛廓外。
空空洞洞本來真。彷彷彿彿難測度。消息只此箇中存。東周叔服豈欺我。

五行形相

木瘦金方水主肥。土形敦厚背如龜。上尖下闊名為火。五行所生往前推。
木人多青火人紅。土黃水黑是真容。只有金形是帶白。五般顏色不相同。
青主憂兮白主喪。黑主重病及官方。若還進職并添喜。看取新黃滿面光。

純陽相法

閱人先欲辨五形。次察陰陽精氣神。三停八卦求相稱。五嶽四瀆定高深。
語默動靜身須識。吉凶悔吝色當明。行年為主運限決。相逐心生相術真。

麻衣五形

人稟天地之氣而有五行之類也。故木形者。聳而瘦。挺而直。長而露節。頭隆而額聳也。或肉重而肥。腰偏而背薄。非木之善。金形者。小而堅。方而正。形短不為之不足。肉堅不為之有餘也。水形短而浮。闊而厚。則俯然而流也。土形者。敦而厚重。而實背隆腰。厚其形似龜也。火形者。上尖而下闊。上輕而下重。性躁急而炎炎也。故五形欲得相生無剋。如木形之人。木之聲高而喨。其性仁而靜。相之善也。其或五形相剋。聲音相反。為刑重災禍之人也。

說歌

道為貌兮天與形。默授陰陽稟性情。陰陽之氣天地真。化出塵寰幾樣人。五嶽四瀆皆有神。金木水火土為分。君須識取造化理。相逢始可論人倫。貴人骨格定奇異。看之乃為神仙鄰。若非古恠即清秀。若非端正即停勻。骨格灑落松上鶴。頭角挺特真麒麟。森森修竹鎖流水。峨峨恠石收閒雲。崑山片玉已琢出。南海明珠光照室。夭桃繁杏媚春華。可憐容易摧風日。坐中初看似昂藏。熟視稍覺無晶光。語言泛泛失倫序。舉動碌碌多倉忙。若人賦得此形相。薄祿為官不久長。坐中初見似塵俗。熟視稍覺多清涼。議論琅琅悉可聽。容止悠悠而細長。若人賦得此形相。高名美譽攬金章。更看面部何氣色。數中惟有火多殃。青多憂饒黑多病。白多破財黃乃昌。湛然沉靜無瑕翳。青雲萬里看翱翔。富貴貧賤生處定。但把形神來取正。一部吉兮吉必生。一部凶兮凶必應。部位吉凶各有主。存神定意詳觀聽。妙理不過於五行。當究五行之正性。木瘦金方乃常談。水圓土厚何須競。不露不麄不枯槁。三停大體求相稱。火形有祿終須破。奔走貧寒多阻挫。雖因神秀暫榮華。四十之上亦難過。其餘相法固非一。天收地歛終無失。氣和神定最有常。骨聳額寬根本實。腰背端如萬斛舟。瞻視盼顧如星斗。肉隱骨中骨隱體。色隱神中神隱眸。若人賦得此形相。定知不是尋常流。氣宇汪洋有容物。智量深遠多權謀。動作令人不可料。時通亦自為公侯。易喜易怒屬淺薄。易驕易滿屬輕浮。淺薄輕浮神不定。一生自是常常憂。欲知富貴何所致。馬面牛頭聳鼻樑。有聲有韻骨格清。有頤有面含神光。欲知貧者何所分。

面帶塵埃眼目昏。出語三言不辨兩。凹胸削背仍高臀。赤脉縱橫貫雙眼。殺人偷盜身無存。人生具體皆相同。貴賤相近有西東。沖和而上主清輕。認其清者宜高崇。滯伏而下主重濁。認其濁者皆凡庸。清濁一分知貴賤。貴賤不離清濁中。大道無形故無相。此理元來本至公。人能移惡歸諸善。自然可以消災凶。人能安分委天命。自然可以濟窮通。予作此詩真有理。寄言賢者莫匆匆。

神秘論

人之所稟在精神。以火為神水為精。火本藏心心為志。精備而後神方生。神生而後形方備。形備而後色方明。是知色隨形所生。氣乃逐聲各有形。有形不如有骨。有骨不如有神。有神爭如有氣。神之得氣旺於春。大都神氣賦於人。神氣若油人若燈。神安自然精可實。油清然後燈方明。夜宿此心如寂寂。日居於眼覺惺惺。有時又有清中濁。有時又有濁中清。更兼風韻細數藏。坐久凝然力轉強。如此之人堪立事。輕浮淺薄便尋常。其次更看形與骨。骨細皮膚軟而滑。要觀生就與未就。旋有旋生終可久。或然未好已先盈。花未開而實已生。老人不欲似後生。老者應須要老成。男子不欲帶女相。女人不欲似男形。陰反為陽夫早死。老懷嫩色壽星傾。丈夫女子兩般評。女要柔兮男要剛。女人屬陰本要靜。未言先笑定非良。良人有威而少媚。娼婦有媚而少威。令人一見便生侮。所以居身在至微。木要瘦兮金要方。水肥土厚火尖長。形體相生最為吉。若然相剋定為殃。金得金剛毅深。木得木資財足。水得水才學貴。火得火威武播。土得土多倉庫。金不金反沉吟。木不木多孤獨。水不水多官鬼。火不火多凶禍。土不土多辛苦。只於形體本先瘦。次後初肥最為要。若然始瘦又枯乾。木帶金兮災愈繁。一如形體本方正。次後背隆最為應。若然始方却又尖。金見火兮實為災。初中最好末生災。腰臀都小步不開。初中不好末主好。腹肚初生懸壁倒。有臀有背能負荷。無背無臀空老大。看前雖好未為好。看後須好好到老。馬上大兮馬下小。更兼藏韻與藏神。八座三台官豈小。有財之人面似方。有土之人多在背。其在清資併極貴。面似月兮身似貝，有時舉眼隨身起。有時接語和身轉。近觀有媚遠無威。久視方明初似晦。更有一法何所謂。只有鋒鋩始為貴。器宇瀟灑風韻美。如此之人豈常類。信知顴骨有四般。入耳無邊壽數寬。插上天倉須兩府。髮鬢之下當守土。清奇古怪秀異端。七者為身亦合論。清而無神謂之寒。奇而無神安有官。古若無神謂之俗。怪若無神乃主辱。秀而無神謂之薄。異若無神多削弱。端而無神謂之麄。七者有神為眾殊。遠視之人心必遠。視高之人心必高。視平之人心必善。下斜偷視主凶豪。眼睛若露終凶死。精神矍鑠亦徒勞。須知眉平眼又平。必然為道又為僧。紫衣師號如何得。伏犀骨肉頂中生。眉眼多生神殺現。縱為僧道不成名。少年得第踏青雲。眉目分明氣骨清。眉目分明氣骨俗。只有文章豈有名。更有一般行尸肉。須看肩高與頭縮。要知南人面似北。身大而肥有水色。欲知北體似南人。體厚形小氣薄清。南人似北終須富。北人似南終享榮。富人不過厚其形。貴者當論骨與神。貴在於眼富在耳。貴人同富誤於人。不貴似貴終須貴。不貧似貧終須貧。貧中得貴因何識。看取驛馬先生骨。富中反賤又何分。胸高骨寒神太昏。借問相中何取壽。認取聲名骨又秀。若或氣短骨又露。四十之前壽必故。耳要白兮口要紅。眉清目秀鼻如筒。更兼六府相朝揖。富貴一生到老終。鼻梁深兮山根折。少哭尊親并骨血。弟兄無一眉麄短。耳無輪廓主無兒。更有一法須要識。結喉露齒主妨妻。大凡須看氣與色。色浮皮外氣居皮。來時如爾去牽絲。去似馬尾將欲撒。為福定隨日影去。為灾直須終日聚。不拘青黑與紅黃。但認發之在何處。若能依部以看之。足知為善與為悲。稱意之人何所識。看取三光并五澤。若還諸事不如心。其位自然皆暗黑。形滯之人行步重。神滯之人聲必硬。色滯之人面塵埃。飛禽走獸有數般。莫將禽向獸中看。瘦長但向禽中取。肥短之人以獸觀。似虎之人取其項。似犀之人取其背。鳳要眼長鶴身削。似禽不嫌身瘦小。似瘦若肥最為要。禽肥必定不能飛。獸若瘦兮安能走。吁嗟流俗不知因。要知飛走取其形。若入正形須大貴。依稀相似出羣人。日角龍文雖謂奇。所謂不吉仍可為。三尖五露不入相。所為若善福相隨。若不以心而論相。是將人事逆天時。若還人心相應相。相逐心生信有之。大凡微妙不難識。要在心通與眼力。但將此論細推之。長短於中無不得。

相法妙訣

相人形貌有多般。須辨三停端不端。五嶽四瀆要相應。或長或短不需論。額要潤兮鼻更直。口分四字多衣食。頭圓似月照天庭。眉目彎彎多學識。眉頭昂而性必剛。縱理重重入天倉。下視之人多毒害。羊睛四白定孤孀。鼻星屈曲多孤獨。項短結喉神不足。男具女相女如男。陰陽不正非吉相。此生必然多刑剋。大約感情無所適。自然孤獨多抑鬱。眼濁無神多淫慾。若兼赤縷凶禍至。眼小或眇有精神。更觀黑白須分明。遠視有威近秀媚。披緇學道好音聲。眼睛黑少白多惡。眉長眼細足人情。眼睛若露唇皮反。男憂惡死女憂產。若是頭圓須出家。輪廓飛反多破散。耳若聳長有輪廓。衣食自然終不薄。頭大身小性慳貪。身大頭小多消索。坐要端兮立要直。不直不端無見識。先笑後語定非良。不言不語人難測。面上看來眉不同。一上一下形如蟲。如此之人若與交。六親中人亦不中。仔細看之須尋古。但看金木水火土。相刑相剋定取形。若也相生須得地。人中斜曲非善終。上唇飛反多辛苦。兩眼高低若不同。父母必定無關懷。兩眼大小若相異。家財祖業多離散。更須看眼與單重。重眼必為桃花開。單眼求得心自在。感情之事不亂來。南人似北多富貴。北人似南只有名。有背自然能負荷。學堂學館廣中親。何須眉目定其貴。先看骨兮又看肉。骨肉兩般事更別。清必貴兮濁難貴。濁中藏清方始貴。若還認得濁中清。必能食祿居官位。清怕虛兼濁怕實。更怕眉尾麄是一。又云面圓人亦好。更審聲音語須小。如此之人若與交。面前背後心難料。大凡相法識根源。五行變化接連分。相剋相刑多破敗。

忽若相生富有年。

以上為必要持誦之內容，學者須自我要求，日日持誦不間斷，而到完全熟悉入心為止，只要能持誦超過四十九天，必能有所體會，再配合積極驗證，則更有小成，若能經年累月不懈怠，必終成就面相之道，願學者皆能積極，而能依此道利益眾生，以圓滿自己之人生，大丈夫之所為真實如是，人生目的在此。

五行陰陽相正義與世俗導正之大道指明

風水一說，乃深執人心，其求福與申禍之道，於今魔惑厲厲，已難為申辯，世人執機巧，捨踏實，故為外道所循利，而扭曲陰陽相之濟世真義。

世俗以為，建風水以益人生，為自然之善法，而崇仰其間，強信其玄道，而忽視其正理與因果之究竟，故習風水以為業者，因之而獲大利，此立之以無明，循機巧，惑其心，已不知其必，言不證其孚，道不建其正，心不引其善，由此而獲諸利，此心何能安住？當自掘地獄之門。

學者習相，不以五行正心，而從外道之邪論，乃道性自毀，魔性自立，待福有盡，必終自報矣。

風水正義，必應幽冥之報，為善有吉，為惡有災，乃證善惡之報以鼓勵人心，唯此而已，循機弄巧以得其福，不在仙佛教化，乃天魔依人性以誘之，乃佈無明之大計，應無明劫者，世人之十有九，是極廣眾，故仙佛收圓甚為艱難，以人心多無明也。

今導正陰陽相，以除世俗之弊，學者知明，以辨是非可也，以行導正盡外邪，則稱為功也，乃實助道，學者必乾乾也。

五行陰陽相第一回主旨：【定心以除煞萬法由心造】

第一節、《心之作用必呈現者為相之道之詳述申論》

五行陰陽相所呈現者，言風水之剋應吉凶，此道流傳既久，所得驗證無數，故世人執之以具信，而本於相之道由心，故其應也如實，然末世既啟，陰陽一道已生變異，幽冥受命不應，皆全心於靈子收圓之聖業，故本課程直接申論相之道原理，而於風水學術所引申之吉凶剋應則無論，學者由此明理而知正，能不惑於外道，且不執於風水剋應，以之行道，乃得其當矣。

末世外道衍尚，正道不彰，而迎合人心之所向，風水之論更形邪曲支離，諸多五術工作者見執名利，乃趨之若鶩，是未明因果者也，此障業所由，魔性所衍，必刑德以傷道性也，收圓聖業既啟，仙佛以道性為選子，學者既明，當知申戒，五術行道，盡在濟世，不著名利，不執得失，即君子之道行正也。

五術全功盡在易，而本道脈之「易道乾坤八法」，即為殷實徑路，學者習相之道，必執之乾乾也，九天玄冥道即行佈道，為有緣者闡明世間真相，以正人生大志，為志於行道者立五術之根基，以全行道聖業，此為佈道之旨，藉諸學者以傳有緣，乃成助道之功，是為學者之善機也，如實以之，則南方琉璃法界眾仙佛接引，當得善處也。

相由心生，仍由心滅，此相之道之本，是知有心方論相，此有心即為機變，是為神機，凝時起卦之理也在此，由相之道所言，為陰陽宅相與體相，其形成之理雖在五行，然相應於人體，則在于內心陰虛五行之力。

蓋人體實為一太極，太極為一穩定之循環，此穩定狀態並不因外界環境而改變，能為變化者，必由內而外，不由此，則需破壞此太極之表面，此論身體之榮衛，乃醫之道之論，而既言風水體相，自不屬榮衛，而知由內發生以生影響，此自然為心之力量，論陰虛之力，由此知相由心生，是知無心則無相，此相即滅。

然以環境五行之力，此論風水，相應於人心論為主動，非此心無視即不受影響，此理乃妄動之氣必牽引體內之氣跟著妄動，然身體這個太極仍為平衡，無所發生，但此心已動，故由持恆累積，此陰虛之力化實，如此而發生，此風水形成之理，是知無謂好風水，蓋皆能破壞身體這個穩定之太極，外界所言好風水者，僅能在陰宅，此為先人所產生與陽世子孫之感應，這往後再論。

由風水形成之理，可知在於此心自動之發生，如此要能避免，唯有定心功夫，此即修道，此即養性，或為行善積德助人兼利他，此積福報之舉，必由此定心，此真實除煞之法，定心以除煞，萬法由心造，所言者其重在此。

第二節、《相之道主要學術在於風水與面相之申論介紹》

五術中之相之道，主要為陰陽宅相與人之體相這二大類，其中陰陽宅相，即外界所言之風水，而人之體相主要則在面相，本課程以陰陽宅相之陽宅與體相中之面相為主要之申論重點，其餘不論，這二種學術於相之道最為實用，且為主要基礎，由此培養學者對於陽宅與面相完整且正確之學術觀念，而能做實際的運用，更藉以引善他人，行道天下。

真正的陽宅風水，主要在五行氣之變化，任何五行氣之偏勝，均足以影響此陽宅之吉凶，進而影響人之吉凶，外界所論，均為分析五行氣之變化而衍生之學術，且均為單一狀態之分析，而非綜合所有狀態之五行判斷，因此必屬偏執而生錯誤，而要綜合所有狀態，也並非所有學術之套用即能做正確的分辨，這是外界不可能解決之問題，此知唯有卜易，方能得正。

陽宅五行氣之變化，隨著時間不停地進行運作以求平衡，此為五行之理，時間為日辰、月令、太歲而產生的變化，蓋此日辰、月令、太歲所代表的陰虛五行力量，為當下時空環境之主宰力量，有其絕對之影響性，故要確定陽宅五行氣之真正變化，必然要考慮日辰月令太歲之作用，既如此，依固定之學術所衡量出之五行氣變化，如何能判斷吉凶？

由此可知，關鍵在於陽宅五行氣之判斷，在未能判斷陽宅五行氣之前所作的任何佈局，均可能造成不必要的錯誤，分析到這邊，學者就能理解大多數地理師之錯誤，而該如何確定陽宅五行氣之運轉規律，真正絕無他法，必要藉卜筮才可能正確判斷，自古以來均為此法，只是早已失傳，就算是陰宅、山脈龍穴之斷定，也必由此法以做確定。

第三節、《外界所言陽宅制煞與佈局之真實是非申論與辨正》

外界所言制煞，論除災，而所謂佈局，多屬招福，此屬陽宅堪輿重點工作，學者所為多為此，已屬常態，幾成習俗，深入人心，若學者所為不在制煞佈局，必不受他人信任，君子為群小，此為現實無奈，正道之衰在此。

真實以道理言，此制煞佈局目的豈能為正？欲除災需要除執化業，而真能招福者，唯有利他行善，此理本無改，以此所為，必然妄造因果，徒生業障，此為制煞佈局之真正結果，必損學者之福。

然而以陽宅出現明顯煞氣，不以制煞又該如何，首先須明白，各種外在固定形煞，其實無法可制，以制煞而言，要能化煞，則需洩此偏勝五行力量才作得到，行者，動之意，動即變，變為無常，無常之意，沒有定法，必生變化，無法捉摸，故欲化煞，無法可用，是言做不到，故不能言化煞，那是否能擋？其實以五行為動即知不可能，還不如由鋼筋水泥遮蔽之有效。

因此出現這種煞氣並無法解決，只能依賴定心，要定心須先安心，如此煞氣不能累積化實，如同解此煞氣，然而以煞氣主要令此心妄動，既具煞氣又如何定心？此即相關福報與養性功夫，故實際所能為之建議，僅在行善積德與修身養性，此論最實際有效，不僅達到制煞結果，也能如實增加福報。

如此申論外界所言佈局制煞，真正之功用只在於安定人心，如此而已，常言佈局能夠招財，此實為無知之論，為五術學者尋機弄巧追求名利下之產物，在迎合世人投機心態，必由此強化他人執念，衍生因果業障，必知人之財報與福報息息相關，佈局不可能產生福報，怎能招財？

此簡單之理並非難以理解，陽宅佈局之作用，純粹創造理想環境，使人生信心，配合積極，自然容易有所獲得，但也必要擁有財報，才能符合期待。由此申論，外界之制煞與陽宅佈局之是非，學者應能清楚多屬魔道之蠱惑，非為正道。

陽宅佈局之正法，所能為者，在五行轉換以趨吉避凶，減輕偏勝五行之影響，實際上在創造有利的環境，使人易定心，而不受風水影響，如此所為自然容易符合期待，是知佈局所能轉換者，在於地利進而人和，無法改變天時，無法斷定人和，故只能論趨吉避凶，此是陽宅佈局所能發揮之影響之先天限制，故以如此即能得吉除凶實為幻想，不切實際，這也是五術工作者不明此理，誇言佈局效果而造成之誤解。

如此理解了陽宅佈局實際之意義，故知欲藉此佈局法以趨吉避凶，重點在人為之配合，而至於天時屬於因果，為福報或者業障，這只能靠平時無求之行善以配合，不能應急，故如何以人為之配合達到所要期待之目標，就是陽宅佈局所該討論的重點。

成功來自於積極不懈怠，而能不懈怠必來自於信心，因此人和之重點必在於信心，信心為陰虛力量之凝聚增強，而明顯的產生影響，此影響必對謀望產生剋之作用，所謂我剋者得財即由此，由於謀望五行力量受剋而能由陰虛化陽實即成現實，也就是成就謀望符合期待，這是成功之過程中陰陽五行力量之正確轉換。

所謂具信無疑者，方能為堅定，而能為成就，不論制煞或招福，信心這個重點，為絕對必要之前提條件。

第四節、《陽宅佈局之成功關鍵必在人心能否具信無疑之詳述申論》

人心執坎，多疑而無信，以陽宅佈局主在安人心，故必欲其信，而方以安，能為此，方為佈局之成。

此成功關鍵既在具信無疑，故知重點在於人心，必知人心之向背，此必識人性，方能有為，方能進行陽宅佈局，陽宅佈局之實際意義，藉由改善地利環境進而變化心理之影響，而能產生信心，再形成正確的思考模式，因而創造理想之機會，而終能符合期待，是為佈局成功。

人能循善，則容易順受於逆境，且執希望而能心存樂觀，此緣業坤受以證乾行也，學者引善行道，所為即如此，故為制煞佈局，以增益他人信心，此乃道行正，非建執于他人，使其心存妄想，若此則為造業之舉，學者必誡，前文必損學者之福之正意為此。

是知佈局以制煞：

在易人心，乃引善。
在戒建執，乃引功。
在成孚信，乃心定。
在立乾行，乃圓業。

此四道為「陰陽正則」，學者行道，必當以之也。

復由緣客之執心，而言世間真相，若其不信生疑，則終失佈局之義，一者行道之必，一者具信乃成，其中取捨，學者唯自觀，易道應時取義，隨緣以佈真，觀時之不可乃無為，不執其必也，此理學者必明。

第五節、《煞氣影響之理由分析與陰虛五行力量之介紹申論》

形煞物所產生之五行氣論偏勝，即生煞氣，故知此煞氣必然只有一種五行，能量強旺且必躁動，故必然破壞陽宅內原本平衡之五行氣，而五行失衡之陽宅環境，必然造成人體內部五行之混亂，再由長期累積而由陰虛化陽實而生問題，此是煞氣影響之理由。

再看五行氣如何偏勝，五行受生或受助旺即造成偏勝，須知此皆為陰虛五行之力量，蓋屬氣，非為質，此名之為納音，納音陰陽同論，蓋納音為陰虛，尚無建實，其陽性不顯，故僅論其陰，忽略其陽，而言同論，如此申論單純，必知煞氣之產生，皆來自於形煞物，故必由形煞物本體來判斷。

形煞本體其重必在五行組成，其次形狀所生之五行，再次為顏色五行，最後才論方位五行，這四種為形煞本體所能產生之五行能量，這與外界所論，多以形煞方位來判斷剋應之論點，有極大的出入，這點學者先不用深究，先思考五行之理。

形煞方位即八卦二十四山向，與陽宅論相對位置，此相對位置之卦位必因陽宅位置而生變化，也就是同一個地點，其所謂的卦位五行並非固定，故這種相對位置而成之卦位所形成之五行能量僅為取象，而取象所成之五行能量為陰虛，陰虛五行之性為至弱，須累積以成陽實，故論形煞五行氣之變化，此方位五行為最後之論。

由形煞本體之五行組成，而由本體直接產生論陽實之五行氣，一旦造成偏勝，則由形狀所造成之氣流轉換，即帶動此偏勝之五行而行運轉，若又造成集中，使這個特定環境累積這個偏勝五行，則此偏勝五行相對於人之心理必然形成對應之五行力量，此必為相同五行且論陰虛，這是陰虛五行於陰陽宅相中形成的唯一因素。

這邊所論，為煞氣產生之真實理由，是知煞氣由心發生，是知定心可解煞氣，而此由內心所發生者，可言感應，乃萬法為心，為意志，論念力，皆為陰虛，此力量分五行，五術這個學術中，將此力量統稱為【納音】。

至於形煞物顏色，必屬人心之感覺反應，同樣為納音，還有形狀與相應卦位皆相同，至於形煞物另具之特性，或為味道或為光，也包含聲音，也必能令心理形成納音之力，然這比較特別，可謂影響最迅速而最難解決，這個另外申論，再言陽宅內之濕度與火氣，此影響亦為直接迅速，也難解決，同樣另外申論。

由以上所言，陽宅煞氣形成之理由，完全在於人心，故衍生行制煞之法，在於安人心，此雖名制煞而非制煞，理由前述，再由此衍生形煞物本體之判斷，必知只要能影響人心者即是，故知形煞物對每個人之影響不同，若不認為此為形煞，即不著於心，縱使此偏勝之五行力量強大，此心亦將無感，即無此煞，佛曰萬法唯心，人心自得，即如是。

人能定心，一切皆視之為虛妄，無謂吉凶，不生得失，如此因果難生，如此人生能圓，以定心之法，需除無明，此由易之道，最容易達到這個目標，建議必積極於此。

第六節、《陽宅制煞佈局真義與詳述分析申論並觀念導正》

在所謂的陽宅佈局制煞，能真正改變環境地利條件，別無他法，只有五行轉化與除煞而已，非由此，所有的制煞動作皆僅屬建立信心之作用。

而五行轉化與除煞，亦必賴幽冥之配合，此正「陰陽變」，為五術相之道之全功，非有德者，上蒼不准，不能圓全，況末世已至，實修道性為上蒼所重，故不在除災賜福，而重在引善，故陰陽變者，此法已滅，世道不存，是知所謂除煞者，亦皆存乎心爾，不能真正改變實際環境，然其中以八卦鏡則具其他作用，能有效避免無形靈體侵入，這點先知道即可，此建立信心論為陽宅制煞真義。

這個觀念非常重要，外界學者多數不了解，因而濫用各種所謂的制煞物，又無實效，徒然增加客人之花費，衍生因果，故生業障，故知正確的觀念，才能避免妄生因果。

第七節、《形煞已成現實之最佳應對方法申論》

由心發生而既成現實之煞氣，則非由寬心即能解，蓋此因雖由心造，而今具現即論業果已成，是知縱使針對形煞物作處理，也不能圓滿解決。

如此可為者，唯有針對身心所浸蝕之煞氣作排除而已，這個方法唯賴仙佛之力，或者緣客本身所修持之正氣，由此可知，最佳方法仍在修行而已。

修行一道，無須複雜，「緣業實坤受，正觀以乾行。」即可，人能實此而修行，或更發大願以利濟世人，則光明清靜正氣必長存心中，煞氣絕不臨身，已為浸蝕者亦必迅速去除，此法不著依賴，有心即可為，乃除煞之至善道。

五行陰陽相第二回主旨：【形煞判斷僅在卜筮】

第一節、《陽宅堪輿之重要步驟描述與申論》

文王卦之於陽宅堪輿之作用，屬於最重要之第一步，於五術所言山醫命相，唯此相之道要能全，必在文王卦，其餘由日課即可。

主要理由，在相應人心所形成之如實煞氣，必形無端，不只唯一，所以不能僅由日課，然而文王卦之吉凶判斷非易，無八法可為既定，是有賴學者之堪察經驗並當下直覺而已，然以氣妄生煞之理，則由文王卦之所有具象動爻，皆可明為形煞，則學者易為，是知行道初步若由文王卦，先以確認形煞物即可，接下來為陽宅堪輿之基礎步驟。

已知必由起卦判斷陽宅之五行氣變化，由此而知堪輿步驟首步必為起卦，次為現場勘察確認卦中之所指，而後行佈局建議與陽宅除煞或化煞，此為完整之陽宅堪輿步驟，現場勘察，主要在確定哪一個形煞為卦中之所指，以針對此形煞進行除煞，或者無法除煞者進行佈局。

以上所言步驟，為標準陽宅作業，若復次為佈局，則於完成後隨機起日課，以証未來吉凶，並提供緣客事理敘作詩以作預測，而建議盡在八法中矣，另外形煞物之確定判斷，除由學者之經驗與直覺外，遇到疑惑不決者，亦可由當下之日課以作判定，以卦意多凶者即是。

以上堪輿步驟即為正行，學者當以之，學者厚實經驗，必在循習反復，欲全其功，亦在乾乾也。

第二節、《陽宅環境中妄動五行此論偏勝是成形煞所產生之吉凶剋應申論與分析》

陽宅內部之五行氣要能平衡而不偏勝，如此不生吉凶剋應，然而一旦有所偏勝，即造成陽宅內部五行不穩定，而產生各種刑沖剋害之結果，此必論凶。

直接之剋應在於對人心之影響，人心受影響謂心不定，心一不定，則易亟心，或以嗜欲，或者無行，再而不為，或成喜悲，或成歡執，進而愛苦，此七大十天之魔因此執著於心而生因果，此由五行氣偏勝而對人心之嚴重影響，即成此七大執念，而必衍生財情運體之不利變化，此即五行氣偏勝論為形煞，而對人產生剋應之理由。

再論五行氣偏勝之形成原因，此即所言之形煞長久影響所造成，形煞之意在於特殊形狀所造成之明顯煞氣，故要分辨形煞，必由此特殊形狀分析，所謂特殊形狀，即是容易造成氣流變化方向或者集中之謂，也有取象而生感覺所造成之形煞，還有濕度累積與通風不良所形成之煞氣，基本上分這三類。

第三節、《形煞物本體各種陰虛力量必相互作用而為單一五

形煞物所產生之各種陰虛力量，總共包括【氣流、取象、形狀、顏色、光亮、氣味、卦位】這七種，這些力量之相互作用，同樣必依循五行正論，即貪生忘剋之理來做分析，而最終之呈現，必為受生之陰虛五行，此必為內心之感應。

這與論陽實五行之偏勝力量，也就是煞氣造成累積而使心理自然形成之相同陰虛五行不一定相同，但此二種五行必能作用，而為生剋或者伏吟、助旺，分析到這邊先注意，其實納音之作用中，相同五行並不論助旺，只有伏吟，而此理由申論複雜，先了解即可，若為相生，則生他之五行成陽實而成剋應，若為相剋，則二種五行均成陽實均論剋應，唯有伏吟，不成陽實不論剋應，這是心理由形煞所生陰虛力量之作用分析。

由此而知重點在於由形煞物本體所生偏勝之氣，以及各種陰虛力量綜合作用之判斷，然而這個判斷只能依賴文王卦才能作準確分析，這其中包括對於財情運體與時間上之剋應，外界直接由形煞之相對陽宅卦位，來判斷財情運體之剋應與時間，而且也具相當的準確度，這理由在於形煞卦位所生之陰虛力量為最強，這點由人之心理產生之陰虛力量這個前提而言，似乎不符合道理，蓋多數人對於方位所形成之五行並不了解，怎能反應於其心理且論最強之陰虛力量？

這個道理來自於陽宅之坐向，人住在此陽宅中必受此陽宅影響，漸論同體則陽宅為人，故相對卦位之陰虛力量，直接為此人內心之力量，不需此人之理解感應即能產生，故言最強，如此分析就能理解，直接由卦位可以大致判定形煞之剋應，但非絕對必然，必知分析形煞之剋應只能依賴文王卦，這點不可能改變。

既然如此，分析形煞物之本體所有陰虛力量之五行作用，就是用文王卦，直接方便又準確，學者並不需要對形煞物逐項分析其所產生的各種力量，只要能從文王卦判斷重要之形煞物，就能由卦判斷這形煞物之資訊，而能做正確的五行轉化，所以該著重的還是文王卦之分析。

另外屬日課之行道初步運用，只能申論最關鍵之形煞，然而針對形煞之影響，其卦意吉凶分明，能有效作建議，故為行道之可，若更能以之配合文王卦，則文王卦意之吉凶可以確定，更為堪輿之全道，故學者縱使於行道初步，亦可由此。

第四節、《針對陰虛五行作用之分析申論與化實特性直指剋應時機之理由簡述》

陰虛五行本象為坤，為極陰至虛，均屬心理所產生之力量，統稱納音，其五行作用同依五行正論，同樣必貪生忘剋，且陰陽同論，此為納音所指陰虛五行之特性，此陰虛五行之力雖由心理產生，但經由長期累積而由陰虛化陽實即成現實，此謂心想事成，佛曰萬法唯心。

由此衍生，故知由心理形成之煞氣，其剋應也必在此煞氣由陰虛化陽實之際而成為現實，如此而知剋應時機，而如何判斷能化陽實之準確時機，自然須由形煞物本體，來推衍心理所生煞氣之五行特質，這在學術上均直接由陽宅所得卦之六爻地支來代表，以【偏勝之五行而造成心理之反應必為相同五行】這個理論，得知心理所生煞氣之五行特質，必與形煞物所生偏勝五行地支相同，而由此地支與日辰、月令、太歲這時空環境形成陽實之條件，就能準確判斷這個時機點。

再來剩下一個重點，就是偏勝五行之地支判斷，此偏勝五行之地支代表，須根據其五行以及其他形煞本體所生之陰虛力量來作綜合，由外界申論形煞剋應之法，所論之剋應時間，為根據陽宅與此形煞之相對卦位，以作填實、吊沖、飛騰之判斷，這有其準確率，反推衍生，直接以形煞物與陽宅之相對卦位所形成之二十四山向，或可直接代表此偏勝五行，那此法能夠確定嗎？

由前面所申論，所有形煞物之本體各種五行力量，這包括陽實與陰虛，均只能由文王卦判斷其最終結果，因此偏勝五行絕不可能直接以卦山代表，而必以納音呈現，是知欲論其剋應時機也不必複雜，直接以文王卦象形煞之納音，以「神機天地定位」之法即能確定。

外道之法，總是複雜而支離，不能循理，不知其必，唯學運用，何能變通？故單學一道，即耗畢生精力，而五術正道，其理一以貫之，習一易即為全學，理正而知必，道明而知變，故循習有功，日日精進，學者知分辨，臨學止步，當有所思矣。

形煞物剋應時機之判定，並非屬於必要，此避免形成緣客之見執，若緣客主動詢問，方以明說而申建議，此方為最佳應對，學者須以此。

第五節、《陽宅五行氣所生形煞之剋應分析詳述》

此形煞分三類，第一為氣流，次為取象，再為水火，以下一一分析。

第一種氣流：

這種形煞其實不需論，以陽宅本身自成一太極，欲能化煞，只須著重陽宅這一太極之五行不妄動即可，這與外界所言絕不相同，外界所言如壁刀、凹風、路沖，對陽宅必具極大之破壞影響，此實在為誤，然此已為定見，深入人心，故成其煞，這種化煞法重在安定人心，所以，以經過神佛加持之法寶如山海鎮類，為最佳化煞物。

第二種取象：

此為人心之感覺，若成形象，則心必有相應，若由此而著心，屬不為順眼，則日積月累，由此心發生，此即相應而論為形煞，是知形煞皆由內心產生，故由內心感覺，即能精準判斷形煞，此即形煞真義，世間本無形煞，乃人心自得，必知水火穢氣不在此論。

而現代亦有所謂電磁波，這是直接對人體造成之影響，如同毒物對人之影響，不屬煞氣之類，能為化解之法只能不在身旁，超過身體一公尺皆不言其傷害，如難避免，則可多做運動，人體有極強之自我維護功能，藉由運動，能為調整，如同更新，如能積極於此，且配合養生之道，積極行善化業，則能一生無疾。此為如實之法，而這運動必依個人條件，不屬劇烈，然需發汗，而重在日日持恆，以上所論，針對形煞物實為人心所成，此形煞真義，必要能思考理解。

第三種水火：

專論陽宅內部，主要在於通風不良與濕氣過重，只要能固定除溼與通風皆能解決。

由以上分析形煞之三大類，學者實際勘察陽宅內外符合條件之煞氣，可謂非常複雜，根本不可能正確分析每個形煞之影響，更何況形煞與形煞之間，其五行力量也會互相作用而產生各種變化，除了某些影響力最大或者說最明顯的煞氣，或者能直接判斷影響之事實與剋應之正確時間，但這種也只能申論大概，無法精確。

因此外界之學者，大都只看明顯之煞氣，而以此煞氣作吉凶之斷，其實現在五術之風水教學也大都著重於此，但幾乎不申論其理由，因此只知運用無法變化，但看明顯煞氣即直言吉凶，一逢例外而生錯誤無法解釋，這是大多數學者必然遭遇之問題。

今本門所提供之法，根據文王卦以定煞氣之強弱與必然之剋應，不用實地勘察，直接由卦判斷，此最為簡捷，最為正確，無上面所言之問題，這才是最實用之學術，陰陽宅之相，以此術為正，學者應能分辨。

陽宅一道，以悅心為主要原則，人所見觀皆順意，則氣不凝而煞不成，此觀念必要能讓緣客理解。

第六節、《卜筮之於陽宅之運用主要在於形煞分辨之絕對看法申論》

卜筮之於陽宅運用，一者文王卦，另一為日課，而以文王卦方能呈現所有主要煞氣之全貌，以取象之要義，妄動之偏勝五行可論形煞，必能以卦中論動之六爻直接代表陽宅之形煞，由此論動之六爻地支數量，以確定形煞數量，須注意者，卦所呈現為主要之煞氣，並非全部之形煞數量。

然於實際勘查中，要能如實確定形煞物，仍可能產生困難，基本上以緣客自覺不順眼者即是，若仍不確定，則可於當下起日課判斷，財情體運卦意全凶者即是，注意為全凶，並不含吝，理由在吝為本吉而向凶，其象煞氣未成，如此，形煞物之分辨已皆能確定。

另外由文王卦所示諸動爻之干支納音成象，則可臨觀為形煞物之本體形象，其顏色樣貌氣質，皆可由納音三句辭以作卦象分析，由此更能迅速判斷形煞物，且由其五行，也就是動爻干支之五行，即稱納音，以行化煞，形煞物相應於納音之取象，必由直覺可為判定，若學者經驗豐富後，則更能衍生明確，學者必用心於此，則行道必亨。

以上之運用基礎，全在易之道，五術之本，不能無學，學者應明。

五行陰陽相第三回主旨：【五行轉換佈局真義申論】

第一節、《陽宅室內設計與佈局為五行吉凶轉換佈局之分析申論》

這在不考慮陰陽變之前提下，以申論陽宅除煞之學術理由，主要供學者理解五行制義，即五行正論，此理能明，證之為易，則行道之路必能漸正而終有乎，學者觀此，在明其義，不在其行是也。

五行吉凶轉換佈局，針對無法移動之形煞物才用之方法，這必透過佈局，依五行作用之特性轉化此形煞物所產生之陽實偏勝五行，而令此五行不再躁動，而能停止影響此陽宅，使陽宅之五行氣場減少不安定之因素，相對的令人之心理更容易穩定，而達到除煞之目的，此為五行吉凶轉換佈局之真義。

已知五行唯有俱全方成一太極，故五行轉換佈局之重點，在於優先確定形煞物所產生之偏勝五行，再根據此偏勝五行，以其能生之五行擇定擺設物，此即佈局所用擺設物，或本身五行即具全，或配合卦位與所處環境，而能形成一穩定太極，此所謂穩定之太極，主在相應人心之安定，故所見必悅心，心悅則鬱氣能舒，由此以化煞氣，而能真實作用。

此法之重點，在於判斷與確定形煞物，以及擺設物之擺設位置，而此須由日課以作判斷，判斷之法後文申論，此法運用於室內設計，必能悅心，而建成一善化之環境，雖無幽冥之功，亦得人心之安住，學者以之行道，亦為正。

第二節、《佈局擺設物必分五行並相應之實用條件申論與簡述分析》

佈局擺設物之實用條件，其一在於能持久，其二在於方便取得，其三則為經濟，其四為悅目，兼具以上這四點可論最佳擺設物。

以能持久而言，以現在目前外界所常用之擺設物，多能符合這個條件，不需多論，至於方便取得，亦可謂方便，差別在於是否經濟與是否悅目，是否經濟之問題自然因人而異，然而這種決定大都在於學者之建議，學者須知必以經濟做考量，不可讓客戶多花冤枉錢，至於悅目在於環境之配合，總之必要順眼，符合論吉取象，就可稱悅目。

第一五行為水

此為聚水池，內植蓮花並紅色小魚，因此這種聚水池所內含之五行必具水、木，而土之五行與水相剋，且土完全被水覆蓋，所以土這個五行論伏藏不得出，故不論土，而內含紅色小魚，其數量不計多寡，為坎覆離之象，為既濟，為聚水池五行能夠穩定之意，再來注意蓮花葉面不可完全覆蓋水面，蓋聚水池必見陽光方養活水。

這種擺設物只能運用在室外，絕不可置於室內，重要理由在於必造成室內溼度提高，此論水火之氣由此而失衡，這要引申思考室內養魚之問題，只要魚缸內不含土，其所形濕氣不因濕土而留滯，則能隨風而散，比較沒有這個問題，然必要注意擺設位置之通風狀況。

若緣客有養魚嗜好與相對之專業，則風水擺設運用可為魚缸，魚缸風水相應於人之心理，所形成之吉凶剋應最為迅速，這與飼養貓狗或其他類寵物，皆屬心中之執欲，故於心理之反應皆深刻，故其形實為速，而必要專業之理由，執心方為專，乃成愛欲，而知護守，這才能真正帶來內心之滿足與快樂。

然若形煞五行屬金，擺設物以魚缸最佳，外界有石來運轉加水者，此亦可，這種石來運轉也需常加清理，如客人非符合特別條件，即怠惰於清理者，則愈小型愈佳，只能如此，或者運用水生植物，加上僅放水之容器，而也需建議客人按時清理，此為室內化妄動金氣之法所用之擺設物，總之原則需要乾淨、美觀、茂盛、順暢，如此而能悅心。

第二 五行為木

此為盆栽，不使用會開花之植物，這是因為植物開花有變之象，不為穩定故不用，這盆栽內含之五行為水、木、土，缺金或火通關，故盆栽之上最好能加上金火之擺設物，同樣看起來要能順眼，再來注意盆栽高度之問題，若屬於室內佈局，則連盆不可超過三尺，這理由在於取象，感覺過高之盆栽論震，為變動，有不穩定之象，所以這麼論。

這同樣須注意濕度之問題，故必選擇耐乾旱之植物，此絕不可用帶刺之仙人掌類，理由在取象，在強化自我防備，而容易自閉影響人際，其他若出現枯葉必要移除，枯葉論凋零取象，本即不可。一般最常運用者為浴室廁所，大都以水生植物或親水性植物為擺設，此空間論特別，最多水氣與穢氣，植物能幫助淨化，故可忽略植物本身產生之濕氣，有無含土均無妨，重點在於植物需旺盛，欲為多盆或多種類亦無妨，然攀藤類須避免其蔓延太過，總之以悅目為原則。

但如浴室廁所並不通風，則皆忌諱擺設，蓋難以達到淨化作用，反而多生雜氣，這種處理方法並不容易，主要在濕氣與穢氣，若能盡量避免潮濕，即可言善化，就算位於臥室內，也僅能如此，而知必以安心為要。

再來論室外佈局所用盆栽，這植栽高度就不需限制，取其自然之義，而其花盆，不管是否為塑膠或陶土這些材質均無妨，只須注意花盆形狀，最好不帶稜角，以圓形最佳，蓋圓形所造成的氣流運動為迴轉，為太極，而所生稜角容易造成氣流沖向他方，而破壞這個太極。

第三 五行為火

此為燈光，現在流行的鹽燈也算，由燈光必含電線，故其內含之五行為火、土、金，燈光擺設物之五行呈現，以火最為強烈，此以火為離象，最容易發揮，雖具土金，然相較起來不明顯，這須注意之重點，在於維持燈光要能不滅，其次注意美觀，不可感覺突兀，以上為燈光之主要重點。

第四 五行為土

此可運用五色石，不管哪一種顏色五行均為土，外界所言五色各分五行也非錯誤，但不適用五行轉換佈局，蓋顏色力量為陰虛非陽實，所以這麼論，這該注意的只論悅目，必要感覺順眼為原則，只有這個重點。

現在外界所流行如水晶洞，此運用相當廣泛，能有效洩除火氣，同樣必注重擺設位置，這水晶洞不論是否為天然，其效用並無分別，建議考量經濟為佳，其實只要運用五色石，再用適當之容器盛裝，擺對位置，其效果就能明顯，這種更為經濟，盡量節省不必要之開銷，本為佈局重點。

第五 五行為金

此為任何金屬製之擺設物，如各種神獸造型、五帝錢、法寶、八卦錢之類，均屬單一五行，但如五帝錢或八卦錢有繫上紅線，這就多了土這個五行，這種擺設物該注意的，除了感覺悅目之外，還要重視其取象，尤其針對神獸類之擺設，需要依照神獸之取象含義以做擺設，這是屬金五行之擺設物之主要重點。

這種擺設物之變化最多端，且運用至廣，主要洩土氣，土為重濁之氣，屬瘴癘，若家中疾病多所發生，此土氣為最重要之理由，能藉此擺設物以解，外界也多運用於招財，已知財非可招，若能產生成效，除相應人之福報外，也是由於去土氣而使人之思慮更為清楚，能做正確判斷，理由在此。

以上分析了五種五行之代表性擺設物，其他常用的還有葫蘆或方鏡或桃木劍、八卦鏡或凹凸透鏡，或者桃木八卦等等，這並不用做五行轉換佈局，這些擺設物的作用為收陰氣或驅靈體，或造對應空間使形煞物呈相對而拉平，這如同伏吟，為制約其影響，故這類擺設物並不列入五行之內，這方面屬於神明法事之討論範圍。

以上皆必賴卜筮運用，方能確定形煞五行，以作五行轉換佈局，此為運用之前提重點，故知必習卜筮，方能圓滿相之道，這點必要積極，不可懈怠。

第三節、《陽宅行道重點在信心之建立此理由之詳述與申論並須注重行道後之影響評估》

陽宅五行轉換佈局，主在解決陽宅偏勝五行以令人心易定，此絕對目的即在建立信心，定而後能靜，再而安而慮而得，此本建立信心之前提，具信無疑乃成就之本，所有行道所為，原本即助他人成就，故知信心之建立為行道重點。

要能做到這一點，要非常重視培養與創造這個信心，而這必要先由他人對學者產生信心著手，此絕非一時之功，除了提升學術能力之外，也必賴名聲，此佛祖言法，必要他人先識佛之理相同，而且於一言一行須備絕對自信，方能影響他人，而對學者信賴不疑，如此必能建立他人之信心。若不能做到這一點，則不用進行任何佈局，也可說彼此無緣，必知別妄造因果，最忌諱亟心大壯，執著積極，如此必有悔，最好萬事隨緣以求圓滿。

再論行道後之影響評估，此只能藉由卜筮，於行道後尋機起日課，依卦意之吉凶，此不論財情體運之卦意所象得失，皆必以事理敘作詩為主要建議，須知佈局轉換吉凶必循漸道，而得失應時在於因果，此由日課而得明，是知佈局為引善，非即刻之除業，未來是否如實從善，皆屬緣客自為，故逢日課卦意見凶吝者，不在佈局有誤，而為緣客本來之障業，能實其建議，必能圓滿。

以上所言，為堪輿陽宅與建立信心之絕對必要態度與觀念，而是否建立信心自然關乎成敗，也關乎學者行道之路與名氣之建立，因此如何真正的建立信心為學者該著重之重點。

這個問題必要從知人性著手，人性必由心，心之性動，奔如驛馬，必知其性，方言駕馭，常人遇到困難則心生迷惑，沒有方向，而生煩躁，於事難決，此即重新建立信心之時機，要重建信心，重點就在方向之指引，而必要能明確分析前因與後果、傷害與剋應，如此學者所做的方向指引才能令人相信，而能持恆以進，這是建立信心之重要方法。

學者除了於學術研究上必求精進以外，也必要知人性，而人性因人而異，是為無常，故須先知人，而後知此人之性，這除了依賴學者之經驗與智慧，於五術之中就是面相之術，相之道之五行觀相術，即為最佳之配合，學者也必要積極於此，於行道之時方容易圓滿。

第四節、《專論陽宅佈局之重要方法詳述與申論》

陽宅佈局之法，實為五行吉凶轉換佈局，重點在於化解偏勝五行所形成之煞氣，此可名之為化煞，但不能言制煞，理由已如前述，然這種五行吉凶轉換佈局所能化解之煞氣，大都只局限於室內所形成之煞氣，而於外煞雖仍能化解，然而化之不盡，只能言緩而已。

理由自然在於外煞力量本為強旺，且論源源不絕，此即外煞不可能制之理由，既如此，此陽宅佈局之所能為，重點還是在室內，以陽宅內部即為一完整太極，只要維持此太極之穩定，則外煞不能影響此理言自然，故知直接著重於室內佈局，而相關於室外佈局，只要符合賞心悅目，不為雜亂即可。

接下來論陽宅佈局成敗之主要關鍵，在於信心的建立，只要達到這個目標，就是成功的陽宅佈局，因此陽宅佈局主要分二個方向進行，其一主要在於信心的建立，另一則根據文王卦以行改善地利環境之佈局。

客人既請學者進行陽宅佈局，已代表對學者具備一定之信心，故此所言信心之建立，其實在於穩定強化，而此必與學者之一言一行有極大關聯，此在於學者經驗，此相對人性才能做得到，而以人性為出發點的最佳方法，就是對未知之預測，故知佈局過程必要預測，而預測之法，必由日課，而其預測方向，其一為過去問題之驗證，其二主未來佈局完後之家運預告，此法留待後述，學者能為此，必能立信於緣客，而如實引善。

五行陰陽相第四回主旨：【陽宅最佳環境設計】

第一節、《心理念力所引動五行煞氣之由引義修身之必要申論與思考》

這個心理所形成之陰虛力量同屬納音，也可視為心中之念力，但本質有所不同，一為被動，一為主動，念力自然論主動，此念力之影響，是否能對此陰虛力量形成制約，甚至造成消散，或者更加強化。

這問題之研究主要重點，必在於念力之強弱，念力來自於堅定的信心，這必因人而異，正確的信念，能掃除內心之陰霾，也就是令心理之煞氣消散，而不受形煞之影響，若心中無明，多為疑惑，心自不安，徒增內心之陰暗，而令執念深入，也必然深受形煞之影響。

因此我們該著重之重點，絕對在於正確的觀念，對於形煞物所產生之煞氣，完全可藉由心中之意念消除，只要對形煞物不著於心，或者具備信仰而能無懼，而且個性樂觀積極，就容易做到，此即心定，在於不妄動，有此智慧，則不受形煞影響。

人心觀物以成象，是象存心，乃由虛化實，見觀喜好，分別善惡，乃成悅執，或為厭離，由此著于心，故形吉凶，悅執心盛，憂愁其喪，厭離心旺，煩擾其存，似此類，乃心陷於坎，其氣自壅滯，故傷形而昧明，此害自發，其毒甚深，故言煞，煞體火，為水之化，入于神，證于識，故相離坎，此煞氣之所由，為心所應。

是知能除煞氣者，在隨緣觀也，觀見得皆為喜，離喪毀皆無執，如此心中常清淨，則煞氣不臨身，欲能為此，乃在修身，以求心定，而後能靜，自然能安，此後如思如得，天地萬物自有感應，而後得窺真相，言成道了真，為山之道，論養氣，植正心，煉赤兒，行內功，助外功，結宿因，了業果。

末世此道已不傳，易以世間真相之廣佈，世人若明真相，一切為虛擬，皆夢幻泡影，則隨緣觀易得，而心易定，此更為修身便道，人人皆可為也，故本道脈首傳世間真相以開民智，而得人生所宗，乃不執虛幻，此實道性之義，收圓聖業之大途也，學者須明。

第二節、《陽宅最佳環境之地利佈置詳述與申論並實際運用之研究》

本節專論全新陽宅環境，如何佈置設計而為最佳之地利環境，先針對陽宅外在環境，不論是否有無形煞物，或者馬路走向與水路，均予以忽略不論。

如欲造景，以客人喜好，能為之賞心悅目為標準，就算聚水池也以此為標準，這個理由先別深究，後面會有申論，而四周建築物，也有如山巒高地，必有四勢取象，可配合此確定新陽宅之適當坐向，這主要在左右盡量平衡，仍然在於內心觀感是否覺得順眼，此即為最重要之原則與前提。

由此而進行陽宅室內格局設計，此重在通風與明亮，故貴方正，而設計佈置自然以客人所喜者為主，一切皆以能為悅心為原則，此即是最佳地利環境佈置。

這邊所論必與外界截然不同，外界所言充滿顧忌，多為拘束限制，甚違道法自然之旨，不得自由自在，以人所居之住宅，個人喜好不同，迎合喜好方容易生歡喜心，而使心易定，此最高原則勝過其他，如此完成之陽宅，再根據文王卦針對宅內所形成之煞氣，做五行吉凶轉換佈局，如此即為完美的陽宅建設。

這個方法與原則，外界所不論，世人也具成見，故多制軸，難以暢舒己意，若知形煞生成之理，全然在於心理之反射，必能理解外界所言為誤，然這觀念扭轉困難，甚無可為，學者行道之時，只能循機闡述此正確觀念，以無執方不受拘束而得自在逍遙，申述此理，以求導正，此只能緩步行之，隨緣而已。

或能更以世間真相明之，則為至善法，世人諸見執，皆不明真相所致，見真乃除蒙，明道自行義，學者行道必由此，此為末世之必，縱緣客難信，亦必為申論，絕不可忽之也。

外道所言陰陽宅相，多以形煞論為重，此以相道之理，皆由心所發生，乃心無執則形煞不存，然臨觀水火，其氣形如實，不在心之想像，故不以無執而忽之，是觀外道所言水法，相關於水池水路，乃必應卦位以定吉凶，尤其陰宅，其剋應顯著，比如龍門八大局之類，此雖相應學術，然非為的論，蓋末世既臨，幽冥已不贊功，不為陰陽變，吉與凶僅相應緣業，不在水火剋應，由此衍生，不唯水法，所有陰陽宅相之學術申論，皆成無用。

學者行道，必先明此，乃不枉費功夫，風水一道之於末世，唯存安心求悅而已，學者於末世，能行積極者，為「易道乾坤八法」，以行深入易道而明心見性，此為回歸真實界之方徑，亦為最速法，學者皆當以之也，本道脈即行佈道，所相應入世之六部聖書，為全易道之圭臬，為道行之經綸，學者有緣於此，明燈在掌，何不即行乾乾也。

第三節、《陽宅水火煞氣之重要影響分析與解決或者避免煞氣形成之方法申論研究分析》

此特論水火煞氣，為天地之坎離二象，直接應心，久必化實，故不能無視，水氣過旺則多濕論凶，火氣過旺則躁鬱難解，此水火二氣影響最是明顯，屬特殊煞氣，為論陽實之五行氣。

先論水氣

此為濕度提高所產生的影響，這與陽宅室內是否通風有極大的關聯，濕度提高是因為濕氣累積，因此只要做好通風就不會產生這個問題，但若此陽宅由於隔局或室內之擺設物而產生通風不良，則濕度必容易提高，長期累積而產生影響，這對人體所造成的影響直接且明顯。

其一是對人體內之骨骼與連接肌肉之筋產生破壞，其二必反應於心理而具坎象，這二種直接的影響，必造成人為之思考與行為模式產生偏差，而對財情運體造成嚴重的錯誤觀念，而解決之道，除了避免通風不良，也能藉由運動，這需規律而且持恆，以去除體內濕氣，並重視脾之保養，使身體排濕功能增強，如此為最理想的方法。

再論火氣

基本上陽宅室內屬陰，論坎象，以水能剋火，是知並不易產生火氣，而仍能產生之理由，在於陽宅內部所具有的形成熱風之物體，這於現在的居家環境中，最主要的正是瓦斯爐，僅此而已，其餘皆可忽略，而其重要理由，仍在於通風不良，相應於身體之影響，必屬離象，而損洩木氣，故對肝臟必然產生傷害，而必失眠躁鬱，脾氣難控制，解決之法同樣須注意通風，並配合規律持恆之運動，基本上只能如此。

以上為陽宅水火之氣之影響申論與改善之法，而這進一步之申論必由卜筮，以確定此水火之氣真正之影響，此堪輿陽宅重點，真實在卜筮。

第四節、《居家擺設之可能形煞物判斷與理由分析》

已知由卜筮可直接確定陽宅之形煞物，而形煞物之判定，前文已盡詳述，故本篇所言者，為居家環境設置擺設物所必要注意之重點，所為預防之意。

所有形煞物之分辨，皆可由內心之感覺以做確定，理由在於形煞所造成之陰虛力量本來自於內心，因此直覺不順眼，非賞心悅目，皆可為形煞，然並非賞心悅目者即非形煞，此須注意是否本為水火，或者本具形象易為外靈入侵之物體，此二類為例外。

前一類以是否悅心來作分辨，此法人人可為，只要符合這條件，則第二類所指不論，主要理由，在於會造成外靈入侵之必要條件，為此心見疑，乃執坎而成邪鬼，故外靈相應而瞬入，此緣客之心自引，乃因果障業，故家中神位之仙佛不問，而持悅心，則不疑邪鬼，自然無外邪入侵。

是知第二類之判斷條件，在於心中見疑，而屬於各種人類動物形象，或者屬於紙類、木類有形象之製品，不論種類如何，全在此心如何看待，由此判斷，應該人人可為，以上為陽宅內部擺設之注意事項。

第五節、《專論除煞之主要方法與除煞為最實際之地利環境轉換申論與研究討論》

解決煞氣之法，一者化煞，一者除煞，僅此二種而已，化煞為五行吉凶轉換佈局，而除煞為直接解決此形煞物，能做除煞之前提，在於形煞物是為可移動或者拆除，方能言除煞，由除煞之名，即根除，使之不存，也就是將形煞物移開，或離開陽宅或安置適當卦位，這個過程須配合神明法事與祈福日才能圓滿。

除煞之法，先根據文王卦之所指，確定這個可移動之形煞物，接下來依此形煞物判斷可安置之卦位，或者該直接搬離陽宅，這必由客人做選擇，決定如何處置後，於祈福日其中之吉時，開始進行除煞動作。

此動作謂神明法事，這有標準動作，屬於固定，首先必以淨香將形煞物本體及其四周仔細淨過一遍，然後移開形煞物，之後原地再用淨香淨過一遍，若是決定搬離陽宅，則除煞步驟到此即可，若不搬離陽宅，則於前述動作完成後，先將此形煞物置於一旁，再於新的位置先用淨香淨過一遍，然後用全新的掃帚將此位置清乾淨，再用淨香淨過，然後安上此形煞物，最後再用淨香淨過一遍，如此除煞過程即完成，最後可再用淨香淨此陽宅一遍即圓滿。

以上所言除煞之法，重點必在於形煞物之判定，以及適當卦位之選擇，這必由文王卦以大致判斷可能形煞物，再由當下隨機之日課以確定形煞物，由此進行除煞，須注意一點，將形煞物改變安置卦位，或者移出室外，此即能除煞，並不會因這個動作而令原本非形煞物之擺設轉成形煞，主要重點在於形煞物之五行氣，除水火外，其形成煞氣之重要理由，皆在於外在形象，理由在此。

以上所論即除煞之主要方法，能夠直接移除，自然可論為最實際之地利環境轉換，本節主要申論在此，仍必依賴卜筮，此陽宅形煞判斷之結論，皆必由卜筮判斷，這點一定要理解，該積極者在此，即是習卜，即習易之道，此為成就五術之重要前提。

學者觀前面之申論，亦必知除煞之法乃為安人心，故以盡量簡化為原則，不為做作，強調存心之觀念，如此即為行道正法。

五行陰陽相第五回主旨：【卜筮陰陽相論絕對運用】

第一節、《卜筮之運用方法詳述與申論》

此為文王卦，必為學者代占，占問主題為「此某某住址陽宅之未來發展吉凶」，依所得卦，主要申論形煞位置與形煞剋應，與既定之預言詩還有改善建議，僅僅這四種。

由卦中六爻變化，即論動者，皆特指形煞，而所居爻位，為形煞位置之方向，由本支卦意，能得預言詩，至於改善建議，自然在於主要之周公爻辭，而形煞剋應，必看變爻事件，此為文王卦這個陽宅主題之大致看法，學者先熟悉此，欲能變化或求深入，必要累積經驗才容易做到。

再言日課，此為陽宅堪輿工作包含佈局皆完成後，學者欲知其結果而隨機所取之日課，此主要重點，直接依易道乾坤八法，除判定未來吉凶外，也要根據吉凶事理敘作詩，並參考周公爻辭與演義，以尋求補救建議，這屬於必提供給緣客之相關未來重要提示。

而前段所指之既定預言詩，由所得卦之本支卦大象所衍生，須由學者本身相應於堪宅結論而為敘作，主要內容為陽宅之問題與現象，學者可由當下之直覺作引申以自由敘作，雖非易與，但實經驗必能為，若於行道初步，則開始之文王卦亦得以日課代替，可完全用八法來作配合，雖不言完整，亦能定乎大概，爾後若自覺行道不足，則當改為文王卦先發。

以上為陽宅之卜筮運用，所論文王卦與日課之重點，必要熟悉入心，總計六項重點，由理解而必能記憶，真正之陽宅行道前提在此，學者必不可忽略，此相之道方能成就。

第二節、《文王卦針對陽宅命題之主要看法詳述與申論》

前面已言，主在於形煞位置與剋應及既定預言詩、改善建議，以下根據這四點一一做分析。

第一點形煞位置

於所得卦中能指形煞者，必要為動爻，因此必為靜爻逢日沖動，或為變化爻，其中逢沖破與日沖起，雖屬六沖但不論，理由在於受破其勢盡，不為煞氣，沖起由無到有乃剛建生，未為煞氣，這些形象地支即為二十四山向方位，相對於陽宅空間之中心點所對應者，這所指中心點，為陽宅全地基之中心點，無關陽宅內部格局，根據這些形象地支，即能確定形煞物之所在位置。

第二點形煞剋應

這是論發生時機，動爻化實看法，由「神機天地定位」，以靜爻逢日沖動而為動爻者，其剋應時間點僅有化實當日，而變化爻所指自然為時段，至於屬何種剋應，以文王卦而言，可依動爻所指周公爻辭所言事理，配合本支卦之相應取象，以作衍生思考，而此必由體悟，其法在易，也必賴學者經驗，若由日課，則主要為易林取象，僅論關鍵，靜爻而動者不論。

此論發生時機乃言剋應，但言大約時段即可，以避免緣客見執，主要申論注意之處，而重改善建議。

第三點適當改善建議

這由主要之周公爻辭以做分析，以陽宅堪輿所為之改善，主在安心寬執而已，故能為者，在於見執與成觀，此由導引世間真相，而明人生真正目的，則能正之以寬執，進而定心無妄，乃不生吉凶，而緣障業，終不疑於風水，而得正心以除無明，學者如此以之，即為最佳改善建議，佈局行道，所為在此，緣客引善，即成道功。

第四點論未來預言詩

以陽宅堪輿所起之文王卦或日課，其卦意吉凶所指為宿定結果，故此未來預言詩論既定，此根據本支卦意以做分析，根據現狀即所得本卦製作第一預言，此第一預言在闡明現狀，然須配合卦意吉凶，若不能確定，則不必作此預言詩。

學者先由此作進一步思考，作預言詩之目的，乃預測未來之發展，而這類預測必能產生緣客之見執，如此而非正，當不可為，然若得以此預言詩，以明事理因果，而證其業引緣客向善，則為正行，而以人性論，預言詩雖建其執，然更能循業引善，是知學者於此亦當乾乾也。

復言文王卦，其卦意吉凶甚難辨，學者若尚未能把握，則以陽宅佈局結束後之所起日課，以其事理敘作詩當預言即可，雖不比文王卦所衍生之精實，亦能論其大概，這點學者初行道可為運用，復論第二預言，以次卦為始推算第一次之吉凶轉換時機，而以本支二卦各取二句四言製作第二預言，如此完成二組預言予緣客，即為陽宅堪輿之終道。以上申論為陽宅佈局預言詩之製作方法，而名之為「乾坤五行吉凶轉換神機預言」，學者可為列表，以示其莊嚴，而知尊重，如此能信有孚於緣客，自能廣學者行道之路。

第三節、《陽宅卦例之詳述與重點分析》

藉由卦例之演練，必能容易理解前面課堂所言之四項重點看法，以下提供卦例讓學者參考。

第一卦例：某人占問此住址陽宅之吉凶，此卦於甲午年甲戌月庚申日問卜，所得卦為天地否。

父	兄	官	財	官	父
壬戌	壬申	壬午	乙卯	乙巳	乙未
、	、	、	、 、	、 、	、 、
應			世		

此為文王卦卦例，非為日課。

論斷方式，除為單爻變外能由八法，其餘卦象乃重本卦，屬既定之情狀，以得確定此陽宅之煞物問題，而支卦為煞氣凝結之變，既逢學者提建議干涉，則非為結果確定，是可言卦意吉凶勿論，而專言煞氣原因與理由。

此卦例得否，論占者此問不善，乃與心違道，乃直指占者執心憂慮者與陽宅無關，此為絕對重點，就算有爻變化能象煞氣，亦必無視，蓋行道以建無執，能正心則煞氣自除，是知若逢訟、遯二卦例，亦皆可作如是觀。

逢此類六爻全靜之卦例，其主要事理建議，即由本卦之文王卦辭，亦可配合參考孔子象辭與大象、雜卦。

如此卦例可用大象以成預言詩，由儉德辟難，為環境所造成之原因，此化為二句：

【儉德修福。辟難禎祥】

再來不可榮以祿，為環境造成之果，所化二句為：

【立榮有悔。身不存祿】

雖以得否卦直指陽宅與內心所謀無涉，亦可由此預言詩以提供引善建議，此為主要之論斷重點。

於丙申年辛卯月壬子日問卜，某人占問此住址陽宅之未來發展吉凶，得解之漸卦。

兄	辛卯	化	財	庚戌	X	
子	辛巳	化	官	庚申	X	應
財	辛未	化	子	庚午	○	
官	丙申	化	子	戊午	X	
子	丙午	化	財	戊辰	○	世
			兄	戊寅	、	、

此解之漸卦，乃動五爻，論煞氣無端，而觀解卦象，乃事有解，主煞氣將離散，是知本卦逢解，皆可論必安。

此卦世爻處勾陳，亦屬不善命題，直指占者執著陽宅吉凶，乃造業之由，既已逢解，能無執此，則煞氣消滅，自然引善，學者之建議，當以悅心為原則，無須佈局，而可為簡易之美化佈置，總之讓緣客能應心悅即是。

最後事理建議，則以主要之周公爻辭為主，此動五爻則取居中，故為解九四之周公爻辭，可參考孔子小象，學者思考其中事理以立預言詩，而最佳方式，即是參考向首所傳聖書「易經全繫辭象義微言心得註釋」，此最能圓滿，學者必得建生直覺引用，或節錄當中之文句，皆必得其義。

於乙未年己丑月丁亥日問卜，某人占問家宅之吉凶，同樣屬於此住址陽宅之命題，得困之兌卦。

父	丁未	、、		
兄	丁酉	、		
子	丁亥	、	應	
官	戊午	、、		
父	戊辰	、		
財	戊寅	X	世	化 官 丁巳

此動一爻之卦象，可直接由「易道乾坤八法」論斷，是觀日課，卦意無凶吝，直指此陽宅沒有受到煞氣之侵害，論平安，建議寬心即可，亦可言占者關心之問題不在陽宅所造成，至於卦中動爻，同論形煞，只是未建形，若占者存疑，則明指之，或以排除，或以正念，則煞氣自除。

綜合以上三卦例之申論，必要注意之重點有三：

第一、只要屬於至不善命題，不管卦意吉凶如何，都與占者執著之問題不相關，可為建議安心於陽宅所處，勿作胡思即是，至於占者真正的問題，可由得卦之事理敘作詩或主要之周公爻辭，以作思考申論。

第二、逢卦中無動爻，必直指陽宅內無形煞，同第一點之論法。

第三、本卦只動一爻，屬於日課三八四卦在內，直接以八法作論斷。

學者多為熟悉，即能如實運用，再由體會衍生，必能有所得，總之卜筮賴經驗，學者該積極者為此。

第四節、《進一步製作既定預言詩之法之描述申論與分析》

此所謂進一步，屬於更細緻之分析，專指變爻事件之剋應，因此這個預言詩，必含剋應時段且配合此變爻所指周公爻辭與小象。

成此預言詩，同樣為四句四言，每個變爻事件皆必成一首，四言詩之前二句描述剋應，後二句講時段與結論，此皆賴學者之學識，與對爻辭事理取象衍生之理解，故端賴個人之修行，至於靜爻逢日沖動所論之剋應，此剋應所指僅為一日，此不須描繪成預言詩，亦無須特別指明，蓋必建執於緣客之心，若此類僅需建議：「若逢困心事，盡量定心勿妄不愁思。」如此引善自得圓滿。

以上所論之進一步預言詩製作，非必為之，但如能做到，則必能更圓滿，且必能寬廣學者行道之路，學者須積極於此。

第五節、《日課之於陰陽相之主要看法申論詳述》

于堪察陽宅之初步，不由文王卦之理由，主要為了確定卦意吉凶，於吉凶判定後，可再起文王卦以觀卦中動爻，來確定主要之目標形煞物，而日課之事理敘作詩，即為既定預言詩。

如此配合，卦意可明，煞物可知，預言詩可得，為堪輿陽宅之最善法，學者以此行道，必得圓滿。

第六節、《相關宅運之分析與真義必賴卜筮運用之理由與方法申論》

世人常言宅運，而不知宅運之真實意義，萬物皆備陰陽，而必全始終，由生而亡，自有盛衰，而言其氣數，此相應於陰陽宅即稱宅運。

是知其真義，亦象十二長生，若逢敗、墓、絕三象，則為宅氣喪亡，人居其中，宅必奪其氣，以實宅之虛，人精氣受奪，自然運勢不彰，而困蹇之障業必隨之臨身，是此而論宅運者，乃避此敗墓絕三象，此無法可濟，若逢此而不能捨，則習坤受而已。

外道所言宅運者，概以其坐向論，由宇宙萬物必各有因緣以全其始終，是知相關宅運或為相似，但絕不言相同，同一坐向非必為同運，而能如實判定宅運之法，唯相應神機求卜，此為宅運之文王卦運用，外道分別五術，不知五術必互補，故只能執坐向而申論，不知道中更有易也。

由文王卦斷宅運，須由卦意所證之吉凶，以辨其十二長生象，然此法難為實際，非人人可為，故以日課論斷方得確認，日課卦意之財情體運吉凶，以八法為準則，若全凶吝者，則宅運必屬敗墓絕三象之一，若卦意不全凶吝，或屬至不善命題，則當別論。

見宅運為敗墓絕，唯一方法乃不居，俟其宅運變化再回歸，然如實以之，必有所難，由宅運刑害所成障業，亦人之因果，乃天之磨礪，非必要求遯，是知最佳建議，如實坤受而已。

此為宅運之申論，人性執於趨吉避凶，不知已逃避人生大考，世間修道場，各式障業緣於考驗，由此以證道性，恆復試煉圓滿，則道性殷實，乃回歸真實界，世間真相如此，學者當明道，則知五術之學，明知而實受，為道性之呈現，由此以圓人生道路，當究竟圓滿。五術相之道所主陰陽相，由見觀而應心，乃為發生，而宅運者非為相，為時之易，已屬命之道，這點學者必要理會。

五行陰陽相第六回主旨：【五術圓滿始終山之道】

第一節、《理解人性方能如實圓滿行道之詳述與申論並思考研究運用》

行道與人性密不可分，由行道之本在於濟世，要能圓滿濟世必要能知人性，人性之善與惡，即是與非，為其性之所向或為性之所排斥，要能清楚分別這一點才有能力行道，這是非常重要之前提，若忽略這一點以行積極，則為亟心之業必造因果，本來濟世卻墮無間，豈不可嘆？故必知人性以行進退，而此進退必要隨緣，且於行道過程重視人之所向以符人性，助其建立信心，進而圓滿人生，此方為真正之行道，為真正之濟世，此間道理即為其正。

而欲知人性，則在人之五行，五行之因果皆為自然，故為不易，因此能據以推斷，而最佳的學習方法即是讀易，欲明因果，易為明燈，便捷之法，明白之道，自然之定律，因果之實證，即在於此，此由行道與人性之分析，衍生闡述習易之重要性，而明「君子必習易」之至訓，五術工作者必要清楚此理以行積極，則世間之道自有掌握，以此而知人性而能為仁，而為如震之龍以濟天下。

第二節、《學者行道必知因果不可亟心執著之重要理由申論》

五術行道，上蒼特指，仙佛關注，蓋應此業者，必申道行，必賴根器，多為仙佛之分靈下種，是既志于此，當知天命而行中正，而其中以因果之論更為緊要，學者行道初步，必要先行理會，方不妄行造業。

此即避免衍生因果，而其義行，為此心常住隨緣一道即是，能應緣則能寬執，得失不易著心，無執能捨機巧，必行中正，行道由此，乃建成道功，此心磨勵，更能殷實道性，如此內功外果兩全，即實修行，此學者必明。

有因必有果，此因果相循之理，果必生因，因再生果，循環無盡，是為輪迴，故欲終止輪迴必在於起心動念，唯有斷此念頭，不再生因，則業果終盡以脫輪迴，此為因果觀念，重在心不妄動，蓋心不定則必生妄，妄以生災而為因果，而所謂心之不定，可謂嗜欲，或謂歡執，如此而易亟心。

亟心者，十天魔王之首，為深執之心，為必然之業，五術工作者最易受此魔之害，蓋五術工作者必有道行，必有此魔考，由嗜欲、歡執，皆屬人性之私，或為名利，以至愛欲，或為認同，或為成就，或論天命，或屬道業，非必為善惡，只要執著深入即成亟心，而必一切不顧只為此業，故所成之業必然深重而難化解。

五術行道，不論所行為何道，均須先識因果，否則必然淪為執著，而再造因果宿業，此入魔道，學者必知敬惕，如此既知嚴肅性，是知凡事必要隨緣而不深執，再論五術工作者之來客，此皆必為業緣，皆為圓果而來，故業為工作，毋須爭取也不用把握，隨緣必至，無緣不可留，這是五術工作者絕對必要之執業態度，或以為隨緣之意為怠惰消極，此為誤解，以業為工作之理，故知五術工作者必以成就此業方能圓滿，而欲成就此業，除了必精進學業之外，必要理會人性，以符合客人之要求，此工作方謂圓滿，而這必賴智慧，必要修心而得，隨緣之意，在於不執以行進退，得失不著心，所為如此。

人要能隨緣無執，其實根本在於無私至公，否則皆難真正隨緣，此必由五行正心，方能漸漸做到這一點，此由求道而行道，方能為正，故習五術，由山之道開始，此起心動念，是為仁，為天地之心，為化育萬物，故為至公，學者須由此，是知山之道為本，必不可忽略。

第三節、《相之道之精進必在於山之道此絕對理由之申論與思考分析》

相之道所包含者，為五行陰陽相與五行觀相術，所必要之依賴皆為卜筮，而卜筮之法全繫於學者對於易之道之體會，而欲能專精於易道必藉山之道，令心能定靜，方能有所感應，而終能體會世間因果不出易之道，由此而為卜筮能言之為神，如此而為相之道，自能為神異，此相之道必藉山之道而能精進之理由。

復言神異，為此心所感應之直覺，非神通示象，世人性喜執玄，本入迷之道，末世人心直指，唯在此心磨勵，故不以神通，此理學者必明，乃能不執邪，而此心通明，是真見性，不復迷惑也。

故以觀相，則此心自證，無須問卜，此為相之道之精進也，山之道以定心，以得易之言，易本為大道，為世界之理真，是能為易者，皆言通神也，學者必知由此。

第四節、《氣機感應由山之道以學乃全相之道之關鍵分析詳述》

所謂定靜安慮得者，在於心若能定，則為五氣平和，如此容易與外在環境五行融合，如為一體，故能明白環境真相，此為易道澤山咸卦所言之天地感應，此稱為氣機，這於堪輿陽宅之運用，則在於由心感應形煞物本體，不須透過卜筮，此境界自然更勝一籌，要能做到這一點，必賴修持功夫。

心能為定，當無執求，此即應天心也，乃山之道之所宗，末世五術之正，山之術唯在本道脈，言「五行正心術」，必要者，皆在發心濟世且持恆不退轉，而終復圓道性，此即尋得一炁也，此一炁至正，仙佛道引，而言成就識心神，此後臨觀世間諸事，當建生直覺，而是非能辨，禍福得明。

此即定心之感，而明五行制義之律，修持者主要在此也，進而衍生者，心之感應而發之於身體榮衛，是知煞氣之所徵，乃明趨避之道；是知邪氣之所臨，乃得盡穢之方；是知病氣之所處，乃成渙離之光；是知哀氣之所形，乃正愁思之受。學者得此，乃道行一體，如此濟世，自得亨義。

第五節、《修練山之道其本在元而得成就醫命相卜之真實理

易道之乾，乃全元亨利貞，而能證者，必大公無私也，是循聖賢道，以實修真，必明此心，乃應先天道。五術山醫命相卜，以元為始也，應者為山道，是知修仁，乃證天心，而後五術可為全，若執私者，當侷限一隅，且自困其道也。

五術之傳來自於仙佛，唯無私者得之，其中承命者乃得廣傳之，其稱謂皆言「向首」，末世正法無存，幽冥仙法不立，唯上蒼所允五術之正方能普傳，此直指人心，可衍道正，乃般實道性之正法，而得仙靈化成。

此法不由玄異，皆從心以自勵，明道而習坤受，困蹇乃證乾行，應能無求施佈，頤德引善從知，只要能為此，則水火聖結，究竟太極渾圓赤兒煉成，即道性成也，乃仙靈化生，不復輪迴，學者能明，當知所以，而能乾乾也。

學者皆具足福緣，得窺五術正宗，然而人生圓滿之道路，尚賴自己經營，首在具信無疑，方能積極篤行，能無疑者，必在親身體驗，如心有所感，必要有所積極，而必尋求驗證，如此應得真切，而得真實道路。

五行陰陽相，全部課程在此，進一步之體會與衍生，皆在於易之道與山之道，全賴學者自身修持。於本門所傳之道，必要能細心理會，人間末日，已不遙遠，天降災劫，無處遁逃，唯有九天法船，所為能自救，以避水火，深願諸學者共登法船，同歸理天無極。

易經文王卦第一回主旨：【易經文王卦入門】

第一節、《卜筮之運用》

卜筮之道，必贊幽冥，世人難解，故多疑惑，世道承平之時，卜筮不顯，易因人而廢，而當世道紛亂，卜筮一道又為人所重，而得以發揚。

聖賢所傳卜筮宗旨，乃為迷途明燈，濟民大業，蓋卜筮通於神明，所以能斷吉凶，決疑惑，以辨陰陽於爻象，察變化之玄機，此其義為至精，而其事為至大，子曰：「至誠之道，可以前知。」如是也，此即君子觀象玩辭，以得天佑之義。

世間萬物，皆為因果，故能據其因，以知其果，此即推測未來，卜筮一道，即根據占者關心事項之因果所呈現的學術，為預測未來之術，世間各種推測未來之法，必屬因果推論，卜筮為其中最明顯之因果呈現，相較於其他未來之術，最為簡易，最能明白，堪稱此術之代表。

第二節、《五行作用定則》

五行作用之定則，必由五行正論，故可參照「干支理化作用簡表」，然依卜筮運用而言，學者須理解者，卦中六爻所有五行作用僅能視為取象，而非如實之作用，蓋卜筮得卦本為象，非實際存在之五行，此理學者必要明。

是知言卦中五行作用，即如「相之道」之學理，皆為納音虛實所影響之心念而造就之衍生，故明應期之斷，必從納音，而言五行作用取象之要，則在明顯應心者，即五行之沖與破盡而已，而其餘作用約屬不論。

其中沖有分靜爻之沖動、沖破，以沖動為震象，沖破為兌並帶神煞之義，動爻則皆論沖散，直指關鍵事件消失而不作申論，破盡則唯四組，皆必論神煞，同為兌象，與沖破之差別，一者亟心之用，一者生剋之過。

論卦之五行作用，主要在沖、破而已，另外特別者，為地支之伏吟，此為牽制妄動之象，亦必惑心，然不為明顯，逢此則論巽象，為躊躇之意，此若見之于日辰關係，而更為世應之伏吟，則必主占者無決，不為選擇，或言不能改變未來，此類世爻持日見外道所言多主吉相，實相去甚遠，此皆忽略卦僅為象之理，而自蒙于申論，故言之支離，且惑眾信。

以上論卦之五行作用定則論至簡，而其論僅事因爾，論卦以果為重，故必證之以卦意，學者有思，當知循易也，此方得卜筮之正，而文王卦之論斷，相對卦意之吉凶得失判定，真實為難，若無仙佛應心提點，則絕無把握，故以學文王卦，僅為明學理，非在運用，這點學者必要理會，而言如實運用者，當為日課，即「易道乾坤八法」，學者有志，當能以之，此盡在本道脈之所傳也，學者能如實經驗，必得具信。

第三節、《易理與五行之配合方為卜筮正道》

卜筮正道，在於重視卦意之分析，而以五行生剋制化所衍生之取象為輔，其中所包含的經卦、爻變、因果、事理，皆盡在易經繫辭之所言，故所為卜筮正法，當明易理而復臨觀以正象，由此以見未來，乃申吉凶得失，由此以得事理，乃明適當建議。

是知卜筮與易道絕不可分離，今之學者，多執五行取象，而少卦意申論，不知卦易本為果，必為的論，而惑取象僅為因，必申無盡，由此思其所思，故見其所見，而於卜筮，終歸支離矣。

此捨本逐末之風氣，緣於末世正邪大考，仙佛正言，世人不聞，天魔邪惑，無明盡信，是為道正者，難以申信，機巧攸行者，能廣肆欲，嗚呼！世間末劫，正道盡矣，光明一盞，無明浮沉，世人俱全福緣乃得見，然復視輕者，又當何言？其道自決，天心不與，人道有盡，歸悔無期。

卜筮大正，由我　元君天乙太上乾坤道脈復明之，而證其用，盡在本道脈所傳之「易道乾坤八法」，學者得信，以之為大用，則人生履義，知德精進，循復於歸真，必應有期矣。

第四節、《安卦之法如外界之言》

外界各種卜筮書籍，大都詳述了安卦之法，學者直接參考運用即可，重點如下。

《一》八卦所屬五行
《二》六十四卦象
《三》安世應法則
《四》納支捷法歌
《五》八卦渾天納甲圖

易經文王卦第二回主旨：【神斷卜筮在納音】

第一節、《關鍵應期在神機天地定位之詳述申論》

卜筮之應期，論「神機天地定位」，主要判斷關鍵事件之變化時段，即占問事件發展之關鍵時機。

此定位法唯觀月令與日辰，而以納音之剋來作判斷，見所得卦既定，則先觀變爻之納音是否受日辰納音之剋，若受剋，則論此變爻已化實，即已進入關鍵事件，若不受剋，則觀月令納音，如為剋，則於此月中尋找納音能生月令之日辰，此日即為變爻化實之日，如不能剋，則往後尋找能剋之月令，即為變爻化實之月，此為完整之變爻化實看法。

復觀化爻之化實定位，則不觀日辰，方法雖如前，然關鍵事件之發展歷程，必因命題而有長短之別，此賴學者之經驗認知與直覺，無法建明之，然大都可以月數來定，必由學者自行體會。

此定位之法即如上所述，大道至簡，從不繁雜，外界之言，豈能一語，不得理貫，究竟枉然，此法見於五行正論，明五行制義，故知納音受剋乃見實之勝機，論卦本論象，神機證其中，故得象演實，而道盡呈現之矣，學者當自證。

第二節、《干支經卦轉化定則》

卦中所有六爻六親必有專指之人事物，為重要的占卦事件因素，要能完整呈現占卦事件的樣貌，必要能精準判斷所有六爻六親特指之人事物，首先須知六爻六親之完整資訊，學者必知此類資訊盡在取象，切不可以為典要，這邊乃作學術申論，故勉強言之。

其所謂完整資訊，約包含天干、地支、六親、六獸這四種，所以六爻六親所指之人事物，必由此四種資訊著手，以下先由干支取象，此必由經卦來做進一步分析，故僅論經卦。

天干第一種

五行分氣質，天干為五行氣之符號，其間再分陰陽，即陽天干甲、丙、戊、庚、壬，而陰天干就是乙、丁、己、辛、癸。

卦中六爻六親之天干，乃根據經卦來決定，由八卦渾天納甲圖就能確定六爻六親之天干，而如何根據這個天干來判斷其所特指為人或事或物，其實不可能直接由天干判斷，學者先記住一點，這必參考六爻六親所有資訊，才能確定所指之人事物，因此各項資訊只能根據其取象衍生，思考與人事物之關聯。

回到天干這個部分，十天干之各別取象，外界已有論述，學者可引用參考，這邊提供十天干所屬經卦，這由經卦衍生取象，最能完整呈現十天干之取象，以下一一分析。

第一屬陽之甲天干：

甲為陽木，遲緩，生發，巨大，紮根，甲折，長久，動土，由以上取象，可知以震來代表，震為木，錯巽綜艮，包含以上取象，故甲為震。

這是天干分析所屬經卦之法，此為簡述，提供學者參考，至於進一步之詳細申論非課程討論範圍，在此不論，以下直接提供學者其他天干之所屬經卦。

第二屬陰之乙天干：

所屬經卦為巽。

屬陽之丙天干為第三：

所屬經卦為離。

屬陰之丁天干為第四：

所屬經卦為坎。

屬陽之戊天干成第五：

所屬經卦為艮，論戊天干成第五之理由，在於五可為成數之極，生成之數互為因果，故五雖為生數之極，亦可論為成數之極，故知戊天干有呈陽實之取象。

屬陰之己天干成第六：

所屬經卦為坤，這個成第六之意，如同呈陽實，但有未必之意，戊己皆有呈陽實之取象，此於論卦之運用，大約見證於不易之因素。

第七屬陽之庚天干：

所屬經卦只能為乾。

辛天干屬陰論第八：

所屬經卦只能為兌，這個論第八之意，代表極陰，最不容易呈陽實。

第九屬陽壬天干：

經卦必為坎。

最後屬陰癸天干：

所屬經卦只能為離。

以上分析了十天干所屬經卦，依經卦來做十天干之取象，這需賴學者不斷的思考、比較、研究、分析，並累積經驗，才容易做貼近事實之取象，此事無捷徑，只能逐漸累積不可急躁，成就之法仍然無他，勤讀易經而已，學者親自體驗自能建立信心。

地支第二種

前面講五行分氣質，十二地支為五行質之代表，陽地支為子、寅、辰後午、申、戌，陰地支為由丑逆轉亥、酉、未、巳、卯。

此卦中六爻地支，同樣由渾天甲子而來，已知無法單獨由地支判斷所有卦中六爻六親專指之人事物，需依賴地支之取象來進一步分析，學者同樣可參考外界相對於地支之取象，而這邊提供地支所屬經卦，能讓學者做更進一步的衍生，以下直接提供十二地支所屬經卦。

第一屬陽子地支：

所屬經卦為坎。

第二屬陰丑地支：

所屬經卦只能為坤。

第三屬陽寅地支：

所屬經卦必為震，寅為四長生，又為四絕，也為四病，為四祿，多變之象，又寅支五行屬木，故言必為震，包含其他四生地支，對人事物之所指最為模糊最難判斷，這點先記住。

第四屬陰卯地支：

所屬經卦必為巽，卯為四帝旺，為四死地，亦為四胎，更為四敗，有生老病死之象，包含其他四正地支，均大約有人之取象，這非絕對，均需配合其他資訊才能確定。

第五屬陽辰地支：

所屬經卦為艮。

第六屬陰巳地支：

所屬經卦必為坎，巳本該論離火，然為四生地支，其象多變，故不以離而以坎。

第七屬陽午地支：

所屬經卦為離。

第八屬陰未地支：

所屬經卦為坤，丑未經卦皆為坤，為陰土之象，最不易呈陽實，因此最不可能指人，若配合辛天干，則大約能確定絕非指人，這點學者先注意。

第九屬陽申地支：

所屬經卦必為乾。

六爻干支組合申論，在於納音五行陽實陰虛之作用演化所呈現之結果，故若相對於世應，只能說世應具備這種取象，由此衍生，若是占問疾病，而世持辛未、辛丑，則代表占者具鬼象，可論大凶，這種取象之衍生為文王卦之要義，學者必要細心體會。

第十屬陰酉地支：

所屬經卦為兌，此酉支於四正地支中代表人的機率最低，大部分代表物，而且非常容易跟酒有關，此取象，見酒則多蒙，或為嗜欲，學者必知由此思考衍生，而如實之法皆在易。

第十一屬陽戌地支：

所屬經卦必為艮，這與辰相同，同屬艮經卦，艮為土，為厚土，為止，有果之象，所以辰、戌均比較可能代表人事物中之事。

第十二屬陰亥地支：

所屬經卦只能為坎，亥也為四生地支，均為多變，故曰只能為坎，所有坎經卦均為盜寇，意思是大都取盜寇之象，這點先牢記，由盜寇之象推衍可知，子、巳、亥三支大都指人，且必為小人，而小人之義在於見疑，並非世人所執之意，學者必知衍生理解。

根據以上之申論分析，學者應大約理解，藉由取象來確定所指人事物之方法，學者多做練習，自然容易體會，接下來還有六親、六獸能幫忙分辨人事物，根據六親取象，前面已言官父兄子財中，由子孫爻屬艮卦，可大約判斷所指為事，其餘均無法確定，所以分辨人事物之法，六親取象目前只先看子孫爻，以確定是否指人事物中之事。

至於六獸，請參考「神機索隱」一書所言，總之盡在體會，學者當用心於習易，而日日恆復紮實這個根基，則能得者唯言玄，留待學者自證，若學者得此境界，則取象皆由心，其中萬般變化，自能掌握矣。

第三節、《納音三句辭之經卦取象分析與其實際運用申論並研究理解思考討論》

納音對於實際斷卦之重要作用，學者該著重之重點，自然是納音三句辭該如何做分析，以能做有效的衍生，學者查看此六十甲子納音，五行各分十二類，各為二字形容辭，根據取象之法，三句辭中每一個文字可用經卦作取象，其「二字形容辭」也可轉化成卦象，再由三句辭中每一字之形、音、義做取象衍生，如此納音之取象就能完整。

既明此法，則首先必確認每一字之所屬經卦，以下依六十甲子納音五行底下之三句辭，一一分析每一個字之經卦。

第一類　五行

為水、木、火、土、金，其中水必為坎卦，火必為離，而木土金均有二種可能，既知為取象，故不分陰陽均套用，故木為震、巽，土為艮、坤，金為乾、兌，此為五行之所屬經卦。

第二類　三句辭之第一字為自然用詞之類

包含天、山、金、沙、海、石、澗、桑、楊、松、大，十一詞，其中天與大必屬乾，山、石為艮，金必為兌，沙為坤，海、澗為坎，桑、楊為巽，松為震，缺離卦，此為第二類三句辭首字自然用詞之所屬經卦。

第三類 三句辭之第一字為人造用詞之類

包含劍、白、霹、覆、爐、井、長、壁、城、屋、釵、平、路，十三詞，其中劍為乾，白、井為巽，霹、長為震，覆、壁、城為艮，爐、屋為離，釵為兌，平、路為坤，缺坎卦，此為第三類三句辭首字人造用詞之所屬經卦。

第四類 三句辭之中間字為自然用詞之類

包含中、下、海、地、溪、河、泉、柳、榴、柏、傍、林、上、流，十四詞，中為坎，下為震，海為坎，地屬坤，溪為離，河為離，泉仍為離，柳屬巽，榴屬艮，柏為震，傍為巽，林為坤，上為艮，流屬乾，缺兌卦，此為第四類三句辭之中間字自然用詞之所屬經卦。

第五類 其餘剩下之三句辭綜合用詞之類

包含臘、燈、鋒、靂、拓、箔、釧、驛、頭，九字，臘屬離，燈為坎，鋒為乾，靂為震，拓屬震，箔屬兌，釧屬兌，驛為坤，頭為乾，經卦缺巽、艮，此為第五類剩下之三句辭綜合用詞所屬經卦。

由上述五類之分析，學者就能確定納音三句辭所需呈現的經卦與卦象，卦象必以第二字在上，第一字在下，由此成卦，此由因果之論，第一字為因，接下之字為果，再由成卦之理，內卦為因，外卦為果，如此已然確定了納音三句辭取象之法，只要學者積極練習必能體會，而最好的方法是要能熟記在心，理解各種卦象，這必賴學者自己乾乾反復，才能達成。

該注意者，為三句辭之成卦有分近象與恆象，見順得之卦象即為近象，而見逆得者，此為第一字論果必居外，而第三字論因居內，所成之卦象即為恆象，此近恆之別，乃論成事之久長，唯賴學者自行體會，此相應命題與申論對象而執不同象義，文字不能申盡，僅能依賴經驗。

以上申論了渾天甲子納音於卦中之重要性與運用，以及納音之完整取象，這針對於時間定位與完整呈現占卦事件，均屬必要深入研究之重點，學者於實際斷卦中，必要能細心思考積極驗證。

納音為先聖先賢針對所有五行作用之重要結論之研究心得，其運用必依取象，必賴思考衍生，故由字辭之義可掌握方向，而由所屬經卦之義，以明其事理與因由，再藉由三句辭之成卦，以得其結果，此即為納音之運用。

這必要依賴經驗才能深入體會，故必要積極練習才能成就，此運用至廣，於八字並屈指神算即「易道乾坤八法」，均為重要之基礎運用，學者一定要熟悉，必要積極研究，而研究基礎必從易理，故習易為重要前提，五術之根源，理由即在此。

習易之要，除日日持誦易經全繫辭此必要之法外，亦能配合參考本道脈聖書「易經全繫辭象義微言心得註釋」，此為易經釋義之大正，亦為仙佛直傳，唯末世乃見，學者必知珍視而當用心以之，則學者於卜筮之道，必得道行光明。

第四節、《變化爻所呈現之變爻事件相對占卦事件之重要涵義申論》

變爻事件為占問事件之重要關鍵，由卦神所呈現之成卦，為必發生，無法改變，此為文王卦得卦法之專屬特性，至於重要含義，就是相對於占問事件之主要剋應，也就是占者必將發生之事件，這種分析相當困難，頂多依賴事件發展之相關因素能作取象預測，絕難訴諸文字，必要經驗。

學習卜筮，皆由體會領悟，故能取象衍生，而終能切入實際，絕無法投機，所謂斷訣，前人或今人所言不勝繁數，皆屬他人之經驗，若不能領悟體會，而據之以為用，則必為所誤，而要能領悟也必賴經驗，如此依賴自己積極練習必更有所得何須斷訣？此人性喜尋方便門，不喜踏實，由此迷於外道，終不可得。

以上所言變爻事件之要義，衍生習卦之重要態度，明白這個道理，方能不惑於外道，學者必要細思，必成就之道，必在持恆踏實累積，絕非投機，或存依賴，尋方便門可得。

前文所言者，乃正確之學習態度，不明事理根據，只能淪為套用，非為易道成就，而觀象申理，或得體會，亦為易道之學，乃領悟之徑，故復以變爻事件之所指以作申論，則能依「易林」之所言以作演化，此亦如心由悟，非可為斷語，故可驗證於未來，以體會關鍵事件所為之因果事理，此為易林之大用，學者求精進，必以之也。

第五節、《掌握卦中四項主角以論事理之申論與理會思考》

卦中【動爻】以及【占卦之日辰】並【世】、【應】，為卦中四項主角，各種命題事理並因素發揮，多從此四項主角之作用，以下一一分析。

第一為日辰：

占者起心動念所相應之神機，盡在日辰所呈現之一日之果，即如卦意，而申結果，故言日辰為一卦之主，乃相應占者問卜所成之既定因由，故能以占卦本質申論，復能言占卦之結果，此為日辰真義。

是知由日辰所建形之沖、破、旬空、伏吟、成墓諸象，甚至六獸之侵害，均為論卦之重，而不可忽之者也，此於「神機索隱」一書已盡詳述，故不復作申論。

第二為動爻：

動爻所主，為命題事件之關鍵變化，此著重於易林申論，並發生之應期。

第三為世爻：

世爻即占者之所有資訊，欲論其象，當在六獸與干支納音，甚至爻位取象。

第四為應爻：

應爻主占者之執，其衍生者，為占者之謀望全象。

以上四位卦中主角之真義，皆必要理會，而於實際之論卦命題申論，反復思考相關事理，而從人性以衍吉凶之變，所得仍為事因，但可由此思考建議，並得明其中因果，由此即為正。

學者能觀境遇，而體會其中事理因果，必由此獲得人生經營智慧，由此行道，更助修身，此即為卜筮之正。

第六節、《六親官父兄子財之真義詳述與專屬用神必為子孫爻之因果申論》

此論安卦定則，卦神所出之每一卦，其六爻所屬地支各有其代表六親，由本卦之本質五行來判斷六爻地支所指六親，以本卦之本質五行為我，剋我者為官鬼，生我者為父母，比我者為兄弟，我生者為子，我剋者為財，由各六爻地支所具之五行就能確定六爻地支所指六親。

根據所得卦之本質五行，所確定之六爻六親為官父兄子財，由官父兄子財此專用名稱之形義，知各六親必有專指，由易經之理，萬事萬物之作用，皆能以經卦來呈現，故必將官父兄子財優先轉化為經卦，以作進一步之分析。

【官鬼爻】

為剋本卦本質五行，為破壞事件發展之力量，為坎卦，由坎之取象，為盜寇，即險，刑傷，即官鬼之真義。

【父爻】

為生本卦本質五行，論強化事件發展之力量，為乾卦，乾主進，為積極，不退縮，論亟心，為執念，為不屈，此為父爻之真義。

【兄爻】

為同本卦本質五行，論伏吟牽制事件發展之力量，為巽卦，巽為順，為進退，為或，為不果，為人際關係，此為兄爻之真義。

【子爻】

為本卦本質五行所生，論洩弱事件發展之力量，只能為艮卦，艮終萬物，為止，論結束，亦為果，為貴，為福報，此為子爻之真義。

【財爻】

為本卦本質五行所剋，論事件發展過程之所獲，同樣洩弱事件發展之力量，必為兌卦，兌論需求，為錢財，為悅，可為享受，可為付出，此為財爻之真義。

由以上六親取象，以申卦意所證未來之得失，其實必難為運用，蓋取象萬千，皆從人之所思，若不能以事理貫通其中，則唯見支離而已，然由取象觀點，以行思考體悟，並復證於未來之事實，則可言得者，盡在因果之能明，是知六親取象亦不可略之也。

復由六親取象，其中見為果者為子孫爻，乃未來之取象，亦如日辰論卦主，故視之為所有命題之專屬用神，此用神之意或主申卦意吉凶，然為事因之取象，故不為圭臬，其真用亦在理會因果事理，而非以之為卦象吉凶之必。

由此申之於外道所謂卜筮先尋用神之論，乃知其誤，然此惑遺於世人既久，早深執於心，乃不得申辯，學者知明，當自證也。

第七節、《爻辭建議之判斷與實際運用》

尋找所得卦之周公爻辭建議，於卦中動二爻或四爻者，以上爻爻辭為主，動三爻、五爻者，以居中之爻辭為主，六爻全變者，除乾、坤二卦用九用六之外，均以文王繫辭之建議為主，至於動一爻，當然以此爻之爻辭為主，或者六爻全靜，則需以文王繫辭配合孔子大象做建議。

此為尋找周公爻辭建議之定則，這個由來所根據的為【陽顯陰伏】之原則，藉此判斷占卦事件中最主要的動爻事件，再根據最主要的動爻事件，以得周公爻辭最主要之建議。

以動二爻來論，陽上陰下，上爻為陽顯，下爻為陰伏，所以主要之動爻事件為陽顯居上之動爻，再以動三爻而論，陽顯之爻必居中，這是因為三爻中，其中爻必為主，陽為主，陰為從，所以這麼論，由此衍生，而知動四爻與動五爻，均同理可得陽顯論主要之動爻，另得六爻全靜或全動者，皆以本卦之文王卦辭為主，蓋皆屬整體環境之全象，故不以個別之爻辭，能作為輔助者則為彖傳。

由以上之法，就能清楚繫辭建議之取捨，也知其取捨理由，而最重要者，在明易經繫辭之真義，此則參考本道脈聖書「易經全繫辭象義微言心得註釋」，當必生理會，學者必由此。

第八節、《變爻事件所呈現諸端取象之建議判斷申論》

主要申論卦中變爻事件之相關建議，是否須注意變爻地支所呈現之六親取象？其實以易經爻辭所見，已涵蓋諸般取象，故僅申爻辭建議即可。

然若以體會事理，更明因果之道言之，則研究六親取象所得之建議亦可為要，此法乃證心由悟，必在事理而後得諸般取象，故學者能以之必賴習易，此恆復循習於日常，則臨觀於卜可建生直覺而如實得象，此即為正法，由此更申建議，則於緣客乃見圓滿。

是學者當用心於易，而不在各種繁複之取象，此篇復申此卜筮正法之要，學者當知臨學止步。

復言建議之所重，皆在理正與寬執，人心所主，臨觀於事，唯進與退，或執或放，乃成選擇之機，而定得失之必，故明理正，則能履義，故善寬執，則能无妄，由此得乾坤之證，而應人生之所宗，學者能以此，自得建功矣，是為卜筮之正。

易經文王卦第三回主旨：【卜筮正道】

第一節、《易經繫辭建議必為事理之詳述分析與申論》

易經相對於卦意之建議，雖主要在周公爻辭，也必兼看孔子之心得，為雜卦象傳，以及彖傳與大小象，另外六十四卦卦辭，此為文王所繫之辭，皆為卦象之環境，須能由此思考事理。

此知取象必為萬千，然所言事理必唯一，此易不可為典要，直論取象不可解釋，非言事理不可定，故言十翼為一隅之言者，並非指其理，而僅言其象，然亦必知事理相對於不同事件必生變化，然不離易理之根本，此易為變也是不變之理。

由此理解，聖人取象萬物，依自然衍生而得不變之理，此為五行作用，為因果之宿定，必能由事而明其理，而知其來由與終始，故所謂繫辭之建議，真正重點在於此，持誦易經之法，在於持久必入心，入心論同體，故能體會，感同身受，於無形中明白各種事理，此無為而為之妙法絕非虛妄，只要學者親身體會，必能得知真切，此卜筮行道之所重，絕不可懈怠，日日持誦，進而有功，成就卜筮之法絕對在此。

外界所言莫衷一是，熟堪為準則？易者其一也，事理者論其二也，建議必在除執念此其三也，不由此，或不論易不論事理不除執念，此皆非為道，若重取象，謂入歧途，蓋必為變化，無能掌握，學者當直接引申繫辭即可，故能為易之道，必專重此三點，才是真正圓滿行道之法。

由前面所言，卜筮重在取象，而此言為歧途，論該專言事理，為首見山而非山，終仍為山，變與不變之間皆在此心，先由取象入易道，後明事理不取象，【執與不執，在於適當，可為則為，是知節度】，此不迷於歧途之前提，由此而知積極處者何？必在易而已。

第二節、《太歲之來由與學術運用》

由干支紀年之法，所得每年之干支代表，為六十甲子之固定循環，因此任何一組紀年之干支，必每六十年為一次循環，由此之故而有值年之名。

而此六十甲子所代表之每一年，均由干支組合所呈現之納音五行來突顯環境五行之變化，這種變化所能影響者，非僅大中國地區，而必為全世界，蓋本地球道場皆屬五行制義下之模式運作，故知中華文化乃神傳之文化，非屬一隅之發明，此臨觀世界之變化，亦得證之以十二節氣，而由立春起之值年，得明顯之應變勝機，此學者能思，則必得體會者也。

復言其學術運用，即於卜筮未來，乃見證於諸預言書，從「乾坤萬年歌」乃至「馬前課」、「推背圖」、「藏頭詩」、「金陵塔碑文」、「梅花詩」、「步虛大師預言」、「黃蘖禪師預言」、「燒餅歌」、「諸葛武侯百年乩文」等等之類，此類預言成書，乃奉天命而為，故皆由仙佛指導而成，此若向首之著成聖書，亦皆從此法也，這點學者知之即可。

而復言太歲之於文王卦之運用，則不言其變，蓋文王卦為象，僅申五行作用取象之必，此理簡明，不再作詳述。

第三節、《卜筮正論乃申卦意不在干支六爻諸象之辨正》

象也者像也，為卦之本，建執以成卦，乃相應起心動念之神機，而由仙佛證卦，或由時間顯勝。

所建成之卦象，必由因而果，爻爻立成，是知六爻之立，乃證其因，而卦象之名，乃證其果，此因果之別明顯能分也，故以卜筮以全吉凶得失之論，自在卦意所言之果，而必不在六爻之象。

今人執六爻取象，以之作吉凶得失判定，乃倒因為果，絕非卜筮之正，學者思之當必得理明也，卜筮一道淪於外邪之論既久，世人已盡從之，難以為辨正，而其中因果事理，實在分明可得，學者若無見執，必能理清而無惑，能具信與否，當在學者之福緣也，本門僅知隨緣。

第四節、《習文王卦以得學理而從日課乃得行道實用之申論》

習文王卦不在運用，主在卦意吉凶不易為判定，而日課三八四卦之卦意吉凶，皆能以八法為絕對準則，故從日課為行道之實用，此理甚明。

申論此之目的，在助學者立志，百年人生，能為盡業者寡矣，故必循其勝，以行道之目的，文王卦與日課皆能得其宗，然僅日課能判定卦意，故學者能專注於日課，則能精於此業，而或得大成，故本門建議由此，學者必以之。

第五節、《神煞之運用與真義》

神煞之運用，僅在占卦日辰所建生之沖破、破盡，總計八組而已，其神煞之義，為破壞事情發展之成因，而必為占者所執來，故見引善之道唯賴寬執，學者由神煞之真義以思考事理，乃得適當建議。

至於外道所言諸煞，不論吉凶，皆從取象，是知不當論，若更以之為卦意吉凶得失之判定，則必為所誤矣，學者必知吉凶得失必從卦意，絕非在卦中六爻干支諸象，此理不斷申覆，學者當知明也，能知其本，乃得引申，若無明套用，當誤己並誤人，絕非行道之正。

第六節、《釋卦目的全在去我執方能趨吉避凶之詳述分析與申論》

釋卦之最終目的，在解除占者之執，藉以扭轉吉凶，蓋執與不執之別，必能影響吉凶。

以得卦所言，結果若早為定局，已無法改變，則執著於此不僅無益，且必再生因果，若為凶，則凶上加凶，若能放下，坦然接受既成之定局，則此因果能圓，不再發生，占者能知積極處，如此縱為凶而後必吉，此為趨吉避凶真義，或能以扭轉吉凶為釋卦要義，則在占者自己之律行。

由人性之必，而申執念者，多難捨其私而終道凶義，是深入坎窞難以自拔，若能無執私，則能為寬，是自得履義而能為向吉，故知釋卦重點，在解釋事理，申論因果，明公與私之別，導人以向善，由此知放下，而能去此執，此最終目的，為行道之要，真實如此。

若不去他人之執，則卜筮無益，頂多在於卦意吉者可安其心，然卦意凶者，若不知如何解其執，必令其心生妄且亟心大壯，只會再造因果，此為習卦者必要理會之重點，絕不在神準之論斷，這個道理，求問自心，細心思考，必能體悟，卜筮要義，在於濟世，助人圓滿，方可論為行道，其餘皆非是。

第七節、《易經文王卦綜合總論在明事理識因果由此提供建議故能去占者之執之釋卦要義詳述分析與申論》

文王卦卜筮要義，即在趨吉避凶，而吉凶關鍵，在是否能去占者之執，此知必由事理，事件因果，以解占者之執，這所言者即是建議，此未必真能解占者之執，然學者責任也僅能在此，須隨占者之福報，絲毫勉強不得，掌握這個重點且知隨緣態度，如此可論圓滿。

按日課八法以行道，而確定事件未來發展吉凶，再根據卦中六爻，所指各種占問事件因素並變爻事件，分析其中之事理與因果，而後再配合繫辭建議，掌握真正的事理關鍵，且重視本卦支卦之環境對占問事件之影響，如此算完整，學者必要精進之處，仍在於習易，才能體會各種人間萬事之事理，且明其中之因果，卜筮之道，唯一在此，以培養去占者之執之能，為絕對之目標，此即卜筮正道，完全該積極者在此。

以上易經文王卦僅三回課程，然已為完整之卜筮正法，論五術山醫命相卜，見卜筮為終道，乃知山醫命相盡以卜筮為準則，亦為學業之終，故學者當正其志，以卜筮之道為五術精進之立端，而末世萬法盡喪，唯日課應命乘時而現世，此亦為末世救贖之直徑，為行道修身之正則，故學者必用心於此，乃得究竟。

人生是否圓滿，真實在於自己之掌握，明事理，知因果，以定進退之方，習易道，識占卜，必得吉凶之法。進退生吉凶，吉凶繫乎執，有執為私終為凶，為公無執終是吉，此圓滿人生之法，皆在此。

九天玄女嫡傳五術正宗後語輔正引路

山醫命相卜之術，本為全人心之造化，以引道心之實成，而由仙佛所傳濟世之經緯，凡人得習之，皆行聖賢之道，必得究竟而圓滿歸真，其中一以貫之者，乃易之道，是致精神于易，則為五術全功，仙佛所言者，皆盡於此也。

故習易，為學者之必修，恆復以循習，正無為而為之法，則識易之言，乃入易之門，而逕行易之道，是見五術者，曰生成，實為一道，世人分而執之，而各衍尚，乃見繁複，是衍無端，失易之旨，此既從邪，唯入坎窞，其道終迷矣，豈得究竟。

今玄女指明，五術之道唯一，正心習易，持心安住，定心向志，立心濟世，如此當應天心，則仙佛眷顧，自生咸感矣，究竟圓滿，學者若明此，則志應无妄，當知乾乾矣。

外道之言，多屬天魔之語，應人性之所執而益其執，此魔心轉道心之善，而究竟成魔矣，世人不明此，悅名利為資糧，胤得失於人間，趨吉于我道，避凶捨見方，迷茫一場，白走一遭，見輪迴陣陣，終無覺醒，其嗟也如如，皆屬自得，又何言焉？

觀地球世間道場，無明真相者眾，欲引正而無徑，乃藉五術之傳，以助學者明心見性，若能助道，則得全道功，此玄女之所盼望也，願諸廣明君子，皆能以之也。

干支理化作用簡表

	甲己	乙庚	丙辛	丁壬	戊癸
五合化	化土：巳申子 化火：卯戌 餘皆不化	化金：辰巳酉戌子 化水：丑 餘皆不化	化水：卯辰巳午 未申酉亥 餘皆不化	化水：辰子 化木：寅卯 未申酉亥 化火：午戌 餘皆不化	化火：卯巳午戌 化水：申 餘皆不化

	申	子	辰	寅	午	戌	亥	卯	未	巳	酉	丑
三合必化	子辰	申辰	申子	午戌	寅戌	寅午	卯未	亥未	亥卯	酉丑	巳丑	巳酉
六合	巳	丑	酉	亥	未	卯	寅	戌	午	申	辰	子
合化月令	寅卯午 申酉戌 亥子丑	辰巳午 未戌亥 子	寅卯申	寅卯巳 午申戌 子丑	辰巳未 申酉戌	寅卯辰 未申戌 子丑	寅卯巳 午申戌 子丑	寅卯辰 未申戌 子丑	辰巳未 申酉戌	寅卯午 申酉戌 亥子丑	寅卯申	辰巳午 未戌亥 子
生	亥子	寅卯	申	巳午	辰戌丑	申酉	卯	巳午	申酉	辰戌丑未	亥子	申酉
半三合	子	申辰	子	午	寅戌	午	卯	亥未	卯	酉	巳丑	酉
合化月令	寅卯 辰未 申酉 戌亥 子丑			寅卯 辰巳 未申 酉戌			寅卯 辰未			辰午 未申 酉戌 亥子 丑		
三會	酉戌	亥丑	寅卯	卯辰	巳未	申酉	子丑	寅辰	巳午	午未	申戌	亥子
沖破沖散	寅	午	戌	申	子	辰	巳	酉	丑	亥	卯	未
破	丑卯辰 寅巳	酉	子	卯辰戌	卯 辰戌子	巳亥 辰申	辰午 寅卯	丑	子辰巳 卯申	寅 申	未 丑	亥
刑	寅巳	卯	丑未	子 申亥	午	丑	丑未亥 巳	辰	卯	卯 酉亥	午酉 辰	卯
害	亥	未	卯	巳	丑	酉	申	辰	子	寅	戌	午
剋	卯寅	午巳	亥	丑未 辰戌	申酉	亥子	巳午	丑辰 未戌	子亥	申酉	卯寅	亥子
伏吟	申	子	辰	寅	午	戌	亥	卯	未	巳	酉	丑

學易門乾坤

國家圖書館出版品預行編目(CIP)資料

九天玄女嫡傳五術正宗. -- 高雄市 : 蘇欲同,
2021.08
面 ; 公分
ISBN 978-957-43-9220-9(平裝)

1.易經 2.術數

290 110013942

元君天乙太上乾坤道脈應世聖書
書名：九天玄女嫡傳五術正宗
出版者：蘇欲同
地址：高雄市鳳山區過埤里田中央路77號
電話：07-796-1020
0952-911-689
出版日期：2021年8月